千葉県芝山古墳の「ユダヤ人埴輪」

画像提供・展示＝千葉県芝山町立「芝山古墳・はにわ博物館」
所蔵＝芝山仁王尊 観音教寺

エルサレムのユダヤ教徒の人々 ©AGE FOTOSTOCK/ アフロ

黒い服装や髭よりも、長いもみあげ（ペイオト）にご注目を

みずら（美豆良／ペイオト）をつける埴輪と聖徳太子像

「帽子を被る盛装の男子」群馬県太田市 四ツ塚古墳 出土
出典：国立文化財機構所蔵品統合検索システム

「聖徳太子像（唐本御影）」

「天孫降臨」に隠された日本建国の秘密

降臨したアマテラスの孫は、二人いた……!?　狩野探道『天孫降臨』神宮徴古館・農業館所蔵

日本人のルーツ

太陽を求めて世界中からやってきた人々。
太陽信仰、ウッドサークル、神社、レイライン……

① 【三内丸山遺跡（青森県）】撮影：茂木誠
② 【鹿島神宮・東の一之鳥居と日の出（茨城県）】画像提供：開運戦隊ゴシュインジャー
③ 【大湯環状列石のウッドサークル（秋田県）】撮影：茂木誠
④ 【大湯環状列石のストーンサークル（秋田県）】©smartpic/pixta

「縄文の女神」はなぜ八等身なのか？「縄文のビーナス」はなぜ美しいのか？

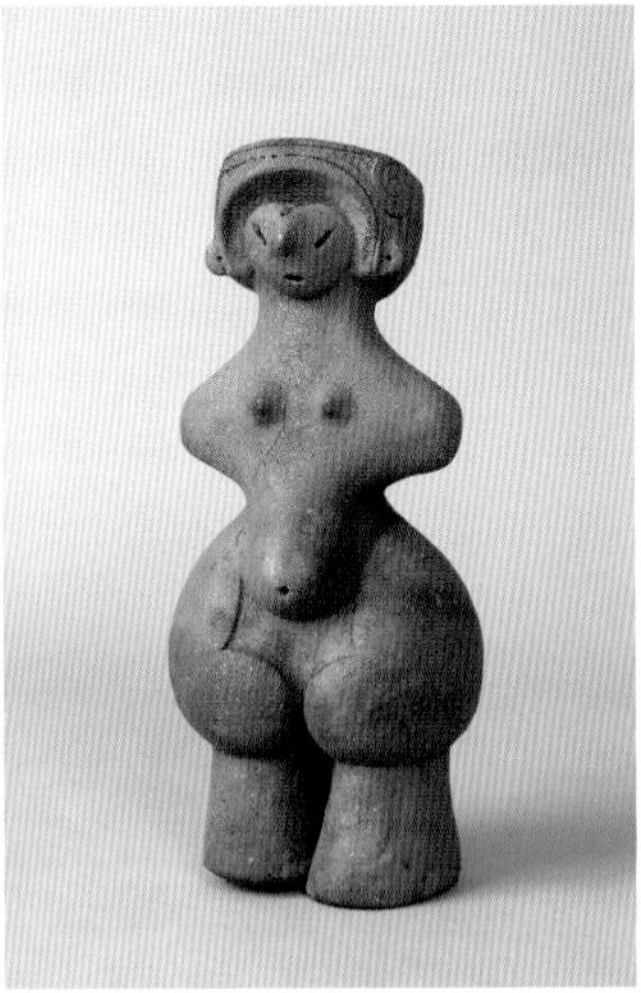

【国宝土偶「縄文の女神」】山形県立博物館所蔵（左）
【国宝「土偶」（縄文のビーナス）】長野県茅野市所蔵（右）

渡来人との“混血と文化交流”（縄文後期～古墳時代）

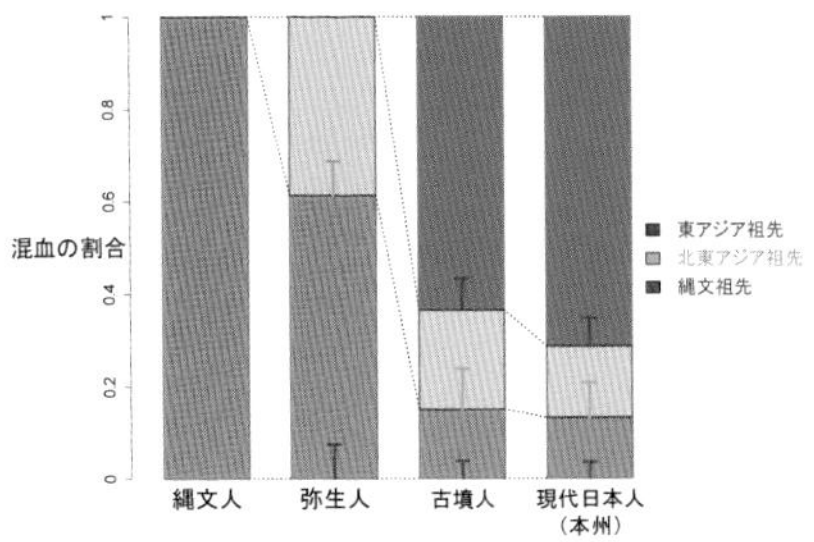

【金沢大学「縄文時代から現代に至るまでの日本人ゲノムの変遷」】
Cooke et al. (2021) Science Advances における解析結果より（左）

出雲地方に多い四隅突出型墳丘墓《よすみとっしゅつがたふんきゅうぼ》（左）／京都・木嶋《このしま》神社の三《み》柱《はしら》鳥居の秘密（右）

画像提供：出雲弥生の森博物館（左）

「弓月国」からやってきた渡来人「秦氏」とシルクロード

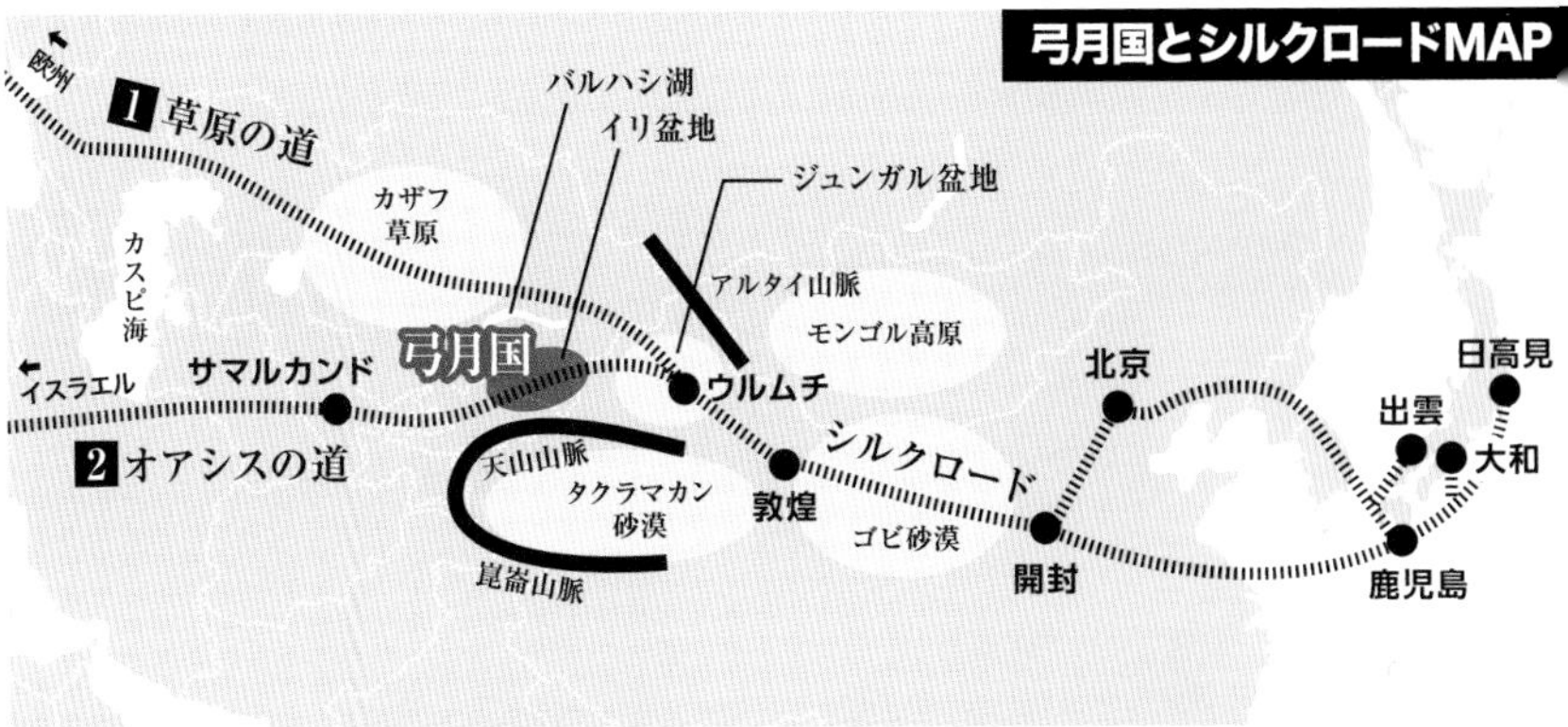

ユダヤ人の謎

イエス・キリストは褐色の肌のユダヤ人だった？（左）
ミケランジェロのモーセ像（右）

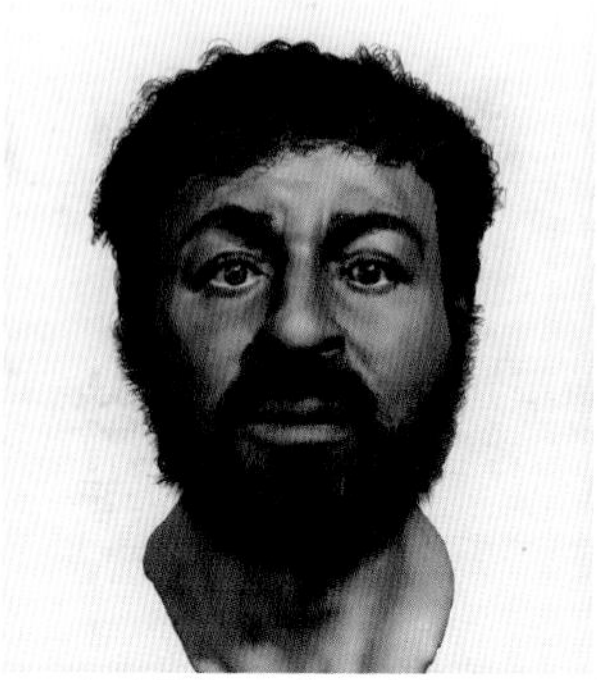

【1世紀のユダヤ人男性の頭蓋骨の解析データに基づいたCG画像】©GETTY IMAGES（左）
【「モーセ」ミケランジェロ作】（1515年／サン・ピエトロ・イン・ヴィンコリ教会）

世界を旅したザビエル（左）やコロンブス（右）は
改宗ユダヤ人「コンベルソ」だった？

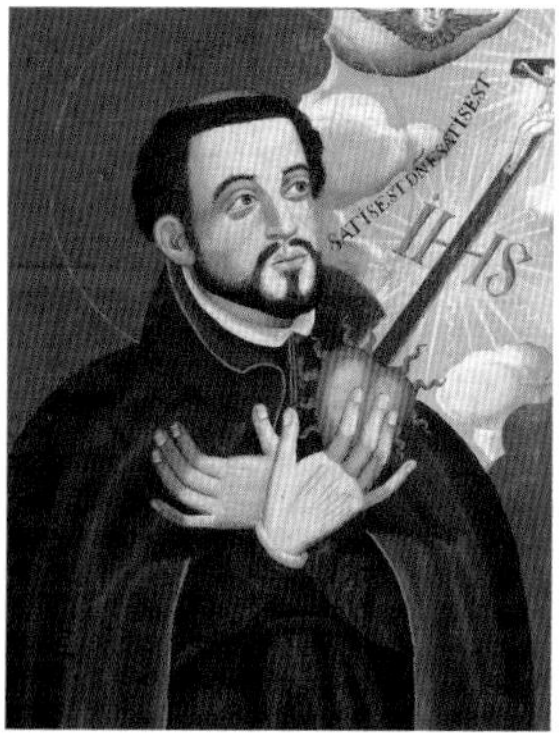

山伏（修験者）とユダヤ教徒

イラスト：Kinako

日本人とユダヤ人

ユダヤ「契約の箱（アーク）」（左）と日本の「お神輿《みこし》」（右）

八幡宮や稲荷神社の鳥居とユダヤ「過越《すぎこし》祭」（ペサハ）に関連が？

【宇佐八幡宮】（上）©denkei/PIXTA
【伏見稲荷大社】（下）©shimanto/PIXTA
イラスト：Kinako（右）

皇室の紋章である「菊の御紋（十六弁菊花紋）」（右）と
エルサレム旧市街の「ヘロデ門の紋章」©Alamy/PPS 通信社

日本人とユダヤ人の“いのち”を守った樋口季一郎陸軍中将

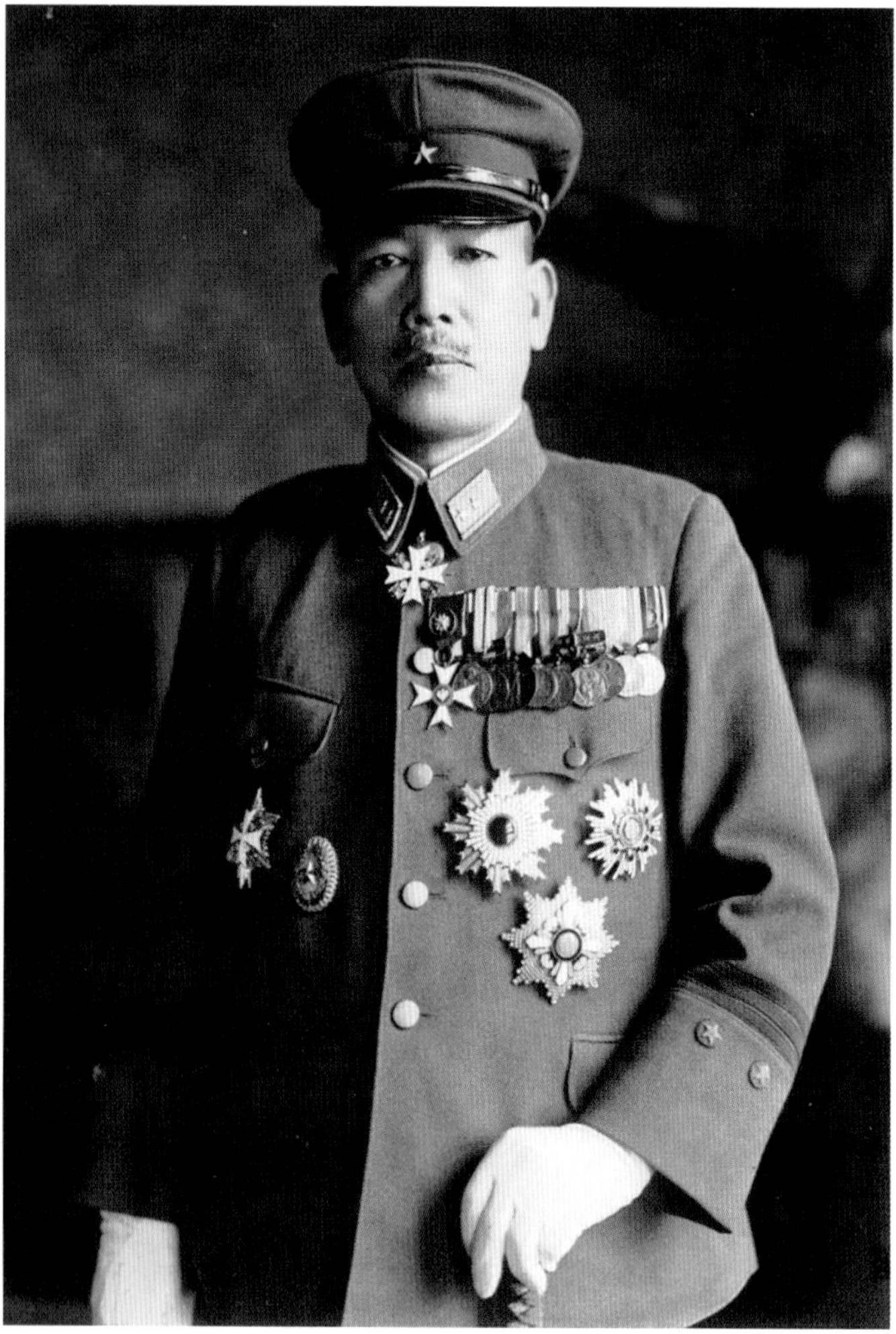

ユダヤ・ゴールデンブックに名を残す日本人

日本とユダヤの古代史&世界史

縄文・神話から続く日本建国の真実

東北大学名誉教授
田中英道×茂木 誠
Tanaka Hidemichi
作家・予備校講師
Mogi Makoto

ワニブックス

まえがき●茂木誠

・主に関東地方の古墳から多く出土する「武人埴輪」が、正統派ユダヤ教徒のファッションとよく似ているが、偶然かもしれない。
・山伏（修験者）が額につける兜巾《ときん》が、ユダヤ教徒が儀式で額につける小箱のテフィリン（ヒラクティリー）とよく似ているが、偶然かもしれない。
・諏訪大社でかつて行われていた儀式——木に縛りつけた少年を神官が剣で刺す所作《しょさ》を行うという奇祭が、『旧約聖書』創世記の「イサクの燔祭《はんさい》」とよく似ているが、偶然かもしれない。
・稲荷神社などの赤い鳥居は、『旧約聖書』出エジプト記の「過越《すぎこし》」——門柱と鴨居を羊の血で赤く塗った話とよく似ているが、偶然かもしれない。
・神社の氏子が神輿《みこし》を担ぐ様子は、古代ヘブライ人の祭祀階級であるレビ族が「契約の箱」を担いだ様子とよく似ているが、偶然かもしれない。
・皇位継承のシンボルである「三種の神器」（鏡・剣《つるぎ》・勾玉《まがたま》）が、「契約の箱」に収められたという「モーセの石板・アロンの杖・マナの壺」と似ているが、偶然かもしれない。
・エルサレム旧市街のヘロデ門に刻まれた紋章は、皇室の紋章である菊の御紋（十六弁菊花紋）とよく似ているが、偶然かもしれない。

一つひとつの「偶然」がこれだけ重なると、もはや「偶然」では済まされなくなってきます。これらは古代日本列島に、ヘブライ人（＝ユダヤ人）が集団で渡来していた痕跡ではないのでしょうか？

すでに明治時代に来日した外国人で、このような学説を唱える人たちがいました。ユダヤを漢字で「猶太」と書くので、このような学説を「日猶《にちゆ》同祖論」といいます。

しかし最近のDNA研究で明らかになったことは、日本人の最も古い祖先は縄文人だということです。したがって、「日本人の祖先はユダヤ人だ」という意味での「同祖論」は間違いでしょう。

その一方で、大陸から多くの渡来人がこの列島に渡ってきたことも明らかであり、その中には遠くオリエント方面からの来訪者が陸路で、あるいは海路で列島へたどり着き、我々の祖先である縄文人と混血したとしても不思議ではありません。

紀元前722年に滅んだ古代ユダヤ王国の謎と、神武天皇が即位した紀元前660年を建国起源と定めている日本文明勃興の謎……。

本書では、東北大名誉教授でフランス・イタリア美術史の権威であり、世界史的視野から独自の日本史研究を重ねられている田中英道先生をお迎えし、一つひとつの問題について丁寧にお話を伺っていきます。

日本古来の神道とユダヤ教の儀式、『旧約聖書』と『古事記』・『日本書紀』の神話を踏まえて、考古学的な発見にも新しい光を当てていきましょう。

単なる謎解きに終わるのではなく、世界史の中で、日本に生まれたことの意味、日本人の使命にまで話が及ぶかもしれません。

序章では田中先生の歴史の見方とは何か、「教科書の歴史」がなぜつまらないのか……というちょっと難しいお話をしています。「ユダヤと日本の古代史」をすぐに読みたい方は、序章をあとまわしにして第1章から読み始めるというのも、一つの読み方だと思います。

「歴史は暗記ばかりで苦手」というあなた。本書を読んで頂ければ、歴史の面白さに気づき、自分でもっと調べてみよう、と思われるかもしれません。

さあ、ページをめくってみましょう。新しい旅のはじまりです。

令和5年5月

茂木　誠

序章① 歴史とは何か？ 歴史を学ぶことの意義とは？

第2章

日本建国の真実と失われた10支族
～国譲りと天孫降臨の謎を解く～（紀元前660年～）

第3章 秦の始皇帝からキリストの時代へ（紀元前300年〜）

第4章 巨大古墳の時代〜文明の邂逅と秦氏の役割〜（200年〜）

第5章

蘇我氏とは、いったい何者だったのか？（400年～）

第6章 中世以降のユダヤ人と世界史（1400年〜）

第7章 新しい時代のための「日本人とユダヤ人」論（1900年〜）

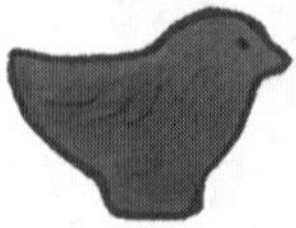

イラストレーション　Kinako
図表作成　Owls Crows
装丁　木村慎二郎

※敬称につきましては、一部省略いたしました。役職は当時のものです。
※写真にクレジットがないものは、パブリックドメインです。

序章①

歴史とは何か？ 歴史を学ぶことの意義とは？

ユダヤ人埴輪（千葉・芝山古墳より出土）
所蔵＝芝山仁王尊 観音教寺
展示＝芝山町立芝山古墳・はにわ博物館

著者近影　田中英道（左）と茂木誠

「田中史観」との出会い

茂木：私が最初に田中英道先生のお考えに触れたのは、CIAの前身であるOSS（米戦略情報局）による日本改造計画のお話［※1］でした。そこからフランクフルト学派［※2］のことや、あまり表に出てこなかった「隠れ共産主義者」という存在を知り、驚き、学び始めました。そうして私が近代史の勉強をしておりましたら、田中先生は古代史にもどんどん入り込んでいかれて、それで「おぉ！」とまた別の意味で驚きまして（笑）、特に「ユダヤ人埴輪」の件にはまさに目から鱗が落ちる思いでした。実は私、あまり真面目《まじめ》に行っていなかったのですが、大学時代には考古学をちょっとかじっておりまして……。

田中：そうでしたか。それで興味を持たれたのですね。

茂木：私も、例の埴輪は学生時代に何度も見たことがあるのです。しかし、博物館の表示通りにただ〝帽子を被っている武人〟としか思っていませんでした。で、先生の本を読んだら「こりゃユダヤ人だ！」となり、それ以来、あの埴輪を見るとユダヤ人以外には見えなくなってしまいまして……。

田中：お役に立てたようでなによりです（笑）。

茂木：田中先生は「物の見方」が凄い方だなと常々思っています。いつもその独特な「物の見方」を学び、ハッとさせられております。どうしても、一般の歴史学者というのは、何かこう……

いつも理屈で考えていて、感性や感覚というのが非常に貧困だなと思うのです。

田中：その通りですね。

茂木：田中先生は元々美術史や美学をご専門とされてきた方ですから、やはり、感性が鋭く繊細でいらして、そこからおそらく様々なものが見えて、新たな発見があり、これからもあるんだろうな……と期待していつも動画や著書を拝見しています。

田中：そうすると確かに、今回の「日本とユダヤ」のテーマで「縄文」から入っていこうという試みは、歴史そのものをいかに見るかというところで、正しいと思いますね。

形から見る学問「フォルモロジー」とは何か？

茂木：田中先生は常々、歴史を「文献」ではなく「形」から見られていますね。形の学問を「フォルモロジー」と名付けられたようですが、詳しく教えて頂けますか。

田中：「フォルモロジー（Formologie）」というのは美術史の学問の一つなのです。その言葉

※1　田中英道『戦後日本を狂わせたOSS「日本計画」』／展転社・2011年）

※2　フランクフルト学派：1930年代以降、ドイツ・フランクフルトの「社会研究所」で活躍した哲学者グループ。ソ連型の硬直したマルクス主義を批判しつつ、「批判理論」によって西側の伝統文化、価値基準を破壊する「文化マルクス主義」を唱えた。

に私は「形象学」という日本語を名付け、本にもまとめました［※3］。
元々「モルフォロギー（Morphologie／形態学）」というのがありました。これはゲーテなどが主に唱えていたもので、生物や植物の形態や動態を分類したりする時に使われます。私のいう「フォルモロジー」は〝人間がつくった「形」というものは、必ずある種の「意味」がある〟という視点から、物や美術作品を解析する学問です。

茂木：美術の世界の言葉なのですね。

田中：しかし例外は現代です。現代アートは〝形に意味をつけることを否定〟しています。そういう意味で、印象派以降は通用しないともいえますが……それ以前は、人間が形をつくる時というのは、必ず意味を持ってつくられていました。あるいは一つの精神を持ってものを書いたりつくったりするわけです。人はあまり無意味なことをやらないわけですよ。

ですから、18世紀前半ぐらいまでは、美術品などのあらゆる形には、必ず意味があると考えられるわけです。そしてそれを読み取る。それが「フォルモロジー」ということです。それは必ずしも文献に書かれていないものが多いです。

茂木：なるほど。具体的には、どのように「意味」を読み取ればよいのでしょう？

田中：それらを読み取る考え方を、私は5つ挙げています。

（1）形象の取出し、（2）比較、（3）解釈、（4）作家、（5）歴史

　この中で例えば「比較」。〝同じような形のものが他にあるか？〟と世界中のものを探し、似ているものがあれば、そのもう片方の意味をもう片方に当てはめていくわけです。「比較的に見る」という手法を「視覚的」にやる。そういう基本的な視点で見ていくと、そのものの意味が少しずつわかってくる。だいたい同じ時代で、はっきり類似があるものを比較すれば、すぐにわかるわけでね。
　それは、パノフスキー（ドイツ出身のユダヤ系美術史家。1892〜1968年）の「イコノロジー（図像解釈学）」とも関わってくるのですが、そういう形の意味を読み取る学問もあります。ちなみにこれはユダヤ人たちが得意とする学問です。
茂木：形を言語化することって、なかなか難しそうですね。
田中：いや、例えば「百合」が「純潔」を表すように、形には必ず意味があるのです。中世のキリスト教美術やルネサンス美術では特に顕著ですね。私は美術史を学ぶ過程で「こういった自立的な形の学問があるのだな」とわかりました。それに日本人は元来、形を読み取る才能があると思います。直観的な把握力が日本人にはあると思うのです。
茂木：「フォルモロジー」は日本人向きだと。
田中：言葉をいくら重ねても結論が出ない。議論をしたってしょうがないことになる。日本人はだいたいそうでしょう。言葉は単なる〝葉っぱ〟、付加価値的なものであると思っている……

※3　田中英道『フォルモロジー研究 ミケランジェロとデューラー』（美術出版社・1984年）

このことは意外と大事な要素です。

古代史を理解するには「形の学問」が必要

田中：これから「日本とは何か？」をもっと理解するには、そういった「形」の学問をつくらないと全然わからないのです。特に縄文土器とか古墳時代の埴輪だとか、言葉がなかった時代を学ぶには、こういうやり方を取らざるをえない。考古学は年代を調べたり、機能を調べたりはしますが、精神的な表現物に対してはアプローチする手段がない。

茂木：いや本当に。そうですね。土器の形を見ても、年代順に並び替える……ぐらいのことしかやりません。

田中：そうなる場合が多い。こうした古い時代こそ「フォルモロジー」が非常に役立つのですね。そしてそれをどう評価するのかの問題が控えています。私は学者として「見る」だけでなく「評価」もしなければならないと常に考えています。

例えば、日本の飛鳥時代から天平時代の仏像などは、世界的に見ても大変高いものを表現していると思っています。ところが日本人の美術史家はその価値を読み取れない。というか、感動まで結びつけることができないものですから、その価値がまだわからずにいます。日本の仏像は、例えばイタリア美術のミケランジェロと同じような価値があるということを私は昔からいっているのです。

茂木：先生は仏像に関しても非常にお詳しくて、驚かされます。

田中：以前、イタリアで仏像展をやったのですけどね［※4］。あの時は、安倍さん（安倍晋三元首相・2022年逝去）や俳優の津川雅彦さん（2018年逝去）が一生懸命応援してくれて実現しました。

文化庁は何かと「それは宗教美術だから」やらなくていいといい、重い腰を上げようとしませんでした。また、「仏教美術なのだから、仏教の様々な道具を入れたり、礼拝場をつくるのはどうか」とかそういう発想しかなかった。私は「そうじゃない。仏像だけでいいんだ」と、宗教性ではなく美術作品として見てほしいことを強く訴えました。

キリスト教美術と比べてみてほしい。ミケランジェロやレオナルド・ダ・ヴィンチやラファエロも宗教美術ですよ。キリスト教がわからなきゃ、彼らの作品を見る必要はないといえるでしょうか？

茂木：ルネサンス美術は純粋な美術作品として見るのに、日本の仏教美術ではそれができないというのは、確かに変ですね。

田中：と同時に、芸術というジャンルでは、そのような宗教美術はあくまで「芸術」として見

※4 「日本仏像展」：スクデリーエ・デル・クイリナーレ美術館／ローマ（2016年）。書籍『日本美術全史』（田中英道 著）のイタリア語版が発端となり、美術展が実現した。

るということで、宗教性を消してしまっています。消したのは誰か？　ユダヤ人です。芸術という普遍的な学問をつくり、形式にしてマーケット化する。実に彼らしいやり方です。ところがよく見たらその美術作品は、元来はキリスト教そのものなのです。

言い換えれば、宗教がつくる精神性というのは、特定の宗教を超えて、人間にとって普遍的であるわけです。そういう視点で見ることが「フォルモロジー」だと思います。つまり、イデオロギーを排除して、形そのものの価値を見るということですね。そういったことを芸術が示しているのです。

茂木：「フォルモロジー」はユダヤ人的視点から生まれた。田中先生はそれを留学中に学ばれたんですね。

田中：これにはある程度の経験が必要かもしれませんね。形で比較することを最も得意としたのは、アンドレ・マルローというフランス人［※5］です。彼は元来は小説家でしたが、後半の人生では小説をやめて「空想美術館」（ル・ミュゼ・イマジネール（le musée imaginaire））という概念を持って、あらゆるものを形で比較する見方を展開しました。

実は彼は日本にも来て、時間の許す限りいろいろな場所へ行き、「形としての価値を美術として認める」ということも始めました。しかしその追随者が誰もいなかった。だから私が継承して「形の美」というものを提唱しているのです。

茂木：なんとそうでしたか。マルローが特攻隊の無私の精神を称賛した文章に私は感銘を受けましたが、ある意味、先生のお師匠さんだったのですね。

田中：ちなみにマルローは小説という芸術はもう駄目だともいっています。「美術こそ、芸術こそ、神なき、宗教なき世界では、唯一精神性があるのだ」といっており、私も若い頃に非常に共鳴しました。仏文科の卒論はマルローのことを書きましたよ。私もそれまで小説を10篇ぐらいは書いていていましたが……同人誌でね。

茂木：そうなんですか！ それはまた初耳です。

田中：でもしっかりやめた（笑）。当時は文学の雰囲気が世間に満ちていて……最近亡くなった大江健三郎の本とか、よく読んでね。若い学生時代には誰もが小説を書くんですよ。あなたもそういうの、なかった？

茂木：いや、私の時（80年代後半）はそういう雰囲気はなかったですね（笑）。

田中：60年代、70年代のはじめ頃までは、ある種の文学部の人などは、誰もが小説を書いていたわけです。そんな中で、三島由紀夫が死んだのは（1970年11月25日）「小説はもう駄目だ」ということだと私は思ったのです。三島さんはそういうところで敏感だったと思います。現代の表現形態は小説では駄目なのだと。それであのいったギリギリのパフォーマンスを決行した。

※5 アンドレ・マルロー：（1901～1976年）作家・活動家・政治家。シャルル・ド・ゴール政権では文化相を務めた。1931年以来数回来日。代表作に、日仏混血の主人公を中心に描いた小説『人間の条件』など。

答えのない歴史を学ぶ面白さとは？

茂木：私の学生時代はマルクス主義の最後の時代でした。エンゲルスの『空想から科学へ』を読まされ、歴史研究は科学でなければならぬ、と教えられました。しかしそれから半世紀後の私は、「歴史は科学ではない」と思っております。どちらかといえば文学のような……答えがない世界ではないでしょうか。大袈裟《おおげさ》にいえば、10人いたら10通りの歴史観があり、田中先生の歴史観は大変に尊敬しておりますが、私の歴史観とは違っている部分もあります。でもそこが面白い。もちろん私が未熟だからともいえるのですが、そんな中で再発見があったり、まったく気づかなかった視点を先生が提示してくださったり、それまでの価値観が覆される感覚。そういうことがあるとずっとドキドキしていられますよね。ドキドキする歴史って素晴らしいと思うのです（笑）。

ところが今、私は予備校で教えています。そこでは「これを書けば正解」という答えが全部決まっていて、本当につまらないことですよね。だからちょっと欲求不満になっていまして……。

田中：それでYouTubeで歴史講座をやっているのですね（笑）。明治の大学院にまで行って考古学の道を進まなかった理由もそんな感じなんですか。

茂木：大学は……これがまた非常に狭い徒弟制の世界でありまして。そういうのにうんざりしたのですね。

田中：そうですね。教授に気に入ってもらえないと……なかなか面白くない世界です。

茂木：研究職は向かなかったですね。教える方が楽しいとも思っていました。

田中：そこが私とあなたとの違いともいえますね。私は研究だけをやってきていますからね。あなたは、若者にどういうことをいえば楽しく学べるかという、教える専門家として活躍されていらっしゃる。私はもう、ただひたすら研究するわけですから、相手がどう理解しようと構わない。自分の研究を進めるだけです。だから同じ歴史を語る上でも、それぞれの立場があるということを、読者の皆さんには知っておいて頂きたいですね。

茂木：そうですね。先生は歴史家であり、私はそれを伝える役目があります。

田中：ですから先ほど、歴史観が人それぞれで違うとおっしゃったけれども、私としては一つなのです。ただ、今の大学は本当に研究らしい研究をしないから、本気で歴史を研究したいなら大学に残る必要なんてないのです。

茂木：おっしゃる通りです。私がいた頃の大学の歴史学科というのも、とにかく調査はします。考古学でも文献史学でも膨大な調査をするんですよ。その調査の報告書をまとめるのが主な仕事なのですね。綺麗にまとめるだけで、各人がどう解釈するかというのがないのです。

田中：カルチュラル・スタディーズ〔※6〕ですね。それでは日本の大学院のレベルは落ちる

※6　カルチュラル・スタディーズ（Cultural studies）：20世紀後半より広まった、文化一般に関する学問研究の潮流のこと。ここではマルクス主義を根底とする、左翼的批判主義を指す。

一方だし、それじゃ駄目なのです。調査した結果「それは何を語っているのか」ということが大事なのです。「それが歴史にいかに影響を与えたのか？」そこまで考えないと学問とは呼べないし、歴史を線で結びつけられないのではないでしょうか。

歴史学会にも蔓延《はびこ》るマルクス主義

茂木：膨大な資料を基に歴史を組み立てるには「歴史観」が必要でありまして、私が大学生だった80年代の歴史観というのは、とにかくマルクスでした。何でもかでも階級闘争です。権力者がいて搾取されていた奴隷がいて……という構図ですね。大きな竪穴式住居が発見された、「これは階級の発生である」。古墳が大型化した、「支配階級の強大化である」……何を調べてもそこに結びつけようとするのです。「これってマルクス主義の思想なのでは？」と自分なりに調べて発表したら、ゼミの教授に怒られました（笑）。

田中：疑うなと（笑）。

茂木：はい。「思想の話はいいから、銅鏡の研究をしなさい」と。

田中：だから古墳では、仁徳天皇陵では奴隷労働があって……みたいな話になる。

茂木：本当に困ったものです、マルクスは。

田中：階級闘争史観なんてありえない。特に日本ではね。彼らは農業が始まってから階級社会がでたといいますが、鵜呑《うの》みにしてはいけません。ユヴァル・ノア・ハラリの「サピエンス全史」もマルクス主義が根底にありますが、古代の日本では特に、偉い人も子どももみんな、役割分担の世界でやっているだけであって、天照大御神《あまてらすおおみかみ》も稲を育て、機織《はたお》りをしていたわけですから、貧富の差というものはほとんど意識されなかった。稲作以外では、採集も狩猟も漁労もすべてやっていましたからね。日本というのは古くから自然が豊富で、いろいろ食べることができる国だった。米がなくても栗がある、魚や貝は豊富にある。マルクスの図式がまったく当てはまらないのが日本だったということですね。

日本を保守する歴史観

田中：しかし、今は時代の転機です。つまり、社会主義あるいはマルクス主義の実験台だったソ連が崩壊し、中国も崩壊しつつある。人口が多いだけに悲惨です。彼らの唯一のイデオロギーだった社会主義は元々無理だったことを露呈しました。日本のメディアは必死に中国の崩壊を見ないようにしているわけですが、共産党というのは何一つ労働者のことを考えていないということがはっきりしています。プーチン独裁体制のロシアも、ソ連型社会主義の伝統を引き継いでいます。

茂木：そのような社会主義、マルクス主義の猛烈な崩壊過程を目《ま》の当たりにしているというのが、ウクライナ紛争を含めた現代の歴史といえますでしょうか。

田中：最終宣告でしょう。見方を変えれば、これからは、社会主義ではない日本の時代が近づいているといえます。どういう歴史観を持っていくべきかということを、しっかり個々人が意識的に学び、教育でも教えるべきです。それが《日本の歴史の保守》ということです。

これまで何百年、何千年と存在し継続しているものは、悪いものを削《そ》ぎ落としています。残っているものはすべて良いものなのだということを知ることです。126代も続いている天皇とは優れたものなのだと、我々はもっと声高《こわだか》に言わないといけません。神社仏閣なども同じです。つまり「続いている」ということの意味、社会に適応し結びついているという事実、変わらない力、そういう考え方が望ましいのです。

茂木：戦後の歴史教育は真逆ですね。縄文、弥生の遺跡についてはかなり詳しく扱うのに、神社は「迷信」とみなし、真面目に研究しようとしない。日本史の教科書には、伊勢神宮も、出雲大社も、香取神宮も出てこないのです。それをだれも疑問に思わない。

田中：今までは日本の伝統的な力を、次から次へと破壊してきました。ところが破壊してもなお残っているものがあり、それがいま一番重要になってきています。そこを我々は日本人であることの根拠の一つとしていきたいです。

実は日本には残っているものばかりなのです。神社仏閣、縄文や古墳時代の遺跡、あらゆるものが豊富に手つかずで残っているという肌感覚。それを我々が理解して、評価して、新しい歴史をつくっていく。

茂木：素晴らしいですね。日本のお祭りなども、意味がわからないけどずっと代々伝わっているものがありますね。

田中：そうです。日本人、特に庶民はそういう感覚をとても大事にしています。何百年という単位で現在も続く祭りがある。京都の祇園祭だって何の意味かはわからないけど完全に「ノアの方舟」を模してやっているわけですよ。しかし当事者たちは祭りの意味よりも、我々の伝統と文化を守っていくぞ、共同社会が大事だぞ、という形で続けている。それもまた面白い現象だと思いますね。

茂木：庶民はわかっていて、為政者がわかっていないという感じもします。

田中：「芸術」「文化」という、生活に直接必要のないものが、これだけ豊かに生まれて続いているということ自体が素晴らしいのです。これこそが人間の想像力だなと思いますね。多くの為政者は文化をわかっていない。

人間の素晴らしさ……これこそが私は《これからの歴史の中心課題》となっていくのではないか、と感じています。文化史といってもいい。文化がまた経済を動かしている。植物の歴史、食べ物の歴史なども大事なことでしょう。我々は自然が生んだものを食べる。あるいは自然からあらゆる資源を得ています。自然史と文化史というその二つの軸が、これからの中心的な歴史の軸になると思いますね。

茂木：しかもその歴史は日本だけじゃない、世界と全部つながっているのですね。

田中：はるか昔に、ユダヤ人たちが日本に来ていたように、あらゆる世界と結びついています。新たなる発見は単なる一国の歴史に収まらなくなるでしょう。ある意味で、世界を股にして活動していたユダヤ人ほど面白いテーマとなる人々はいないのです。本書では、そのあたりを中心的なテーマにすれば、社会主義や階級闘争史観ではない、《新しい世界史の見方》が提示できるでしょう。

なぜ若い頃は歴史が嫌いだったのか？ 歴史を取り返す！

茂木：私はよく読者の方、あるいは動画を見てくださる方から、繰り返し言われることがあります。「歴史が大嫌いだった」と。「とにかく名前と年号の暗記ばかりで、こんなことに何の意味があるんだとずっと思っていましたが、大人になってから初めて先生の動画や本を読んで、目覚めました」ということなのです。なぜこんなに歴史教育が駄目になってしまったのでしょうか。

田中：はっきりいえば、やはり共産主義、マルクス主義ですよ。しかも、この共産主義という言葉もあまり表立って言わないようにして浸透させているという、また別の一種の共産主義があるのです。

共産主義といえば暴力革命によるものであり、すでに古びたものだと思わされています。しかし、実をいうと世界では一部のユダヤ人たち（フランクフルト学派）が、マルクス主義にフロイトの心理学を取り込み、共産主義の形を文化の問題に変えました。社会保障が整備された西欧諸国では革命を担う労働者がいなかったからです。

例えば、アドルノとか、ホルクハイマー、ライヒ、フロム……と何か新しい学者たちの革新的な動きというふうに世間では見えたかもしれませんが、彼らのいうことを一言でいえば《文化否定》なのです。伝統的な文化の完全否定です。

つまり、民族や国家が保守的な文化を持っていると、ナチスドイツのような考え方に行きつくのだと思い込んでいるのです。民族的で伝統的な社会は壊さないと、ホロコーストのような事態が再度起きかねないと主張し、各国の文化を破壊し始めたのです。

茂木：今、アメリカで盛んな「白人至上主義がアメリカの病巣《びょうそう》だ」という「クリティカル・レイス・セオリー（批判的人種理論）」という議論と同じでしょうか。共和党やトランプ元大統領などはそれを批判していましたね。

田中：まさにそうです。アメリカの建国は、白人が先住民（インディアン）を攻撃した時に始まる、多様性を認めない社会は独善的な白人のせいであると、学校で教えるようになりました。

フランクフルト学派の人々は、ドイツ人の〝心理的な強さ〟、あるいはそれを支持した白人社会、また、日本も含めた〝伝統的な文化というものの強さ〟を、何とか徹底的に破壊したいという思想に染まっています。そのためにまずどうするかというと、〝歴史を忘れさせる〟のです。「自分たちの祖先たちがいた上で、我々がいる」という至極当然な考え方を否定し始めました。

茂木：フランクフルト学派に思想的な影響を与えたとされるルカーチという人は、ハンガリーの共産党員でマルクス主義者です。ロシア革命に続けとハンガリー革命（1918年）に参加しましたが、国民の支持を得られず大失敗しました。その理由を彼は「ハンガリーの伝統文化が邪魔をしたのだ」と結論付けました。それを教育の側から徹底的に破壊するということを始めたのですよね。

田中：ええ。まさにそれが1924年に創設された彼らの居城、フランクフルト大学の「社会研究所」で話されていたことです。心理的に各国の民族の伝統を破壊するためには、どうすればいいのか……ということを徹底的に考え始めました。

茂木：それが戦後になって、日本にもそっくり持ち込まれたのですね。

田中：OSSがGHQを通じて日本の戦後教育に持ち込みました。ですから、「神話は嘘だ」「神社は迷信で意味がない」「あらゆる伝統的な文化は軍国主義に結びつく」ということでね。そういう教育の犠牲者は誰でしょうか？

茂木：それは……まさに敗戦後の日本人です。建国の記憶を抹消され、「歴史」というものを心理的につまらないものに仕立て上げられてしまった……ということですね。

田中：本当は「歴史」という教科を丸ごとなくしたい。しかしそれでは逆に問題があるから、「歴史」を巧みに彼らの階級闘争史観で塗り替えてしまったのです。しかし階級闘争史観というのは否定論ですから、まったく面白くない。そうすると皆さんは、「歴史」というものは、ただ時系列のクロニカルな歴史でいいや……となる。歴史から感動したり、一生懸命情熱を持って歴史を学ぶという気持ちはなくなっていくのです。それが戦後の歴史教育、つまり左翼の歴史観といっていいでしょう。

茂木：自国の歴史の面白さを知るということは、それだけで「戦後レジームの脱却」といってよさそうです。

田中：本当の歴史を学び、そして日本の伝統を知る、ということです。戦後教育では、日本の伝統文化というのは「軍国主義になった悪いもの」「日本の文化は他の国から学んだもの」となりました。また、中国文化の一部であるとか、あるいは朝鮮から学んだのだという学者もいます。しかしそれは歴史的な事実とは違います。

ですから、私はできる限り「そうではない」「実際はこうであった」ということを発信しているのです。そうすれば、《日本の独自性の凄さ》がわかってくる。

そういう意味で、本当の歴史を学ぶということは、〝歴史を取り返す〟ということなのです。

茂木：実は私、最近、すっかり神社巡りが趣味になってしまっておりまして、街中《まちなか》で鳥居を見ると吸い込まれるようにお参りしているのですけど（笑）、それ実は、最近のことなのです。
一応、私は学生時代に、考古学というものをかじってきましたが、考古学者は神社について一言も語らなかった。これってておかしいですよね。神社に見られるような信仰って、明らかに縄文時代や弥生時代から続く自然崇拝じゃないですか。

田中：そうです。私たちの周りには、〝見える歴史〟がまだまだあるのですよ。神社仏閣は16万社も日本にあります。コンビニはたかだか5万です。コンビニには入るけど神社仏閣には行かない日本人が、戦後どれだけ増えたことか。私たちは時には神社仏閣へ行き、どんな場所にあるのかとか、そこにどんな木が植えてあるかとか、そういう非日常的な空間に入って「ここに日本人の伝統と文化があるのだな」と感じることが、やはり歴史を見返す、一つの大きな要素となると思います。

茂木：境内に入れば、空気が明らかに違いますし、創建の由来とか御祭神のことが御由緒に書かれています。

田中：この日本には、よく見ると、古墳も残っているし、神社仏閣も残っていて、古い家屋もまだ残っている。散歩や旅さえすれば、もう一回歴史を見直すことはできるのです。

茂木：部屋に籠って、歴史の本を読んでいるだけでは駄目だ、ということですね。

序章②

ユダヤ問題の基礎知識と「ユダヤ人渡来5つの波」

モーセ / Moses
illustration by Kinako

歴史に名を残さないユダヤ人の処世術

茂木：本編に進む前に、〝ユダヤ人と世界史〟を高校教科書でどう教えているかについてお話ししたいと思います。

『世界史』の教科書にユダヤ人が出てくるのは、古代オリエントの単元です。出《しゅつ》エジプトとか、ダヴィデ王・ソロモン王とか、バビロン捕囚とか、かなり詳しく取り上げます。ところがそのあとユダヤが出てくるのはずーっとあとの20世紀で、第1次世界大戦中のバルフォア宣言、ナチスによる迫害、イスラエル建国とパレスチナ戦争という文脈で、バビロン捕囚から19世紀までが完全に抜け落ちているのです。

19世紀イギリスのスエズ運河買収の時とか、バルフォア宣言では、イギリス政府とユダヤ系ロスチャイルド家との深い関係が出てくるのですが、教科書には「ユダヤ人」とか「ロスチャイルド」という名は絶対に書かれません。徹底的に隠そうとする執筆者の意図を感じます。

これだけ近代史に影響力があった人物の名前が、一言も教科書に出てこないのは、歴史的にアンフェアです。

田中：ロスチャイルド家のことは、まるで彼らがユダヤの代表であるかのように語られるようになりました。しかし、ロスチャイルド以前のユダヤ人ももちろん沢山いまして、彼らはずっと同じ伝統の中にあるといえるでしょう。それはつまり〝どこへ行っても少数派であり自分たちの国がない、しかし陰ながら活動はしている〃という伝統です。

茂木:西暦135年、ローマ帝国のハドリアヌス帝が、ユダヤ人を完全にエルサレムから追放したあとは、もうずっと彼らには国がありません。1948年にイスラエル国が樹立されるまで、1800年もの間ずっと国がなかった。このことを理解しないと、ユダヤは語れませんね。

田中:国がない、国籍がないと、個人や民族の名前を出さざるをえない。しかしそうすると、どこか力がないように見えて収まりが悪い。ところが実際、彼らは非常に力があるわけです。だから世界の人々は彼らを、〝ユダヤ人〃とわざわざいわなくてはいけなかった。その問題が白人世界、あるいはヨーロッパの世界では、常にまとわりついていました。ある意味で彼らは、利益団体のようなネットワーク組織ともいえるでしょう。

茂木:いつも少数派だけれど、国の政府や王様をサポートし、力を発揮して、利益を得る。それが、彼らが長い歴史の中で身につけた処世術ということですね。

田中:例えば、中世ルネサンス期のイタリアでは、君主だったチェーザレ・ボルジアに接近してお金を出しました。世界中、いつの時代でもそうやって、権力に寄り添って力を発揮した。実は日本でもそうでした。

茂木:古代日本の秦氏《はたし》[※1]のことですね。

※1　秦氏(はたし、はたうじ):渡来系氏族。応神天皇の時代に渡来した弓月君《ゆづきのきみ》が祖とされる(『日本書紀』)。「秦の始皇帝の末裔《まつえい》」という意味の記載もあり(『新撰姓氏録』)。蚕《かいこ》や絹による織物、土木、砂鉄や銅等の採鉱及び精錬、薬草、牧畜などを伝来。京都太秦《うずまさ》を本拠地とし、八幡神社、稲荷神社を全国に広めた。

田中：そうです。例えば、古事記や日本書紀にも登場する、2～3世紀に活躍した秦氏系の武内《たけうち》宿禰《のすくね》［※2］という人物は、ユダヤ系の渡来人です。その頃から天皇の側近として活躍していました。権力に結びついて利益を得る。国家や組織のマネジメントが得意なのも特徴です。ただし、お金も知恵も出すけど自分は権力を持たない。影に徹する。やはり数が少ない勢力だからです。

茂木：少数派ですから、武力で来られると負けてしまうことを承知し、マネジメントに徹することで、忠実な部下を演じたわけですね。バイデン米大統領の後ろにいるブリンケン国務長官もユダヤ人ですね。

田中：トランプ元大統領の義理の息子であるジャレッド・クシュナー氏もそうです。そういうことがもうずっと、古代ローマの時代から続いているわけです。あらゆるところに彼らはいた。ユダヤ人の名前が歴史に出てこないというのは、そういうことです。表面は王様を立てていますからね。また、歴史的な有名どころでは、始皇帝の側近だった呂不韋《りょふい》という人物がいます。

茂木：秦の始皇帝の父親だった荘襄《そうじょう》王を擁立した大商人ですね。

田中：始皇帝は、荘襄王ではなく呂不韋の子という伝説があります。呂不韋の美人の奥さんを荘襄王に「献上」したものの、その時すでに呂不韋の子を宿していたという。呂不韋がユダヤ人とすれば、始皇帝もユダヤ人といえるでしょう。

茂木：最近の若い子は漫画『キングダム』（原泰久／集英社）を読んでいますから、呂不韋が政治力に長《た》けた憎たらしい人物であることなどは、よくわかると思います（笑）。

田中‥あれだけのこと（中華統一）ができる力というのは、それまでの中国の常識を知らない人が徹底的にやったということです。言論統制の焚書坑儒《ふんしょこうじゅ》もやりました。

茂木‥しかし、秦の始皇帝の帝国はわずか15年で崩壊します。

田中‥ユダヤ人が君主になったケースは稀で、そこに教訓があったのかもしれませんね。基本的に彼らは為政者の下にいて、あらゆる政権にサポートする側で立ち振る舞います。

茂木‥トランプ政権もそうといえるでしょう。娘婿のクシュナーは敬虔《けいけん》なユダヤ教徒で、娘のイヴァンカもユダヤ教に改宗しました。「王」の周りに優秀なユダヤ人、そういう構図がずっとあるのだな、と思います。

ユダヤ人への迫害と屈辱

茂木‥先生は若い頃に、海外にも長くお住まいで、向こうの研究者にも沢山のユダヤ人がいて「ユダヤ人なしには学問が成立しない」ともお感じになられたのですよね。

※2　武内宿禰：景行・成務・仲哀・応神・仁徳の5代の各天皇（第12代から第16代）に仕えたという伝説上の忠臣。個人としては長命すぎるので官職名だという説もある。紀氏・巨勢氏・平群氏・葛城氏・蘇我氏など渡来系の中央有力豪族の祖ともされる。

田中：そうです。学問や教育、芸術の分野では非常に力が強い。

茂木：その一方で、西洋人の社会の中では、やはりユダヤ人については〝言挙《ことあ》げ〟しないといいますか、〝なるべく触れないでおこう〟みたいな空気というのもあるのでしょうか？

田中：ありますね。それは何かというと第一に「ナチスの悪夢」が大きいでしょう。ユダヤ人には迫害を受けたという屈辱や怨念があり、逆に迫害した側には後ろめたさが今も強烈に残っています。

茂木：ナチスだけではなく、西洋諸国は程度の差こそあれユダヤ人を蔑視し、迫害してきた黒歴史がありますね。ロシアもめちゃくちゃなユダヤ迫害をしています。

田中：彼らの歴史は、常に屈辱の歴史でもあるわけです。為政者の側近で財を成す裕福な人もいますが、貧しいユダヤ人たちも多くいて、彼らは他の人々から反感を受ける対象となる。芸人みたいなことをやって、踊ったり演じたり、物乞いもする人々もいたでしょう。

また中世のヨーロッパでは、ペストが流行すると、あいつらがやったと指を差され、理不尽に殺されたり、つまり、反感と怨念にまみれながら生きてきたところもあるでしょう。ロスチャイルド家のような天才的な大金持ちもいるけれども、貧しいユダヤ人も多くいるのです。

茂木：むしろ黒い帽子の真面目な正統派ユダヤ教徒の方たちは清貧な生活を送っていますね。逆に富裕層ユダヤ人は戒律も緩く、自由主義や無神論者も多いようです。

田中：学会にも、けっこう真面目な人もいます。あるいは才能がなく、零落《れいらく》していく人もいます。ただやはり一方では、有力者にうまく取り入った人たちは、非常に伸びて目立ってくるわけです。密かにコンプレックスは持ちながらね。

茂木：一歩間違えば転落する、迫害されるという緊張感を持ち続けているのですね。

田中：ちょっと面白いのは、レヴィ＝ストロース［※3］という、有名なユダヤ人学者がいますが、彼は常に写真を撮られる時、カメラを凝視する癖がある。つまり警戒しているのです「何かにやられるかもしれない」と。

また、アドルノ［※4］が、日記に書いています「我々は常に見られている」と。「日本人は猿みたいだからよくわかるし、黒人は黒いからわかる、でも俺たちはそんなに白人たちと変わらないから、一見わからない。だから余計に見られているんだ」と。

茂木：「猿」は余計ですが（笑）、周りから常に「見られている」ことを意識することによって、自分がユダヤ人であることをより意識したのかもしれないですね。

田中：そういう心理というものは非常にあるでしょう。権威ある学者でも資産家でも、どこか警戒している感じがします。そう考えると、ある意味複雑で屈折していて、我々のような普通の日本人ではちょっと想像もつかない世界もあります。

※3　クロード・レヴィ＝ストロース：1908〜2009年。フランスの社会人類学者、民族学者。ユダヤ人。親日家で数度来日。代表作に『悲しき熱帯』。『神話論理』では神話研究において不滅の業績を残した。

※4　テオドール・アドルノ：1903〜1969年。ドイツの哲学者。フランクフルト学派を代表する思想家。ユダヤ人。日記は『ミニマ・モラリア：傷ついた生活裡の省察』（1979年／法政大学出版局）より。

茂木：その謎めいた彼らの世界や価値観を、古代史と共に紐解いていければよいと思います。

ユダヤ革命とグローバリズムの限界

田中：ところで「フランス革命」（1789～1795年）とは何だったか。一言でいうと「ユダヤ人の解放」といえるでしょう。それまで、いわゆる彼らは狭いゲットー（ユダヤ人居住区）に押し込められ、虐げられた生活を送っていたのですが、革命後のフランス共和国では、他のヨーロッパ諸国に先駆けて、ユダヤ人に市民権が与えられました（1791年9月）。18世紀も後半になってようやくヨーロッパで市民権を得たのです。

革命ではキリスト教の建物なども相当破壊しました。フランス革命は市民革命とも呼ばれていますが、それはあくまで表面の宣伝文句で、実はユダヤ人のための革命だったともいえるでしょう。その標的の一つがキリスト教だったのです。

茂木：ロスチャイルド家もフランクフルトのゲットーで暮らしていました。初代マイアー・アムシェル・ロスチャイルド（1744～1812年）をはじめ、ヨーロッパ各国で活躍した5人の息子たちは、ナポレオン戦争の混乱期にヨーロッパ最大となる金融王国を築きました。

田中：フランスのナポレオンともうまくやったのでしょう。このようなことが世界各地・各時代で起こり、彼らが陰で動きながらも、痕跡は必ずあるものですし、それを見抜くことこそが

〝ユダヤ人の世界史を書く〟ということだろうと思うのです。

茂木：名は残さずともヒントは残している。

田中：それに、彼らはいつも仕掛けてはいますが、よく失敗もするのです。ロシア革命も彼らユダヤ人たちの仕業《しわざ》ですし、ソ連と中国に代表される共産主義は、失敗の最たるものでしょう。それから今のアメリカも……基本的にユダヤ人のつくる社会です。一見華やかに理想を掲げ、成功をしているように見える社会も……やはりどこかが常に分裂しているのです。

茂木：その動きがわかれば、世界史や国際政治はもっと面白くなりますね。

田中：ユダヤ問題がわからなければ、ただの政治音痴、国際政治音痴といってもいいでしょう。フランス対ユダヤ、ドイツ対ユダヤ、アメリカ対ユダヤ、ロシア対ユダヤというシーンがこれまでにも常にありました。彼ら有力なユダヤとは〝国際ユダヤ〟ですからね。

茂木：社会主義（共産主義）というのは、グローバル・ユダヤの一つの手段です。ロスチャイルドが姻戚《いんせき》関係にあったマルクスに出資して『共産党宣言』や『資本論』を書かせたのも、一つになった世界（ワンワールド）への志向があったからでしょう。

田中：しかしソ連崩壊以降、社会主義思想が完全に生命を失っています。西側諸国では性懲《しょうこ》りもなく、フランクフルト学派的な心理戦争・宣伝を、メディアを使い、延命措置としてやっているのが現在です。今まさに中国ではその最後を迎えつつある……「だからそれはもう終わりにしよう」というのが、トランプ元大統領の周りにいる保守派のユダヤ人たちの見解だと思います。近年、イスラエルのユダヤ人の中からも「もう社会主義思想はやめようじゃないか」という声が出てきました。

茂木：保守派のユダヤ人といいますと？

田中：それがイスラエルの愛国者、ベンヤミン・ネタニヤフ（首相）に代表される〝ナショナリストのユダヤ人たち〟です。彼らのことは「ナショナルユダヤ」「シオニズムユダヤ」といってもいいでしょう。そのような世界の構図を、共通認識として描ければいいと思います。

ユダヤ人迫害がなかった日本は楽園

茂木：日本という国は、ユダヤ人迫害がなかった非常に世界でも稀有な国ですよね。

田中：そうです。

茂木：その日本に、古代から一定数のユダヤ人が、かなり重要な役割を担いながら入って来て同化していると先生はおっしゃいますが、だとすれば日本こそがユダヤ人の楽園ともいえるのではないでしょうか。彼らユダヤ人がゲットーに閉じ込められることなく、自由を謳歌し、日本人と同化できたって……素晴らしいことじゃないですか。

田中：素晴らしいと思うでしょう。ところがそれは、彼らには屈辱でもあるのです。

茂木：屈辱……ですか？

田中：つまり、それは彼らの神（ヤハウェ）を裏切っていることにもなるのです。ユダヤ教徒として。

茂木：後ろめたさが少なからずある……

田中：私はイスラエルに行って、日本に同化したユダヤ人に関する発表をしました［※5］。ユダヤ人埴輪や秦氏の話を中心にしましてね。多くの人は賛同し、凄い、面白いといって頂きました。だけども、敬虔なユダヤ教徒にとっては「日本に行ったユダヤ人同胞は俺たちを裏切った」「ヤハウェを捨てたのか」というわけです。他の国々へ行った人たちは、ユダヤ教を唯一絶対の教えと信じて頑張っているわけですから。

日本に同化して、名前も地位も土地も貰って、混血の子どもも育てて、もうそこで一生過ごすようになり、3代もすると、完全に日本人化してしまいます。しかし、それは一方では、裏切り者なのです。だから彼らはあえてそこには触れない。日本に来たユダヤ人については世界に向かっては語れない。本音では語りたいのですが、建前上は語れない。

日本に来たユダヤ人たちから見ると「この国に来て、本当に良かった。素晴らしかった」という思いになる。だから彼らは天皇にもずっと協力的に振る舞っているわけです。しかし、外国のユダヤ人たちには伝えない……だからこれまでこの問題が知られなかったのです。

※5　2018年12月18～20日、「イスラエル日本学会（IAJS）」と日本大使館が主催し、テルアビブ大学でシンポジウムが開催され登壇した。世界の日本学を専攻する学者たちが集まった。

ユダヤ人渡来5つの波

茂木：本書で重要となってくる「ユダヤ人が日本にやって来た」という話は、ちょっと信じられないという方も多いのではと思います。古代において日本に来た外国人といえば、中国や朝鮮半島など東アジアからの来訪者と考えられています。

田中：では、正倉院に残される西欧の様々な宝物をどう考えるのでしょうか？　また、中国大陸の人々は海を渡ろうとはしないし、石器時代の遺跡の分布からわかるように、朝鮮半島には元々人が多く住んでいなかったということも大事な視点です。それに、ユダヤ人には移動をしなければならない理由があったと私は考えます。

茂木：ユダヤ人が移動をしなければならなかった強い理由が、紀元前13世紀より、各時代ごとにあり、日本までやって来た人々がいたということですね。

田中：私はそれを「5つの波」と切り分けて考えてみました。縄文から弥生時代にかかる紀元前13世紀以降に、彼らは初めて日本にやって来ます。そして日本神話に出てくる天照大御神《あまてらすおおみかみ》（以下、アマテラス）といった人々（神々）と交流を開始するのです。

茂木：いわゆる「日ユ同祖論」とは違いますよね？

田中：まったく違います。日本列島に本来の日本人、すなわち縄文人がいたところに、ユダヤ人たちが入ってきて同化したのです。正しくは「日ユ同化論」というべきでしょう。

ユダヤ人渡来、5つの波

第1波	紀元前13世紀	出エジプト ｜ 縄文時代・日高見国・スサノオ
第2波	紀元前722年以降	アッシリア捕囚と失われた10支族 ｜ 日本建国
第3波	紀元前3〜2世紀	秦の始皇帝・徐福と3千人 ｜ 秦氏各地に渡来
第4波	3〜4世紀	弓月国から秦氏2万人 ｜ 応神天皇が受入れ
第5波	431年以降	エフェソス公会議・ネストリウス派 ｜蘇我氏

茂木：彼らはなぜ遙か彼方にある日本までやって来たのか？どうやって日本までたどり着いたのか……？

田中：『旧約聖書』のモーセ五書の最後の章『申命記』にこういうことが書かれています。

主はあなたとあなたが立てた王とを携えて、あなたもあなたの先祖も知らない国に移されるであろう。木や石で作った他の神々にあなたは仕えるであろう。

（『申命記』第28章36節）

茂木：木や石でつくった神さま……日本の古神道を思い出させます。

田中：日本では神さまのことを〝柱〟と呼び、御神木《ごしんぼく》も各地にあります。石というのはまさに磐座《いわくら》のことですね。

「あなたの先祖も知らない国」とは、日本だったということです。『モーセ五書』というのは、モーセが書いたとは思えず、その弟子たちが書いたものとされますが、紀元前13世紀、少なくともその頃もうすでに、ユダヤ人たちは世界に散っていったという話が残っているわけです。日本という遠い地へ行った同胞たちの記憶を、この『申命記』に書いたのだろうと思うのです。

茂木：古代ユダヤ人渡来説を初めて目にした読者は「なんと荒唐無稽な」と思われるかもしれません。しかし、これからお話ししていきますが、神道の儀礼・祭りや神社建築、記紀神話にいたるまで、古代ユダヤ教との共通点が沢山あるのです。

そして、「国譲り《くにゆず》」「天孫降臨《てんそんこうりん》」といった神話世界の出来事は実際にあったのか？　ユダヤ人たちは日本建国の物語にいかに関わっていたのか？　「巨大古墳」「ユダヤ人埴輪」とはいったいなんなのか……？　古代史の面白さ、まさに謎解きの面白さがここにあります。

第1章

縄文時代の日本文明とユダヤ人の出エジプト

（紀元前3千年～千年頃）

天照大御神 / Amaterasu
illustration by Kinako

縄文食と神の存在

茂木：実は私、この10年ぐらい、縄文人と同じ食事スタイルなんです（笑）。ほとんど米や小麦は食べずに、ナッツなどの木の実や、お肉とお魚ばかり食べています。あと豆腐や納豆も大好きです。凄く元気になります。

田中：面白いことやっていますね（笑）。縄文人の主食だったという栗もいっぱい食べた方がいいですよ。

茂木：「日本人は2000年の間、ずっと米を食べているのだから、西洋の食事は合わない。だから米をもっと食べよう」という人がいますけど、私にいわせたら1万5000年前から我々はずっと木の実を食べているのだから、むしろそっちの方が大事ではないかと（笑）。

田中：縄文人は食も素晴らしいのですよ。遺跡から出土する骨でわかりますが、肉や魚の種類が多いこと。山菜などのキノコや野草も豊富。それから一番重要なのは貝ですね。貝塚はゴミ捨て場だと思っている人が多いだろうけど、そうじゃない。

茂木：食生活の記録ですね。

田中：それだけではありません。もっと神聖な場所なのです。食べる時にお箸《はし》をお膳に揃えて置くでしょう？　あの前に置かれたお箸はいうなれば〝こちら側と向こう側の結界〟なのです。食べるものは神さまだから向こう側にある。だから「いただきます」と拝んでから食べるのです。

茂木：縄文人もそうしていたと想像します。貝殻などは捨てるけれども、それもまた神ですからね。

田中：丁寧にあちら側にお返しするわけです。自然が「神」なのだから、自然が与えてくれたものはすべて「神」なのです。日本の神道の基本は太陽信仰であり、山信仰であり、木信仰であり、岩信仰である……そういうものが全部「神」なのだから。ですから必ず、縄を張って結界をつくる。

食べるものも自然の恵みだから「神」そのものです。そうすると「神を食べる」ということになる。だから我々は、ありがたいと思いながら、拝んでから食べるのです。

貝塚をよく見てみると綺麗な層になっています。ただのゴミ捨て場じゃないことがわかりますよ。貝塚ひとつとっても「日本人というのは凄いな」とわかりますね。良いことだと思うと、それをずっと続けるのです。

太陽信仰と樹木信仰 〜ウッドサークルと三内丸山の六本柱〜

田中：縄文の集落は、その多くが台地の端にありますが、まず真ん中に広場をつくります。そこでお祭りをしたり、また、お墓も中央につくります。そしてその周りを囲むように竪穴式住

（画像1） ウッドサークル（秋田県鹿角市十和田大湯）撮影：茂木誠

居をつくり、その外側に貝塚をつくっています。その形状には「自然から頂いたものを自然にお返しする」という意味合いがあると、私は思います。常に自然と共存しているという形が見てとれます。

茂木：秋田県にある有名なストーンサークル、「大湯《おおゆ》環状列石」［※1］という遺跡に行ってきたのですが、列石に囲まれた広場そのものがまさに祭りの場で、その外側に住居跡が見つかっています。先生、こちらの画像（画像1）をご覧になって頂けますか。

田中：これは……ウッドサークルですか……。

茂木：その通りです。ストーンサークルの西側で見つかったものです。丸太は腐ってしまいますが、丸太が立っていた穴が発見されたので、そこから復元したものです。「五本柱建物」ともいわれています。実はウッドサークルは、能登半島の真脇遺跡、金沢市のチカモリ遺跡など、日本海側の縄文遺跡で何カ所か確認されているのです。

田中：イギリスのストーンヘンジに形が似ていますね。

茂木：はい。ストーンヘンジも巨石が並べられる前は、丸太が並んでいたことが発掘で明らか

（画像2）三内丸山遺跡（青森県青森市）撮影：茂木誠

になっています。そしてこちら（画像2）は……。

田中：三内丸山遺跡《さんないまるやま》［※2］の六本柱と大型竪穴住居ですね。

茂木：あの塔は何のためにつくられたかは謎なのですが、6つの柱の配置には、実は秘密がありまして、太陽の方角と関係があるのです。3本の柱をつなげると冬至の日没、対角線ですと春分秋分の日没で、2本の柱の線の延長は夏至の日没の方角と重なります。これが偶然ということは、ないのではないでしょうか。

田中：まさに彼らが、太陽と共に生きた証《あかし》ですね。

茂木：もしかすると、この六本柱は塔ではなく、ウッドサークルのように柱だけがむき出しに立っていた可能性もありますよね。諏訪大社には有名な御柱《おんばしら》祭がありますし、伊勢神宮の本殿床下には心御柱《しんのみはしら》という御神木が埋められています。樹木信仰

※1　大湯環状列石：秋田県鹿角市大湯地区の高台にある縄文後期の遺跡。直径40メートルほどのストーンサークルが二つ、東西に並ぶ。

※2　三内丸山遺跡：青森県青森市にある、縄文時代中期の大規模集落跡。1992年からの発掘調査で巨大な竪穴住居や六本柱建築が確認され、縄文時代のイメージを根本的に塗り替えた。大湯環状列石などと共に「北海道・北東北の縄文遺跡群」の一つとしてユネスコ世界文化遺産にも登録された。

と太陽信仰が宗教の起源では？……と私は思うのですがいかがでしょうか。

田中：ほぼ賛成です。なぜかというと、やはり太陽崇拝という信仰が古代より人々の生活の中心で、これはエジプトもギリシャもみんな同じなのです。

　三内丸山のあの塔は太陽崇拝のためのものであると、私も思います。そしてあの塔は10塔以上はあったといいます。復元してあるものは1つだけですが、実際の遺跡では複数カ所で発見されています。また、三内丸山の広場の中心には、１００人は入るだろうという非常に大きな竪穴式住居が復元されていますが、あれももっと多数あった。少なくとも三内丸山の集落には６００ほどの住居があったとされます。ところが現在は数個の住居が立っているだけですね。ミニマムに復元されているのです。だから今の三内丸山遺跡は本来の姿ではないことを皆さんにはご認識頂きたいですね。もちろん、三内丸山遺跡には２７００年ほどの歴史がありますから、時代の変遷もあるので、同時代にどれだけ建っていたかは考慮しなければいけませんが。そういった意味で、まず我々は、縄文遺跡の見方から変えていかないといけません。


三内丸山遺跡・六本柱の配置 作図：茂木誠

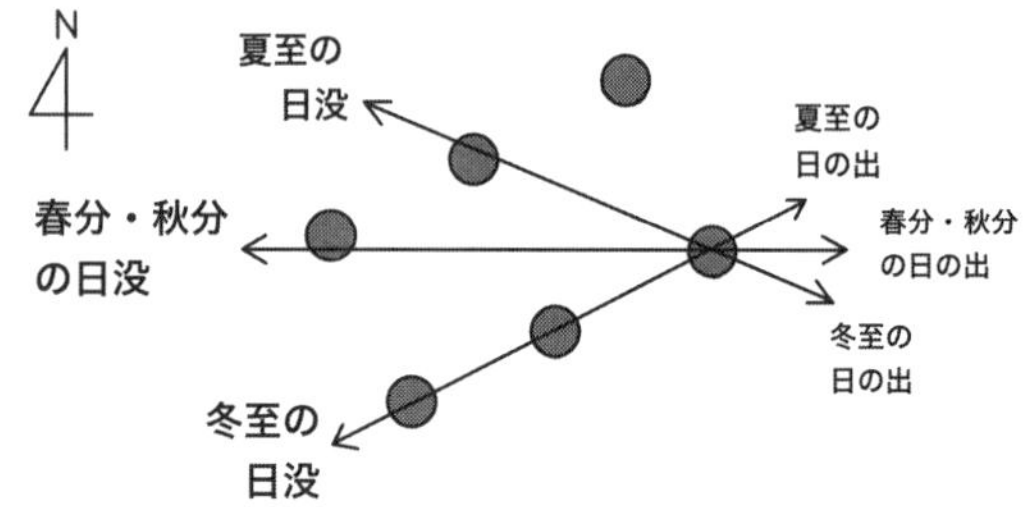

茂木：弥生時代の吉野ヶ里遺跡［※3］も復元されていますが、周囲を防壁と堀で囲まれ、物見櫓《ものみやぐら》が立っています。そういう観点から見ますと、三内丸山には壁がないですよね。

田中：そう、城壁がない。日本以外の古代文明の都市には必ず城壁があります。外敵から身を守るための壁です。壁がないことは、平和な日本の象徴といえるでしょう。

茂木：三内丸山遺跡のガイドさんは、「あの六本柱建築は見張り台だ」と説明していました。考古学者は遺跡や遺物を徹底的に合理的、機能的に解釈しようとします。美的、宗教的に見ることは稀です。これら縄文遺跡が太陽信仰の証であるということが、考古学会では認められていないような感じがします。

田中：そうですね。三内丸山遺跡センターの岡田康博所長にも伺いましたが、はっきりとは答えなかった。「そうかもしれない」というぐらいのニュアンスでね。縄文時代の日本は戦争や争いがないのだから、見張り台なんて必要ないのです。まぁもちろん、天気や海の様子を見るためのものは考えられますが。

茂木：確固たる証拠や、書かれたものがないと、なかなか認めませんよね。

田中：だからやはりね、他の国の似た形状のもの、精神的なもの、そういったものを比較する

※**3**　吉野ヶ里遺跡：佐賀県神埼郡吉野ヶ里町にある、弥生時代の大規模な環濠《かんごう》集落跡で知られる。１９８６年からの発掘調査によって発見された。周囲を堀で固め、木柵、土塁、逆茂木《さかもぎ》といった敵の侵入を防ぐ柵が施されていた。墓からは戦死者と思われる首のない遺骨も発見されている。また、出土人骨からの調査では、在来の縄文人とは違った大陸からの渡来人が多かったとされる。

ことによって「これとこれは同じ意味なんだ」という学問があるわけです。

茂木：それが田中先生のおっしゃる「フォルモロジー（序章1参照）」ですね。

田中：日本のことが日本の中だけでしか考えられていないことに、研究者は疑問を持つべきです。

土偶は愛と鎮魂の創造物

田中：例えば私は〝縄文土偶とは何を意味しているのか〟という話をよくします。あれは古事記に出てくる「ヒルコ」なのです。つまり身体に障がいのある子どもなどを表しています。

なぜそう断言するかといえば、中南米の遺跡から同じようなサイズの、もっと明らかな特徴の、身体の障がいを持った人物像がよく知られているからです。だからそれらを比較すれば「あぁそうなんだな」とわかる。昔の人はいわゆる「同族結婚」、つまり近親相姦をやっているのです。村落の狭い社会ですから、兄妹で子どもをつくってしまうことがよくあったのでしょう。

日本でもイザナギとイザナミは兄妹ですよね。兄妹で子どもをつくると、ヒルコが生まれてしまうというのは今では当たり前のことです。土偶の手がなかったり、足が短かったり、目がただれていたりするのは、そういう者に対する鎮魂としてのメッセージが込められていると私

遮光器土偶
青森県亀ヶ岡遺跡出土

国宝「土偶」縄文のビーナス
長野県 茅野市所蔵

メキシコ・トラティルコ遺跡
出土の土偶

は思うのです。

茂木‥あのヒルコ伝説は本当に不思議です。流れ着いたヒルコを祀る神社も各地にあります。神話の時代において、そういうハンディキャップを負った子どもたちが生まれていたと考えれば、合点が行きます。そして土偶には、どこか愛情や親しみが感じられますよね。

田中‥そうです。土偶が何かの植物に似ているとおっしゃる方もいますが、そういう非常に部分的、物質的なことではなく、子どもに対する精神的なもの、あるいは愛情を持っている人たちがいたんだ……ということを感じることはできないでしょうか。土偶は鎮魂歌なのです。

茂木‥現代社会において、障がい者や精神障がい者と診断される人たちが、実は古代においては、預言者といわれていたり、シャーマン（呪術・宗教的職能者）だったりするのだと思います。

田中‥久延毘古《くえびこ》といわれるカカシの神さまなどもそういう人物ですよ。ところがその縄文人たちの表現力は、病気の子をそのまま写実するのではなく、非常に類型化していくわけです。類型化・形式化しながら発展していく。「遮光器土偶」などは実に面白い形になっています。

茂木：ちょっとありえないくらい洗練されていますよね。

田中：元来醜いものだったものが、美しさを醸し出すようにまでなっています。「縄文のビーナス」や「縄文の女神」といった土偶の美しさは、誰しもが認めるところでしょう（巻頭カラーページに掲載）。類型化していく中で芸術化していく傾向が、縄文土偶には見られます。これが日本人の凄いところで、土偶のいくつかは国宝にまでなっています。

縄文時代にあった「日高見国」とは何か？「高天原」はどこか？

茂木：学校で教わる歴史の最初の部分では、○○遺跡とか、○○土器とか、考古学の発見について教わりますが、神話については完全に黙殺します。神話は古代人の空想、妄想であり、「非科学的」だから教える価値がない、という扱いです。

ところが、田中先生がお話しする神話の話はもう全部がリアル。神さまもすべて実在し、実際にあった出来事であるということが大前提ですよね。

田中：『古事記』や『日本書紀』には神さまの名前が沢山出てきますが、ほぼ実在した人物であると私は考えています。もちろん伝承されたものが文章になったわけですから、詩的な表現や誇張した言い回しなどもあるでしょうが、大元の話は真実の出来事であると思います。誰かが創作したフィクションではないのです。例えば「高天原《たかまがはら》」というのは、「天界」だと思われていますが、私は実際に存在した場所であると考えています。

茂木：そのあたりのお話をじっくり進めていきたいと思いますが、まずは田中史学の真髄であります「日高見国（ひだかみこく／ひだかみのくに）」のお話に入っていきたいですね。「日高見国」とは、縄文時代から東日本を中心に存在していた古代国家……ということですが、初めて聞いたという方も沢山おられると思いますので、「日高見国」の基礎知識をまずはお話できればと思います。その名前がはっきり出てくるのは『日本書紀』や『古事記』でしょうか？

田中：そうですね。『日本書紀』では、第十二代景行天皇の時代に二カ所登場します。一つは、倭建命《やまとたけるのみこと》（日本武尊／以下、ヤマトタケル）が東国へ蝦夷《えみし》征伐に行った時、もう一つには、天皇の側近だった武内宿禰《たけうちのすくね》が諸国を視察した際に「東方にある広大で肥沃な土地《くに》」として日高見国が出てきます。

また、同時期に書かれた『常陸国風土記《ひたちのくにふどき》』には信太郡《しだぐん》（現在の茨城県土浦市周辺）が日高見国だとありますし、『日本書紀』の注釈書である『釈日本紀』（鎌倉時代）にも記載があります。それから、『延喜式《えんぎしき》』（平安時代中期に編纂された律令の施行細則をまとめた法典）にも、古来より伝わる日本の祝詞《のりと》『大祓詞《おおはらえことば》』には、「大倭日高見《おおやまとひだかみ》の国を安国《やすくに》と定め奉《まつ》りて」という一節があります。これは、「大倭＝大和」と「日高見国」の二つの国が合体して、日本という国が成り立っているのだ、という当時の人々の認識を示しているといえるでしょう。

茂木：鹿島神宮がある茨城県あたりが日高見国だったとお考えでしょうか？

田中：いえ、今でいう東日本全体が日高見国だったと考えています。日高、日田、飛騨、北上《きたかみ》、日上《ひのかみ》、飯高《いいだか》など、その名称は今でも形を変えて残っています。日高見神社（宮城県石巻市）、日高神社（岩手県奥州市）もあります。日本で一番古いとされる祝詞にも出てくるのですから、神職の方々であればみんな知っているはずなのですけれど、「日高見国とは何か？」ということは、ほとんどわかっていません。

これは「高天原はどこか？」ということとも重なりますが、私は茨城の鹿島神宮、千葉の香取神宮、または筑波山の地域に高天原があったと考えています。鹿島神宮の近くには「高天原」という地名が今でも残っていることは、ほとんど知られていません。

「日高見」とは「太陽が一番よく見える場所」という意味だと思います。または、「日が高いところから見ている国」つまり、「お天道さまが見ている国」という意味にもとれます。ユーラシア大陸の最東端が今でいう銚子あたりで、東日本は太陽が最も先に登ってくる聖なる場所だったのです。

茂木：茨城を「日が立つ」、〝ひたち〟というのも納得です。

田中：鹿島神宮はまさにその中心地で、聖地だったと思います。そして関東は世界でも有数の人口密度で人々が集まっていたのです。

茂木：日本に大和国ができるはるか以前、神武東征以前から、東国には「日高見国」があったというお考えですね。「大倭《おおやまと》」は奈良を中心とした大和国《やまとのくに》、そして「日高見国」は東国ということですが、学会では未だになんなのかよくわからないということになっているわけですね。

田中：彼らは「日高見国」を現実と結びつけないし、考えようともしない。「日高見国」という概念をつくってしまうと、大和国が日本最初の国家だという常識にケチがついて都合が悪くなってしまうのでしょう。大和国ができる前の時代、その前の縄文時代の東国に国家があった、ということさえも拒否しているわけですしね。縄文時代はなぜ1万年以上の長さだったのか？縄文遺跡はなぜ東日本に90％もあるのか？　そういうことをもっと真剣に考えるべきです。

茂木：縄文時代、西国にはあまり人がいなかったことは、遺跡の分布から明らかですね。鹿児島沖の鬼界《きかい》カルデラ［※4］の大噴火など、九州の火山活動の影響もあったといわれますが、そもそも縄文の中心は関東・東北なのですね。それを裏付ける遺跡が、三内丸山を筆頭に沢山出てきています。これからもっと出てくるかもしれません。

田中：縄文時代の東北地方はかなり暖かかった。今よりもだいぶ温暖な気候だったそうです。昨年、北海道の縄文遺跡群にも行ってきました。北海道にも縄文遺跡は沢山あるのです。おそらくは発見されていないだけで、掘ったらもっと出てくるでしょう。

※4　鬼界カルデラ：鹿児島県の硫黄島（鬼界ヶ島）を中心に存在した巨大火山。縄文時代早期（約7300年前）に大爆発を起こし海底に没した。火砕流が南九州を襲い、火山灰が気候変動をもたらした結果、西日本の縄文文化に壊滅的な被害を与えた。

また、北海道には「日高」という地名がありますね。日高山脈もある。北海道も東端といえますからね。

茂木：日本の本島で日の出が一番早いのは、銚子の犬吠埼《いぬぼうさき》か根室の納沙布《のさっぷ》岬《みさき》です。地軸の傾きの影響で季節により変わってきますが、緯度の関係で銚子のあたりが最も太陽に近くなります。

田中：イザナギ・イザナミの国生み神話では、最後に本州をつくったと「古事記」にはありますが、その本州の中には北海道も含まれていると考えます。

　というのも、北海道の縄文遺跡は、本州のそれとまったく同質のものだからです。貝塚があり、土器や土偶も同じようにあるのです。そのことからも、北海道の先住民はアイヌではなく縄文人であることが明白です。アイヌが北海道にやって来たのは12世紀頃で、モンゴルに追われてきたと思われます。

縄文遺跡分布図

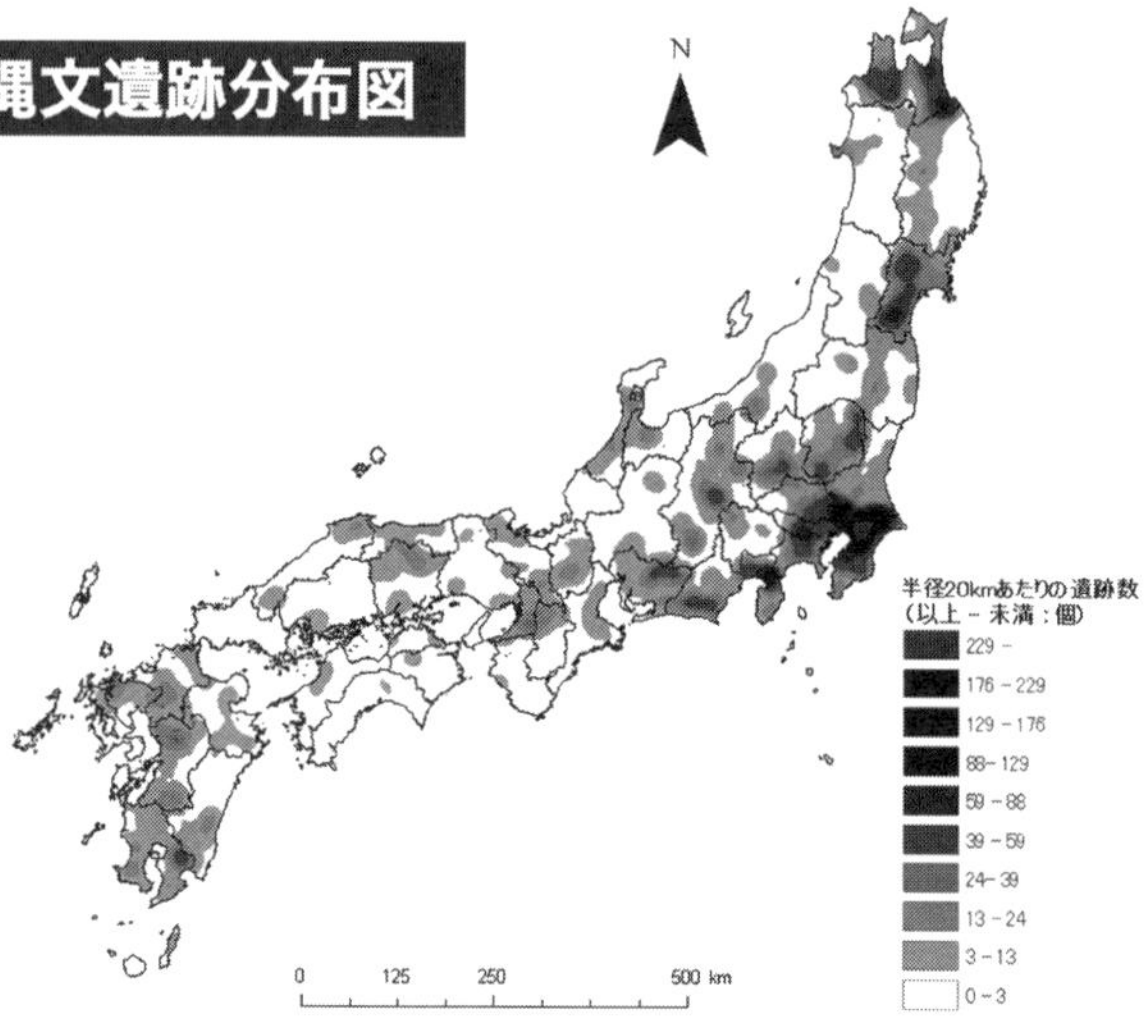

枝村俊郎・熊谷樹一郎「縄文遺跡の立地性向」を基に作成
「GIS 理論と応用」2009年 17巻1号 P63-72 掲載

太陽の国、エデンの園、日本

田中：フランス語で「ル・ソレイユ・ルヴァン（Le Soleil Levant）」は、「太陽が昇る国」という意味ですが、それだけで日本を指す言葉になっています。

東のことを「オリエント」といい、進路や方針を定めることを「オリエンテーション」というように、遠くに足を運ぶ旅人にとって、東の方角は古来より大事なことでした。昔の旅人は、太陽が昇る位置で自分の位置がわかったわけですからね。東を目指すと、自然と日本が目的地となるのです。

茂木：ユダヤ・キリスト教の価値観では、エルサレムが中央にあって、エデンの園が日本の位置にあるわけですね。カトリック教会も必ず東を向いています。つまり、参拝者は東を向いて礼拝するわけです。

田中：イギリスのヘレフォード大聖堂で発見された1300年頃の古地図に「ヘレフォード図」というものがあります。それは円形の世界地図で、中心がエルサレムになっており、上が東です。その一番上、つまり東の先端の日本がある位置とエデンの園が重なっているのです。

つまり、東の彼方が楽園だと書いてあるわけですから、当時のユダヤ人やキリスト教徒の間では、東へ行けば楽園のような国があると信じられてきたのだと思います。

茂木：マルコ・ポーロが『東方見聞録』を発表したのも同じ1300年頃ですね。日本は東方

ヘレフォード図

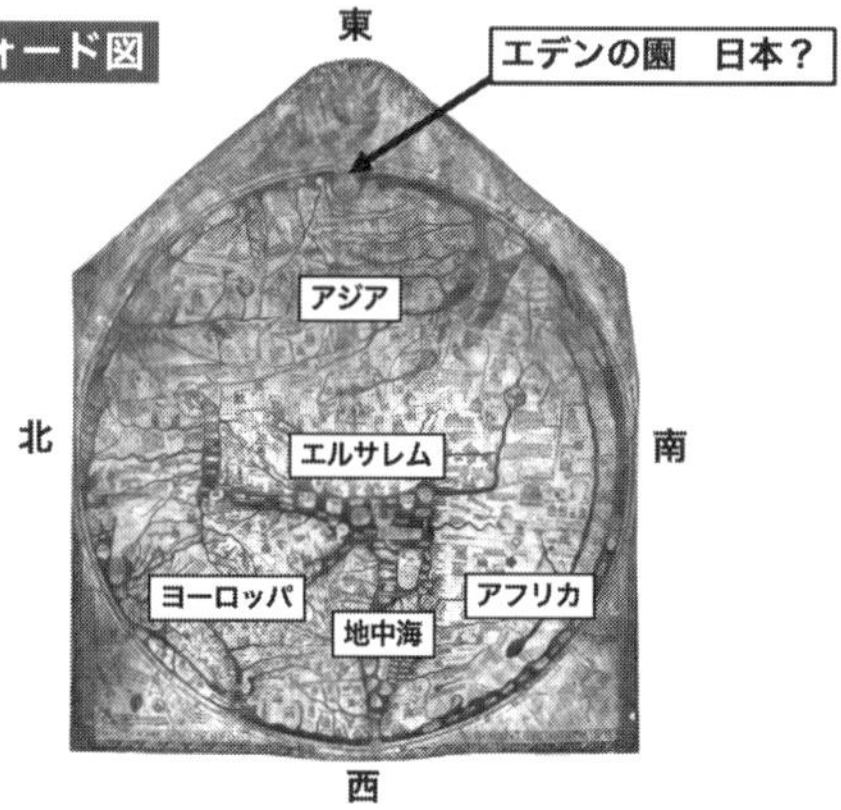

海上の豊かな大国であり、「黄金の国」であるとヨーロッパでは噂されていました。

田中：このことを世界は忘却し、日本人はまったく知る由《よし》もない。日本には古代より渡来人が大勢来ている、当然、ユダヤ人も来ているということを、もっと世界は知らなくてはいけない。

茂木：やっぱり先生、〝太陽を歴史の中に見る〟ことは必要ですね。先ほどの大湯環状列石には、二つのストーンサークルが横に並んでいるのですが、その二つのサークルの中心をつなぐ線が冬至の日の出・夏至の日没の方角と重なるのです。

世界各都で発見されているストーンサークルはそのほぼすべてが、太陽の動きと関係しています。イギリスのストーンヘンジも同じです。ストーンヘンジの入り口は、夏至の日の出の方角を示しており、夏至を祝うイベントが毎年開催されているんですよ。だから世界の人もわかっているはずなのです。太陽がいかに人類を導いてきたかということを。太陽と遺跡については『ジオ・ヒストリア』（笠間書院／２０２２年11月）という本に書きました。お目通し頂けますと幸いです。

田中：これではっきりしました。太陽信仰はもっと研究されなくてはいけませんね。我々ももっと語ってまいりましょう。

太陽と共に生きた縄文人が寒冷化で西日本へ移動

茂木：私の学生時代はマルクス主義の歴史観で教科書は書かれていました。「縄文時代は平等だったが、どうしようもなく貧しい時代だった」と教わってきました。でも縄文のイメージはここ10年ぐらいで劇的に変わりつつあると思います。世界文化遺産にも登録され、新しい発見がどんどん出てきて、「縄文時代は豊かで、高度な文明と呼べる天体観測や建築技術も持っていた」ということがわかってきました。

田中：このような太陽の観測という話がもっと語られ出すと、より縄文の価値が増すでしょう。縄文の日本人がかなり正確に観測していたことがよくわかります。

茂木：ストーンサークルやウッドサークルというのは、シベリアとか北ヨーロッパにその多くはありますね。だから北国の文化なんです。つまり熱帯に住む人は太陽にほとんど興味がない。暑すぎるからです（笑）。

北の人たちはとにかく季節が大事です。例えば次の冬をどう生き残るか、この果物はいつ実がなるのかなど、季節が変わる前に季節の到来を知らなくてはいけないわけです。実はこういっ

縄文年表　**縄文時代**（約13,000年間）

草創期	早期	前期	中期	後期	晩期
紀元前13,000年頃〜	紀元前9,000年頃〜	紀元前5,000年頃〜	紀元前3,000年頃〜	紀元前2,000年頃〜	紀元前1,000年頃〜
約4,000年間	約4,000年間	約2,000年間	約1,000年間	約1,000年間	約700年間
土器の出現	温暖化	気温上昇	大型土器や土偶の流行	寒冷化	気温・海面の低下
半定住化	集落の増加	土器の増加と多様化	大規模集落の形成（三内丸山など）	墓地の独立	稲作の発達
竪穴式住居の出現	貝塚の形成	縄文海進		屋外祭祀遺構の増加（ウッドサークル）	
	鬼界カルデラの噴火				

たストーンサークルができた時期というのは、温暖化が終わり寒冷化していく時代なのです。

田中：それは……縄文時代の中期から後期ですね（紀元前約3000年以降）。寒冷化という問題が出てくると、太陽がより重要なものになってきますね。私も大湯環状列石には何度も行っているのですが、現地の方の解説では、太陽を観測するための施設というよりも、お墓であり祭祀場であるという説の方が有力でした。

茂木：太陽崇拝と祖先信仰が、あらゆる宗教の源泉だと私は思います。夏は冷房、冬は暖房の生活に慣れた現代人には想像がつかないほど、自然変化に対する縄文人の感覚は鋭かったと思います。まさに、生きるか死ぬかの問題だったのです。

　ですから先生がおっしゃる、「日高見国」から西日本へと人が移動していったのも、おそらくその寒冷化とつながっているのではないでしょうか。

田中：そうするとそれは、縄文の中でも新しい、縄文

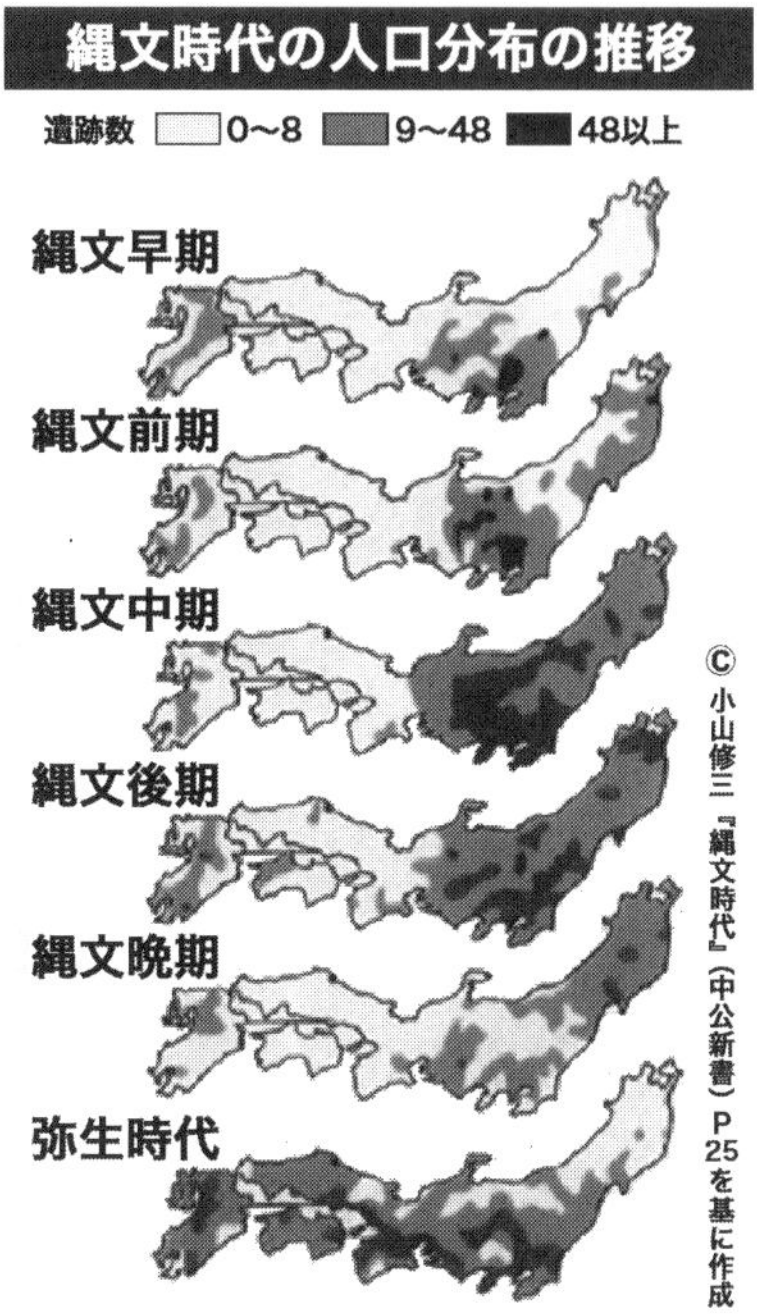

©小山修三『縄文時代』（中公新書）P25を基に作成

〝後期〟の時代であり、徐々に人々の暮らし方や住む場所が変化していったわけですね。寒冷化し始めて、弥生時代なったら、もう多くの人たちが完全に南下していったということです。

茂木：それがまさに先生のおっしゃる《天孫降臨》の時期と一致するわけですね。

気候変動と古代文明興亡の連動性

茂木：近年になり、氷河の断面（アイスコア／雪の年輪）や巨木の年輪などを調べますと、当時の気候変動の様子がわかるようになりました。そこで判明したことは、エジプト文明やメソポタミア文明が起こった紀元前３０００年以降、北アフリカでサハラの砂漠化が進んだということです。それ以前のサハラは草原が広がっていたのです。アルジェリア南部、タッシリ・ナジェールの人々が描いた岩絵には、ウマやキリンが描かれているのです。それが地球規模の気候変動と共に急速に砂漠化が進んでいきました。

田中：まさに先ほどの縄文中～後期、紀元前3000～2000年頃ですね。

茂木：そうです。砂漠化、寒冷化で狩猟生活が続けられなくなった。だから大河のほとりで灌《かん》漑《がい》農業をやらざるをえなくなります。さらに、灌漑農業を効率よくするには権力や政治力が必要となっていき、エジプト文明が生まれたと説明できます。エジプト文明は太陽神ラーを最高神とする「太陽の文明」で、太陽暦を最初につくったのも彼らです。

地球規模の気候変動ということは、当然、日本列島にも同じ影響があったでしょう。これが縄文後期の寒冷化です。ストーンサークル、ウッドサークルが沢山つくられました。太陽が尊ばれ、太陽信仰に人々は焦がれていきます。日本列島では、新しい食料生産の方法として水稲耕作が最適だった……ということがわかります。

これらの現象はすべて「寒くなったから」。単純なことですが、これで全部つながっていると思うのです。

田中：いわゆる「四大文明」というのはみな都市文明ですね。都市という城塞をつくり、水道を引いたり、あらゆる設備を人工的につくっていったわけです。ところで「四大文明」とはじめにいった人は中国人だということはあまり知られていません。

20世紀初頭、来日して勉強していた梁啓超《りょうけいちょう》（革命家・歴史学者）が『二十世紀太平洋歌』（1900年）において、中華民国創建のため、中華文明を世界と肩を並べるものにしたかったために定義したものです。西洋ではほとんど「四大文明」とはいわないですから。その4つは、中東とアジアばかりですよね。

茂木：地中海のことを全然いわないのもおかしなことです。ギリシャ・ローマも立派な文明を誇っていました。

田中：ちなみに私は、世界は三大文明に分けられると考えています。

①ギリシャ・ローマのヨーロッパ文明、②ユダヤ・キリスト・イスラムの中東文明、③日本を中心としたアジア文明……といった具合にね。

茂木：日本の古代文明はもっと評価されてしかるべきですし、本書ではその一端をお話しできると思います。

日本人の家族意識は、竪穴式住居から生まれた

田中：日本は、かつては資源が豊かな島国だったのです。海と森の恵みによって争いは少なく、都市には城塞は必要なかった。ただ、日々の生活が大事になってくると、日本人はみな「家族」という意識が強くなってきます。なぜ、日本人の心は安定しているのかというと、基本的に「年功序列」ということが要因としてありますね。つまり、人が集まると必ず年上の人を意識します。そうすると一つの秩序ができるようになるのです。

これは、家族でも学校でも会社でもそうですし、また、天皇家という存在についても、日本で一番長く続く家系として、この国の主人なのだという意識ができあがっている。

この心境の形成には、長い間住んでいた竪穴式住居というのも意外に無碍《むげ》にできません。竪穴式住居は二世代・三世代が一緒に暮らすには、ちょうどいい大きさの家なのです。西洋のように個々の部屋で分かれるわけではないですから、家族の秩序というものを保たないと生きていけません。父親、母親、兄弟、姉妹、お爺さん、お婆さん……こういう各世代が一つ屋根の下で暮らすことによって、しっかりと上下関係が生まれるわけです。そんな戦争のない縄文時代は、1万年以上続きました。

茂木：「上下関係」というと、すぐ「差別だ！」「封建制だぁ！」と脊髄反射する人がいますが、世界共通の古来の共同体の秩序、現代社会では失われつつある家族の原型ですね。

田中：共に暮らすことで、父母に対する尊敬というものが、おのずから生まれるのです。だから日本では「長い」という言葉が大事なのです。社長、部長、村長……このような〝役割〟があることによって秩序ができているといっていいでしょう。

共同社会にとっては、バラバラにならないことが何より大事です。その役割によって命令系統がはっきりし、それによってそれぞれが役割分担をして働くことができれば、これほど強い共同体はないのです。それが日本の共同社会の仕組みですね。精神的な一つの和ができるのです。

結ぶ国、家族の国、日本

田中:『古事記』に記されている日本の最初の神は、天之御中主神《あめのみなかぬしのかみ》といいます。その次が高御産巣日神《たかみむすひのかみ》、その次が神産巣日神《かみむすひのかみ》です。この3柱の神は「造化三神《ぞうかさんしん》」といって、とても大事な日本の神さまですから、皆さんも覚えておくといいでしょう。

茂木:天照大御神《あまてらすおおみかみ》やイザナギよりも上の世代にいる神さまで、お名前からは万物宇宙の根源的存在と考えられますが、具体的なエピソードを持たない謎の神々です。

田中:これらの神々の名前には「むすぶ/むすひ」という言葉が出てきます。それはつまり家族を結ぶことが一つ、それから縄文の「縄で結ぶ」ということとも関連してきます。「息子《むすこ》」「娘《むすめ》」などの「ムス」もそういった意味、つまり両親が結ばれて生まれた言葉といえるでしょう。

日本人はそういった「皆が結ばれているという感覚」があるからこそ安心し、心が安定するわけで、守られているという意識を知らず識らずのうちに持っています。それは何かというと、自然の中で男でも女でも、大人でも子どもでも〝安全に生きていける〟という感覚なのです。

それが具体的なのは、集落の貝塚からわかります。貝というのは、海に行けばあるわけだから拾ってくればいいわけです。これは女でも子どもでもできることですね。森の木の実もそうです。栗は「どうぞお食べください」と天から落ちてきます。だからそのように自然の恵みの中で十分に生きられるならば、財産、蓄財にはあまり執着しなくなるわけです。

茂木：やまとことばの「むすひ」には「産霊《むすひ》」という漢字をあてますね。まさに「魂を産む」といった生命の誕生に関わる言葉で、〝苔のむす（産す）まで〟に見られるように、昔から大切にされてきた言葉です。「おむすび」もそうかもしれません（笑）。

田中：おっしゃる通りですね。家族とは人間のむすびの元といえるでしょう。「国家」という言葉に「家」という漢字をつけたのも、非常にうまい日本語です。西洋の「国」を表す「ステイツ」とか「ネイション」なんていう言葉には「契約」しかないともいえます。そういう日本の国家概念というのは、もうすでに縄文時代に芽生えているものだとわかるでしょう。縄文の文明というのは、そういう意味でもとても大事なのです。

茂木：そもそも「文明」の定義は、西洋人がつくった定義です。都市国家、高度な官僚制、青銅器、文字をセットと考えます。それに合わせると、縄文には文明がなく未開の原始社会だと思われてしまいます。しかし、あれだけの遺跡、見事な土器や土偶を残し、天体観測もやり、海上の交易も盛んだった……これが文明じゃないというのはおかしな話です。

田中：本当におかしなことですよ。西洋文明がなぜ城塞都市をつくるのか？　その根底にあるのは「恐怖」です。周りの敵から攻められるからつくっているわけでね。それを文明と呼んでいいのでしょうか。

茂木：日本には他者への恐怖がなかった。脅威があるとすれば自然災害だけです。

田中：日本人が初めて奈良盆地の「大和《やまと》」に都をつくった時は、山を城塞としました。鎌倉幕府も周りの山が防壁になりました。そういう意味で、弥生時代以降、とりわけ奈良時代以降は西洋的、大陸的になってくるのですが、それでもわざわざ街に壁をつくったりはしませんね。地の利のある場所を都として活かしました。確かに、その頃になると日本人も戦争というのを意識してきます。「文明が戦争と共にある」という西洋の価値観は哀れなものです。

茂木：ちょっと似ているのが、中南米のマヤ文明やアンデス文明です。彼らは城塞をつくっていませんし、インカは文字もないですよね。でもあれだけの建築物を残しました。

田中：マヤ、アンデス……あそこには縄文人が行っているのですよ。現地に行くと「日本の縄文人が来たんだ」「俺は日本人だ」という人もいてね（笑）。土偶や土器も、非常に似たものが沢山あります。それに北米の先住民（インディアン）の人々も、日本人に似ていますね。

茂木：黒潮に乗り、アリューシャン列島の海流に乗って、北米、中南米へ渡っていった人々はいたでしょうね。東日本大震災の時の漂流物が、アメリカ西海岸まで到達しているのですから。

田中：そして、日本だけが西洋に侵略されなかった。これは極めて大事なことですが、ある意味でそれは、日本に《秦氏》がいたからともいえるのです。彼らが戦いの知恵をもたらした。

茂木：戦乱の大陸から渡来した秦氏が、古代日本国家の中枢に受け入れられていますね。敵を味方に取り込んだ……ともいえると。

田中：秦氏たちも日本を自分たちのものにしようという気は起こさなかったし、「こんなに良い国なのだから守ろう」という方向に自然と進んだのです。

茂木：免疫のない人は簡単にウイルスにやられてしまいますよね。一度感染して自然免疫ができると強くなります。マヤ、アンデス文明の人々は日本人と同じモンゴロイド［※5］です。16世紀にスペイン人がもたらしたウイルスで大勢の人が亡くなりました。しかし日本には定期的に大陸系の遺伝子が少しずつ入ってきていたので、免疫力を強化していったことで生き残ったといえるのです（茂木誠『感染症の人類史』ＫＡＤＯＫＡＷＡ）。

田中：まさにそうです。少しずつ入ってきたことによって大事に到らない。島国の特徴です。純血だけでは強くならない。

茂木：実にいい感じで入ってきています。古代日本は、実は移民の国ともいえますね。

田中：一気に入ってくる敵がいなかった。天皇が126代も続いている理由はそのあたりにあるのではないでしょうか。

鹿島神宮は太陽崇拝の神殿だった

田中：ちなみに私は鹿島神宮を、日本で一番古い神社だと思っています。それはなぜかというと、まず日本列島の東の端にあるということが一つ。それと神社の構造ですね。あの神社は元来、一本の道があるだけだったのです。

茂木：あの長い参道のことですね。

田中：西に鳥居があって、そこから長い参道が一本、東の方へ向かっている。

茂木：普通の神社は鳥居から入ると、本殿が一番奥にありますが、そうではない。

田中：鹿島神宮は道があるだけなのです。本殿はその道を邪魔しないように、北向きに建っています。

茂木：あれは不思議ですね。本殿が中心でなければ、何をお祀りしたというのでしょう。

田中：それはやはり太陽です。参道の先には太陽がある。お天道様の日の出を拝むということで鹿島神宮は始まっているのです。ですから本殿は飾りのようなものともいえますが、よく見ると本殿の後ろには大木がある。ですから鹿島神宮は太陽と木でできている。これが日本の神社の原型といえるでしょう。

茂木：それはまさに、縄文の信仰スタイルとつながりますね。

田中：縄文時代はそうだった。しかも参道をずっとまっすぐ、神社の外に出て海の方へ進んで行くと、高天原という地名が現れます。

茂木：え、本当ですか!?

田中：今は単なる住宅地になっていますが、あるんですよ、高天原が（笑）。そしてさらに道

※5　モンゴロイド：形質人類学上の人種の区分。ネグロイド（アフリカの黒人）、コーカソイド（白人、中東・北インドの諸民族）と並ぶ三大人種の一つ。東アジア、東南アジアの諸民族、アメリカ先住民までを含む。「東洋人」「黄色人種」とほぼ同義。

第1章末101ページに拡大図

なりに進んでいくと明石浜という海があって、太陽を見ることができる。海岸には鹿島神宮の鳥居も立っていますよ。

茂木：そうですか……面白いですね。縄文時代は「縄文海進」で、潮位が今より5メートルほど高かったといいますから、鹿島神宮のすぐそばまで海だったのでしょう。

田中：まさに鹿島神宮という場所で、太陽を祀っていたことがよくわかりますね。夏至の日の出と参道のラインが、ちょうどぴったり重なるともいわれますよ。また、その先には、皇居があり、富士山とも一直線で並ぶのです。

茂木：それはますます興味深い。僕は大好きです、そういう話（笑）。太陽と山、遺跡を結ぶ直線を「レイライン」といいまして、最初にイギリスで発見されました。これが今、日本各地で見つかっています。

（右）茨城県鹿嶋市高天原１丁目１番地　撮影：高谷賢治
（左）鹿島神宮・東の一之鳥居と日の出（明石浜）画像提供：開運戦隊ゴシュインジャー

田中：しかし、鹿島神宮へ行くと、本殿が北を向いているということばかりに説明がさかれ、太陽や参道のことにはほとんど触れられていません。

茂木：それは残念なことですね……我々でもっと広めていきましょう。確かに、一般的な神社は南向きか東向きです。つまり参拝者が南側か東側に立つのです。北を向いている神社はほとんどないのではないでしょうか。

田中：鹿島神宮は、北向きであることの珍しさと、本殿と神座の向きがずれていることも注目されています。それらは確かに出雲大社

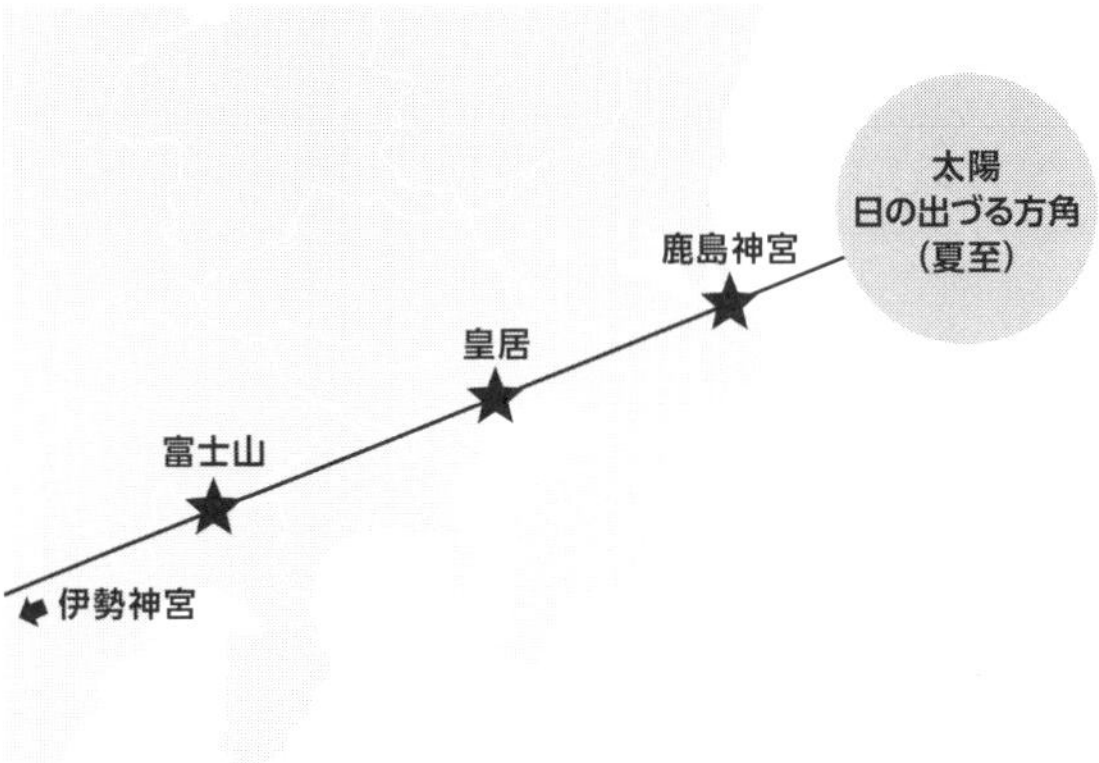

鹿島神宮をつなぐレイライン

に似ているところがあるのでしょうけども、相応の理由［※6］があるのです。

茂木：神社の向きや方角には、必ず意味があるものです。適当に建てているわけではありません。そこには当時の人々の意思が反映されているはずですね。

【第1波】出エジプトとスサノオ

茂木：縄文時代の空気がだんだんと読者の方にも伝わってきたと思いますので、そろそろ本題に進んでまいりましょう。縄文時代といえば、神話では天照大御神《あまてらすおおみかみ》（以下、アマテラス）や須佐之男命《すさのおのみこと》（以下、スサノオ）が、高天原で活躍していた時代ですね。

田中：その通りです。

茂木：実は私、日本神話の中のスサノオという存在に、もの凄く異常な感じを受けています。暴力性、衝動性で突出していて、和を尊ぶ他の神々とはまったく違う。乱暴狼藉の末に、高天原の神々から干されて葦原中国《あしはらのなかつくに》（日本列島）へ追放されてしまいます。「スサノオはアマテラスの弟」という設定にはなっていますが、もっと何か違う人物なのではないかと……ずっと感じていました。

田中：私は『荒ぶる神、スサノオ』（勉誠出版／2021年）という本を書きました。そこで彼はユダヤ人だということを証明しているので、詳細はそちらもご覧頂きたいと思いますが……つまり、スサノオという人物とその一族が、日本に来た最初のユダヤ人グループといえるのです。

天津神《あまつかみ》／国津神《くにつかみ》［※7］という神の分け方があります。天津神は高天原系、国津神は出雲系の神々ということですが、スサノオは国津神の方にいます。

茂木：スサノオは元々天津神だったのが、高天原から葦原中国に追放されて国津神になった、という設定ですね。

田中：そして高天原系というのは、縄文時代の有力者たちが、東日本につくった日高見国の人々である、と私は考えます。イザナギから生まれたとされる三人の神（三貴子）がいますね。アマテラス、スサノオ、月読命《つくよみのみこと》（以下、ツクヨミ）という三人です。このうち、スサノオとアマテラスの二人が対立し、まったく違う性格を持っている……という点を私は非常に重視しています。スサノオは他の神々とは実に対照的で、善悪二元論の「悪」として描かれています。

※6　神社の向き：《参道の向き》《本殿の向き》《神座（御神体）の向き》がそれぞれ違う神社は大変珍しく、出雲大社との類似が指摘されますが、鹿島神宮の神座は《東向き》、出雲大社の神座は《西向き》であることを覚えておいてください。

※7　【天津神】……高天原にいる神々、高天原から天降った神々。イザナギ、アマテラス、ニニギ、タケミカヅチなど。

【国津神】……出雲をはじめとした葦原中国（日本列島）を治めていた神々。スサノオ、大国主、タケミナカタなど。

茂木：スサノオは徹底的に日本社会における異物として扱われていますよね。

田中：あまりに言うことを聞かず泣いてばかりいるため、父であるイザナギからも追放され、姉のアマテラスに会いたいといって高天原に行くわけですね。

ところがアマテラスは「弟スサノオがこの地を奪いにやってくるに違いない」と疑い、男装して戦う準備をするのです。頭には〝みずら〟を束ね、左右の手には勾玉《まがたま》を巻き付け、背中には千本の矢が入る靫《ゆぎ》を背負って、弓を振り立てて勇ましい叫びと共に迎えます。

その後、二人は「誓約《うけい》」という形で勝負を行い、スサノオの剣からは宗方《むなかた》三女神が、アマテラスの勾玉からは天忍穂耳命《あめのおしほみみのみこと》（邇邇藝命《ににぎのみこと》の父）をはじめとする5柱の男神が誕生し、事は一件落着と思いきや、スサノオはアマテラスに勝ったといわんばかりに、暴れまくるのです。馬の皮を剥いで屋根の上からぶん投げたり、農地や田んぼを破壊したり、糞で戸を塗りたくったり……と、明らかに縄文的ではない遊牧民族的な乱暴狼藉を行いますね。神道ではこれらを「天《あま》つ罪《つみ》（八つの大罪）」といいます。

最終的にはこの騒動に責任を感じたアマテラスが、「天の岩屋戸」にお隠れになります。スサノオはその後、高天原から追放されるわけですけれども、そのまま出雲へ行き、そこでヤマタノオロチ（八岐大蛇）と戦って勝つ……というストーリーとなるのです。

茂木：出雲の神、出雲大社の御祭神は、因幡《いなば》の白兎《しろうさぎ》を助けたことで有名な大国主神《おおくにぬしのかみ》（以下、大国主）ですが、それ以前にスサノオが治めていた……？

田中：大国主はもっと後の時代、少なくともスサノオより6世代後であると『記紀《きき》』［※8］には書いてあります。出雲国が国譲りをするまでは、ユダヤ系日本人を中心とした渡来人が、出雲を中心に活動していたと私はみています。

出エジプトから荒野の40年まで

茂木：出雲の話は、第2章の「国譲り」「天孫降臨」の場面でたっぷり触れたいと思います。ところでスサノオの一族が出雲に渡来した時期というのが、『旧約聖書』に出てくる「出《しゅつ》エジプト」のタイミングに重なるわけですね。ここで読者の皆さんのために、「出エジプト」以降のユダヤの建国と離散の歴史を振り返ってみたいと思いますが、よろしいでしょうか。

田中：ええ、やりましょう。

茂木：古代ユダヤ人（またはイスラエル人、ヘブライ人）の建国と離散の物語を図にしてみました。

ユダヤ人は元々ヘブライ人といい、始祖をアブラハムといいます。羊を飼う遊牧民の長で、

※8 記紀：『古事記』と『日本書紀』の総称。飛鳥時代の天武天皇が編纂《へんさん》を命じ、奈良時代初頭に完成した日本最古の歴史書。『古事記』（712年）は国内向けに日本語で書かれ、『日本書紀』（720年）は対外向けに漢文で書かれており、内容・表現が異なる。

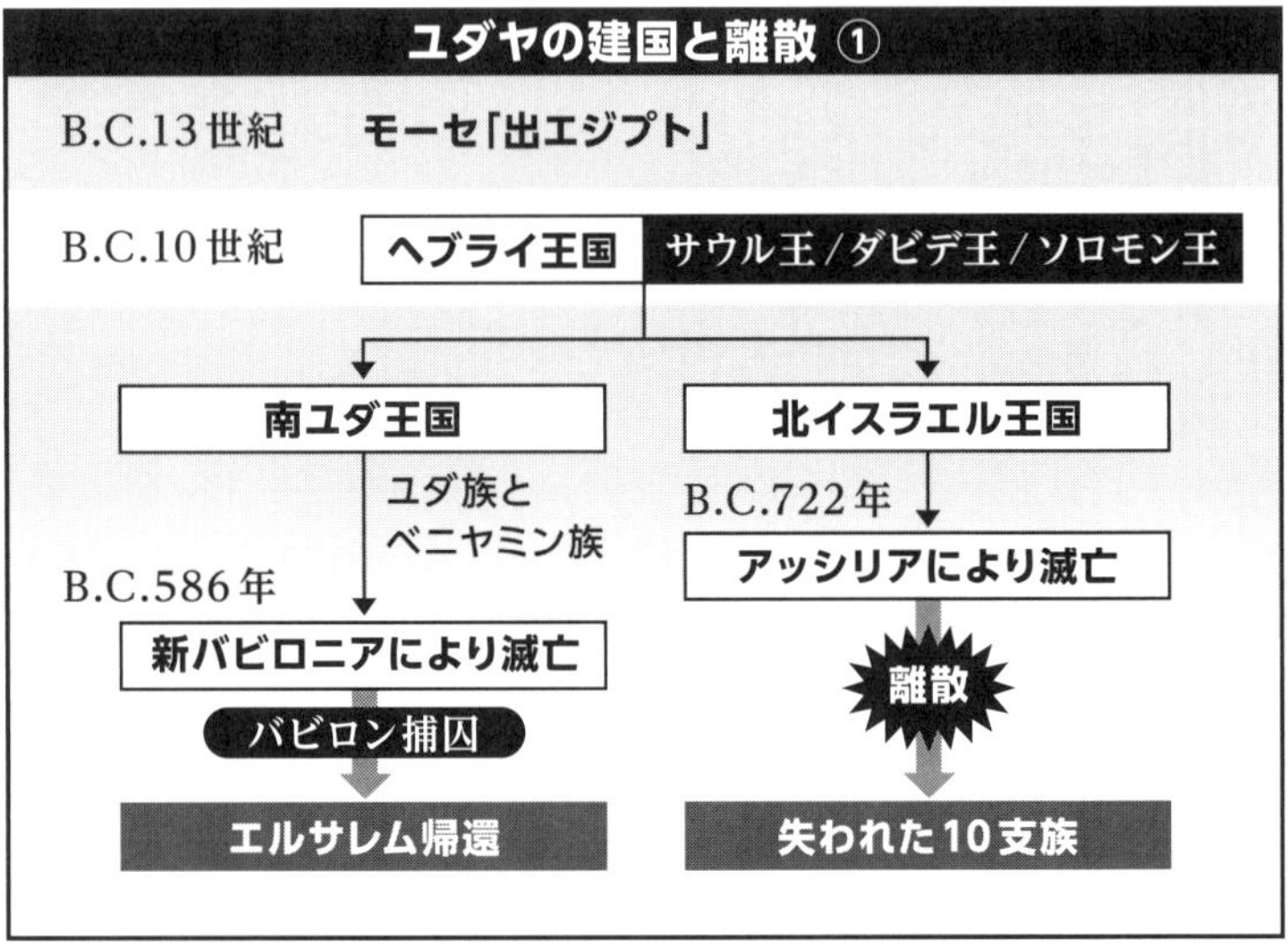

今のイラクのあたりから西に移動して行きます。その子イサク、そしてヤコブと続きますが省略します。いろいろあってこの一族は最終的にエジプトに住むこととなり、異民族として迫害を受けていました。

紀元前13世紀頃にヤハウェという神がモーセという男にお告げをします。この預言者モーセが、仲間たちを引き連れてエジプトを脱出、カナンの地（現在のイスラエル周辺）に行きます。これが「出エジプト」の物語です。

その逃避行はなんと40年もかかり、途中で石板を授かったり、海が割れたりする有名なエピソードがあります。カナンにたどり着いた後も、先住民との長い戦いを経て、ようやく紀元前10世紀頃に「ヘブライ王国（イスラエル王国）」を建てました。初代サウル王、そしてダビデ王、その子であるソロモン王の時代には大繁栄をします。

「出エジプト」の途中でヤハウェ神から授かった「十戒《じっかい》」の石板には、十カ条の掟が書いてありました。これが有名な「十戒」です。その1カ条目にこうあります。

私は主《しゅ》、あなた方の神、あなた方をエジプトの国、奴隷の家から導いた神である。私以外のものを祀ったり、神として仕えてはならない。

（『出エジプト記』20章1節）

これが「一神教」です。他の民族はみな多くの神々を祀る多神教でした。こういった他の神々、他の宗教を拒絶し、ヤハウェだけに仕えるのが「ユダヤ教」です。

田中：そうですね。『モーセ五書』〔※9〕の『申命記』の最後のところにも記述がありますね。日本にも当てはまる箇所もあるので、私も非常に重視しています。

あなたの神、主の声に聞き従わなかったから、残る者が少なくなるであろう。

（『申命記』第28章62節）

主は、地の果てから果てまでのすべての国々の民の中に、あなたを散らす。（同64節）

※9 モーセ五書：『旧約聖書』の最初の5つの書。①『創世記』、②『出エジプト記』、③『レビ記』、④『民数記』、⑤『申命記』。ユダヤ教の根本聖典『トーラー』を構成する。

『出エジプト記』にはモーセの導きによるユダヤ人たちの「出エジプト」の様子が描かれています。その続編が『民数記』、『申命記』です。『申命記』には自らの死を前にしたモーセの言葉がまとめられています。

　エジプトを出て40年、そのさまよっていた時点で将来、〝あなたを散らす〟……つまりユダヤ人たちが各国に離散していくことが書かれているのです。ですので、このタイミングで日本に来ているということが予想できます。

　それが日本の神話における、高天原時代のスサノオだと、私は考えるのです。

茂木：異質な存在、そして非常に暴力的……。

田中：『古事記』を伝承した、編纂者である稗田阿礼《ひえだのあれ》という人物――この人は7世紀に生まれた人で、おそらくは渡来系の秦氏、つまりユダヤ系だと私は思っていますが、非常に教養のある語り手で、ユダヤ民族の歴史や、古代ギリシャ神話のことなども知っていて、しっかりと日本人の歴史に組み込んで語っている……ということが『古事記』から読み取れるわけです。それを太安万侶《おおのやすまろ》が文字に起こしたのですが、彼は多氏《おおし》で、やはり秦氏でしょう。常に異形《いぎょう》の存在としてスサノオやサルタヒコなどを物語の中に置く。だからそこで荒唐無稽な話となり、学者はわからなくなってしまうのですが、私にとっては重要なヒントとなります。

茂木：ギリシア神話の冥界物語や、『創世記』の末っ子いじめとよく似た物語が、記紀神話の中にも出てきますよね。先生が「神は人である」という観点から、神話は祖先の記憶、歴史の事実として考えているからいろいろ見えてくるのだと思います。

田中：レヴィ＝ストロースも、日本の神話と歴史の連続性に関しては「その親密なつながりに最も心を惹かれる」とはっきりいっています。『古事記』前半の「神話」と後半の「歴史」を分けないことが大事なのです。

日本とユダヤの「三種の神器」

茂木：「出エジプト」に関しては、『申命記』に、

主は、私に言われた。お前は石の板を二枚に切って山に登って私の元に来なさい。また、木の箱を一つ作りなさい。そして神の言葉を刻んだ石板をアカシヤの木で作った箱に収め、これを祀りなさい。

（『申命記』第10章1節）

と書かれてあります。この石板には「十戒」が刻まれました。またモーセの杖《つえ》も霊力を持ち、海を二つに割って海底に道をつくり、ヘブライ人たちを避難させました。兄のアロンがこれを受け継いだので「アロンの杖」と呼ばれます。そしてもう一つ、40年間荒野をさまよって飢えに苦しむ彼らに神が与えたのが「マナの壺」。マナという食品が無限に出てきて食料問題解決と

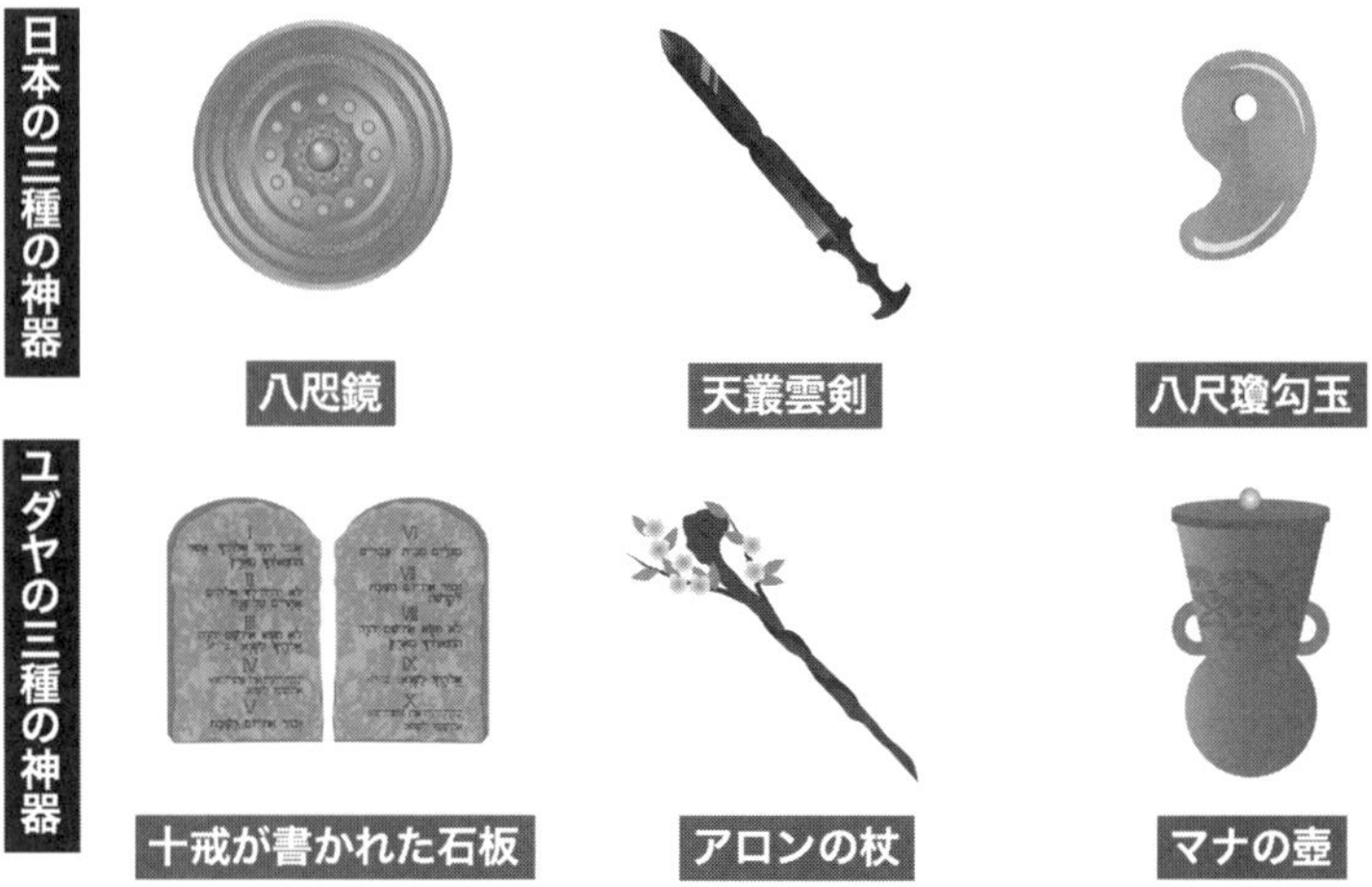

いずれもイメージ。実物を見ることはできない

いう、ドラえもんのポケットみたいな壺なのです。

モーセの「石板」と「マナの壺」と「アロンの杖」という、まさに「三種の神器」［※10］の起源にも思えるところですが、日本とユダヤの三種の神器についてはいかがお考えですか。

田中：そうですね。日本には「勾玉」というものが1万年前からあります。

茂木：縄文遺跡からも沢山見つかりますね。

田中：その勾玉が今、三種の神器の一つとして皇室にあります。三種の神器のうちで、〝唯一実物が皇居にあるもの〟です。あとの二つ、鏡と剣は、伊勢神宮と熱田神宮に保管されていますが、これらはモーセの石版とアロンの杖にあたるともいえそうです。

茂木：奈良の富雄《とみお》丸山古墳で最近見つかった盾型《たてがた》銅鏡は、モーセの石板とそっくりでびっくりしました！

田中：日本では鏡というものは光を照らすものであり、別の世界、心の世界というものの存在を表現しているわけです。石板にも彼らの世界が描かれています。杖というものは剣となり、天叢雲剣は、スサノオがヤマタノオロチを退治した時にオロチの体内から出てくるということを隠喩として考えると、やはり外から来た人たちが剣を持ってきたということを暗示しているといえるのではないでしょうか。

茂木：うーん、確かに……剣は縄文時代の遺跡からは出てこないものですね。

田中：縄文の日本では、剣を使う必要がなかった。野蛮な争いごとがなかった。そのことがやはり、海の向こうから来たものという一つの印であるわけです。

そして、勾玉というものは非常に大事で、あれこそが「日本は太陽と月の国なのだ」という証であるとも思っています。三日月の月の部分は把手《はしゅ》にも使えます。なぜ勾玉には穴が空いているのでしょうか？

茂木：紐を通すためですか？　でも考えてみれば謎ですよね。翡翠《ひすい》のような硬い石に、小さな穴をあけるだけでも相当な技術が必要です。縄文時代前期から勾玉はつくられていて、5〜10

※10　三種の神器：天皇が代々継承してきた権威の象徴となる品（レガリア）のこと。
・八咫鏡《やたのかがみ》……アマテラスが天孫ニニギに授けた銅鏡。伊勢神宮の御神体。
・天叢雲剣《あめのむらくものつるぎ》……スサノオが大蛇（ヤマタノオロチ）を退治した時、その尾から発見した剣。のち、ヤマトタケルに渡り、東国征討で使われた。熱田《あつた》神宮の御神体。
・八尺瓊勾玉《やさかのまがたま》……皇居の「剣璽《けんじ》の間《ま》」で、剣の形代《かたしろ》（レプリカ）と共に保管される。

センチほどの大きめのサイズのものが多かったようです。

田中：私はね、あれは「太陽を見るための穴」だと思っていますよ。太陽は、直接見ることができませんから、小さな穴から太陽を覗くのです。または、その小さな穴に太陽の光を通して地面に写すと、太陽の形がわかります。

茂木：あぁ、なるほど。ピンホールですか。日食の観察で使ったりしますね。

田中：勾玉の穴に関しては、諸説あるのですが、それ以外の説得力がある解説にはまだお目にかかったことがないですね。

茂木：単なる首からぶら下げるアクセサリーではなく、太陽信仰のためのアイテムだったと。なるほど！

神社、お神輿《みこし》、わっしょいはユダヤ起源!?

茂木：あと、先生……モーセの十戒が書かれた石版を収めた箱は「契約の箱」といわれておりまして、四角形の長方体に棒が2本付いていて、これがまた御神輿《おみこし》にそっくりなんです。

さらに面白いのが、この神聖なはずの「契約の箱」が祟《たた》るのです。絶対に中を盗み見てはいけないし、この箱が移動した先々で、災いが起こるのです。だから「うちには来ないでください」と押し付けあっている（笑）。スピリチュアルな力が強すぎる。

この点、三種の神器も同じです。それぞれが箱に収められ、「絶対に見てはいけない」ことになっていますね。第十代崇神《すじん》天皇の時には、宮中で祀っていた八咫鏡の霊力が強すぎるので、どこか他所にお祀りする場所を探そうということになり、倭姫《やまとひめ》という巫女《みこ》さんが付き添って各地をさまよった挙句、最終的に「ここがよい」とアマテラスのお告げが下った場所が、今の伊勢神宮なんですよね。

サント・マリー大聖堂のレリーフに彫られた「契約の箱」

田中：「契約の箱」は簡単に動かせるので、彼らはそれを担いで戦場にも持っていくのです。エルサレムを陥落させる時に、エリコ城の周りを「契約の箱」を担いで、笛を吹きながらぐるぐると7日間回ったら城の壁が崩れた……という奇跡の逸話もありますね。

茂木：日本の平安時代に「強訴《ごうそ》」というものがありまして、興福寺や延暦寺のお坊さんたちが、重い神輿を担いで京都の朝廷に突っ込んで直訴するという集団行動のことですが、あれとよく似ていますね。神輿の霊力を利用して、朝廷に要求を突きつけたのです。平安末期の後白河法皇が、「意のままにならぬもの。鴨川の水、双六《すごろく》の賽《さい》、山法師」と嘆いたあれです。

田中：エルサレムに行くと、そういうアーク（柩《ひつぎ》、箱）を運ぶ格好をした人形がお土産屋さんで売られていますよ。だから彼らも日本の御神輿を見たら驚くと思いますね。

　ところが面白いのは、彼らのアークは運ぶだけなのです。石板を運んだらひと仕事終わり。日本のお祭りにおいて御神輿を担ぐことを昔からずっと続けているのは、《祭りをやる》ということが大きな目的だからです。《石板を運ぶ》という機能的なことは、もう日本では忘れられてしまい、《祭りをやる》というところに特化してしまった点が、実に面白いと思いますよ。御神輿を担ぐことに対しては「なんでこんなことをやっているんだ？」と思うかもしれないけど、わからなくてもいいのです。「わっしょい、わっしょい」とやっているうちに興奮してくるということが、一種の共同体をつくることなのです。それこそが神道、惟神《かんながら》の道であり、神道とは共同体のための生活の知恵なのですね。

茂木：御神輿を担ぐことに意味を求める人はいませんよね（笑）。

田中：しかし、無意味なものは廃れていくはずです。そこに何かがあるから、何百何千年と続いている。日本人は意味の〝転換〟をするのです。これがまた面白い。いろいろな種やアイディアはユダヤ人が持ってくるのだけど、それを日本の土地に合うように価値や意味を転換する。

茂木：転換するといえば、ソロモン王がエルサレムに巨大な神殿をつくりますが、それ以前は本当に粗末な、幕屋といういわゆるテントに、三種の神器を祀っていたそうです。この幕屋が実は神社の原形といえなくもないという……。

田中：そうですね。明らかだと思います。だから逆の視点でいうと、神社というのは非常に……不自然なのです。

茂木：神社ができる前の時代は、磐座《いわくら》（巨石）や神籬《ひもろぎ》（巨木）に神が降りられるということで信仰が続いてきたわけですが、現在見られるような神社という木造建物ができたのは、6世紀の飛鳥時代以降ではないでしょうか。

田中：神社の本殿の中には実は何もないですからね。何かお宝があると思ったら大間違いです。神社というものを見る時に大事なのは、〝神社の後ろに何があるか〟ということなのです。だいたいの神社は、後ろに山があります。あるいは岩があったり、大きな木があります。御神体は神社の中にはないのです。

そういう意味で、日本の神社は元来が自然神なのです。当時ユダヤ人たちが幕屋を持ってきた時に、困ってしまった人々が想像できますよ。幕屋は必要ない、木や石や山さえあればいいのだといってね。

茂木：せいぜい、しめ縄だけあれば。

田中：そう。あくまで山や自然が主神なのです。神社の建物は、仏教が入ってきてお寺ができたから、それを真似てつくられたものでしょう。

茂木：神社ができる前は、磐座の前で手を合わせればそれでよかった。

田中：「わっしょい」という言葉もどうもヘブライ語らしいですよ（笑）。

茂木：「神が来た」という意味だそうで……驚きです（笑）。

日本への定住を望んだ古代ユダヤ人

茂木：他の宗教を拒絶し、唯一神ヤハウェだけに仕えるのがユダヤ教です。ところが実際には、先住民である多神教の民族との混血が進んでいきました。ソロモン王が死ぬと王位継承争いと宗教対立が結びつき混乱を呼びます。

そこで、「多神教でもいいじゃないか」という戒律が緩いグループの10支族が《北イスラエル王国》をつくります。一方、「一神教を守ろう」という頑なグループの2支族が《南ユダ王国》をつくってしまい、王国が二つに割れました。

この混乱に乗じて、今のイラクがあるあたりを統一していたアッシリアという国が攻め込んできまして、北イスラエル王国を滅ぼしてしまいます（紀元前722年／アッシリア捕囚）。この時に捕らわれ、行方不明になったのが、いわゆる「10支族」です。

田中：「イスラエルの失われた10支族（Ten Lost Tribes）」といわれ、世界各地に散ったとされますね。

茂木：10支族が多神教を受け入れていたことは、大変重要なことだと思います。他の民族とも抵抗なく共存したでしょうし、混血もしたでしょう。また、そのルートは不明ですが、10支族の一部が日本列島に来ている説があり、これがいわゆる「日ユ同祖論」の中核部分ですよね。同祖論への反論として、「ユダヤ教は一神教だが、神道は多神教ではないか」というようなこともよくいわれますが、すでに10支族が多神教を受け入れていたのだ、という点が無視されています。

田中：日本では戦う必要もないし、どこかへ逃げる必要もない。彼らは日本の豊かな自然信仰を見て、一神教の人格神を捨てざるをえなかったのです。そして「この地こそが福音の土地だ」と心から思った。だから、日本を目指してくる人は、日本に定着することを望んでいる……と私はそう思うのです。

そのことが『旧約聖書』の『イザヤ書』に書いてあります。


東で主をあがめ、海沿いの国々でイスラエルの神、主の名をあがめよ。

我々は地の果てから賛美の歌を聞いた。「栄光は正しい者にある」と。

しかし、わたしは言う、「わたしはやせ衰える、わたしはやせ衰える、わたしは災いだ。

欺く者は欺き、欺く者は、はなはだしく欺く」

地に住む者よ、恐れと、落し穴と、わなとはあなたの上にある。

恐れの声をのがれる者は落し穴に陥り、落し穴から出る者はわなに捕えられる。天の窓は開け、地の基が震い動くからである。
（イザヤ書・24章15節～18節）

これは何かというと、「東の果ての海沿いの国に行ったら、イスラエルの神の名を崇めなさい、そうしないとやせ衰えますよ」ということです。イスラエルの神は人格神ですからやせ衰えるのです（笑）。

茂木：実に意味深な一節ですね。イザヤは南ユダ王国の預言者です。一神教を守り続けた南ユダ王国は、最終的には新バビロニア王国に滅ぼされ、住民（ユダ族とベニヤミン族の2支族）は捕虜となり、敵の都バビロンに連行されました（紀元前586年）。ここから半世紀の間、異国で辛酸を舐めたのが「バビロン捕囚」です。

イスラエル12支族のうち10支族がアッシリア捕囚で行方不明。残り2支族がバビロン捕囚を受けたわけです。ベニヤミン族は少数でしたので、実質的にユダ族が捕囚されていたといっていい。だから彼らのことを「ユダヤ人」と呼ぶのです。

イザヤはバビロン捕囚の直前の時代に生き、このままでは国が滅ぶ、と警告を発し続けた預言者でした。そしてこの時代に、「契約の箱」に関する記録が途絶えます。つまりバビロン捕囚の前に「契約の箱」が行方不明になっているのです。先の『イザヤ書』の引用部分は、「契約の箱」の行方を暗示しているのかもしれませんね。

田中：東にある海沿いの国とはまさに日本。しかし、日本で「イスラエルの神を崇めよ」といったって、できないのです。日本の自然や人々が素晴らしすぎて、つい忘れてしまう。そうすると、イスラエルの神を裏切ることになってしまい、悩み、ついには自分がやせ衰えてしまう……。つまり、ユダヤの神が「みんなが東の国へ行ってしまうと、もう自分は忘れられてしまう」と、日本に定着してしまう恐れを、はっきり感じているわけです。神が嘆いている。

茂木：ずいぶん弱気ですよね（笑）。

田中：彼らから見たら、日本に定住してユダヤ教を忘れてしまった人は、やはり裏切り者なのでしょう。しかし、「神」からも「もう仕方がないな」というニュアンスを感じます。

茂木：こういう聖書の言葉は予言のようにいわれますが、そうではなく、事実を記した備忘録としての一面もあります。後世の人々もこの言葉が脳内に言葉が残っているから、その通りに動いてしまう……ということで予言が成就されたということもあると思うのです。

田中：そうですね。『旧約聖書』というのは、つまりは体験の言葉ですよ。何も説教だけをしているわけじゃないのです。だからその切実さというのを感じられるのですね。

茂木：きちんと読むと実に生々しい。

田中：もう一度、モーセの「十戒」に少し触れましょう。「十戒」というのは、

【十戒】①主が唯一の神であること、②偶像を作ってはならないこと、③神の名をみだり

に唱えてはならないこと、④安息日を守ること、⑤父母を敬うこと、⑥殺人をしてはいけないこと、⑦姦淫をしてはいけないこと、⑧盗んではいけないこと、⑨隣人について偽証してはいけないこと、⑩隣人の家や財産をむさぼってはいけないこと

ですが、こんなことをわざわざ書くというのは、いったいなんなのかと思いませんか。最初の3つまでは、とにかく「俺を信じろ」ということですよ。残りの項目も正しいことのように見えますが、どこか怪しさもあります。

茂木：それはつまり、実際のヘブライ人はその逆をやっていたということですよね。

田中：父母に従わなかった者が多かった。人を殺す者も多く、むやみにセックスして、嘘をつき、隣人の物を盗んでいた。

茂木：『論語』も同じです。「主君に忠義、親に孝公」と孔子が説きますが、古代中国人がそんなに立派だったのではなく、むしろ真逆だったので、孔子の言葉がありがたく聞こえたということでしょう。

田中：関連して面白いのは、秦河勝《はたのかわかつ》〔※11〕の建てた広隆寺〔※12〕には、「十善戒《じゅうぜんかい》」というものが残っています。これが非常に「十戒」に似ており、人間がやってはいけない10項目が書かれているのですが、神のことは一切出てきません。

【十善戒】 ①不殺生《ふせっしょう》(むやみに生き物を傷つけない)、②不偸盗《ふちゅうとう》(ものを盗まない)、③不邪婬《ふじゃいん》(男女の道を乱さない)、④不妄語《ふもうご》(うそをつかない)、⑤不綺語《ふきご》(無意味なおしゃべりをしない)、⑥不悪口《ふあっく》(乱暴なことばを使わない)、⑦不両舌《ふりょうぜつ》(筋の通らないことを言わない)、⑧不慳貪《ふけんどん》(欲深いことをしない)、⑨不瞋恚《ふしんに》(耐え忍んで怒らない)、⑩不邪見《ふじゃけん》(間違った考え方をしない)

茂木:モーセから一神教を抜いた感じでしょうか。

田中:つまりそれこそが自然神ということです。もちろんこれは秦河勝というより仏教、華厳《けごん》経の教えの一つですが、「唯一神など存在しなくてもいいのだ」ということを述べているわけで、この違いが大きい。しかもユダヤ系の渡来人である秦氏が初めて日本にやって来てから、この頃になると、もう、200〜300年は経っています。

茂木:秦河勝は聖徳太子の側近ですから、6世紀後半です。

田中:日本に定着した彼らは、もう神をすっかり捨てているということが、これでわかるわけ

※11 秦河勝:渡来系の秦氏の族長的な人物。弓月君の直系子孫。飛鳥時代、聖徳太子に仕え活躍した。秦氏の中では最も名の知れた人物で、子孫には能の世阿弥がいる。

※12 広隆寺:京都市右京区太秦にある秦氏の氏寺。603年の創設で京都最古のお寺。御本尊は弥勒菩薩と聖徳太子。国宝1号の弥勒菩薩半跏思惟像《みろくぼさつはんかしいぞう》がある。平安京後、空海(弘法大師)の弟子・道昌(秦氏出身)が再興したため、真言宗の寺院となった。

です。

茂木：私も関連で『申命記』の一説を紹介いたします。

あなたがたの追い払う国々の民が、その神々に仕えた所は、高い山にあるものも、丘にあるものも、青木の下にあるものも、ことごとくこわし、その祭壇をこぼち、柱を砕き、アシラ像を火で焼き、また刻んだ神々の像を切り倒して、その名をその所から消し去らなければならない。

（申命記12章2〜3節）

「アシラ」というのは、中東のシュメールやパレスチナの地域で古くから崇拝されていた女神で、「アーシラト」とも呼ばれていました。神々の女王、産みの親です。日本でいうアマテラスのような神でしょうか。先住民の土着の神さまで、樹木崇拝とも通じます。日本語の「ハシラ」が、「アシラ」起源という説もあります。これはその「アシラ女神像をぶち壊せ！」という、ヤハウェのお告げです。

田中：破壊もいいとこです。すさまじい。

茂木：一神教の破壊のパワー、まさにスサノオの破壊と通じるところがあります。しかし日本に同化した人々は、それをやらない。

田中：やらなかった。それこそが、日本列島で生きるということではないでしょうか。

なぜ古代の渡来人はユダヤ人だったのか?

茂木:日本に渡来人が来ていたことに関しては、誰しも異論はないでしょう。それも中国や朝鮮ではなく、もっと遠くから来ている人々がいることも、まぁわかるといったところでしょう。ただそれをユダヤ系と断言しなくてもいいのではないか? ギリシャ系とかペルシャ系、シュメール系といってもいいのではないか?……という声を耳にするのですが、そのあたりはいかがでしょうか?

田中:なぜ私が「彼らはユダヤ人である」と断言するかというと、当時の彼らはディアスポラ(離散)で国を絶たれているからです。

「故郷《ふるさと》がない」ということは人格形成にとって、とても重要なことです。あらゆる民族は、たとえ故郷が貧しい場所でも、故郷があれば帰るのです。故郷というのは長い旅行をして戻るところです。

ところが、ユダヤ人たちは「出エジプト」(紀元前13世記)、「アッシリア捕囚」(紀元前722年)、「バビロン捕囚」(紀元前582年)、「第1次・第2次ユダヤ戦争」(135年)と、何度も、何度も、荒涼とした世界に放り出されてしまいました。

イスラエルのカナンの地でさえも、厳密にいえば、故郷といっていいものかどうか。カナンという場所は神が決めた土地というだけであってね……だから彼らは、最初から帰るところがないのです。ギリシャ系、シュメール系の人々は、そうではありません。

茂木：帰るところがないから、せめてもの魂のよりどころとして、神をつくったのかもしれないですね。魂の故郷といってもいいでしょう。彼らは故郷を渇望している……。

田中：モーセの頃、つまり紀元前13世紀頃から、ユダヤ人たちは世界に散り、世界の様々な場所で生活と移動を繰り返しながら生きる中で、日本に安楽の土地を見つけた可能性は大いにありえることです。

茂木：かなしみの中に現れた楽園ですね。

田中：ところで、「モーセの墓」という場所が能登にはあることをご存知でしょうか。まぁ、みんな怪しげなものと思うかもしれませんけど、そこには〝何かがある〟とも見ています。土地に残る誰かの記憶が、代々伝わっていると思いますね。

茂木：その根拠は、宗教家竹内巨麿《きよまろ》が公開した古文書「竹内文書《たけうちもんじょ》」［※13］らしいですね。船で能登の「宝達山水門《ほうだつさん》」にたどり着き、日本に12年滞在、天皇にも会ったそうです。一度はシナイ山に帰りますが、その後再び来日、583歳で亡くなり、宝達山の三ツ塚に葬られました……と信憑性《しんぴょうせい》は現時点でまったくありません（笑）。青森にも「キリストの墓」がありますし……。

田中：まぁ、今度行って確認してきましょうか（笑）。

※13　竹内文書……公式の歴史書である『古事記』『日本書紀』とは別系統の建国神話である「古史古伝」の一つ。武内宿禰の末裔《まつえい》が伝えてきたという古文書を、1920年代に竹内巨麿が加筆公開し、天津《あまつ》教（皇祖皇太神宮天津教）という教団を創設した。第73世武内宿禰の子孫を称する予備校講師の竹内睦泰《むつひろ》氏（2020年逝去）がこれを批判し、「正統竹内文書」を公開している。

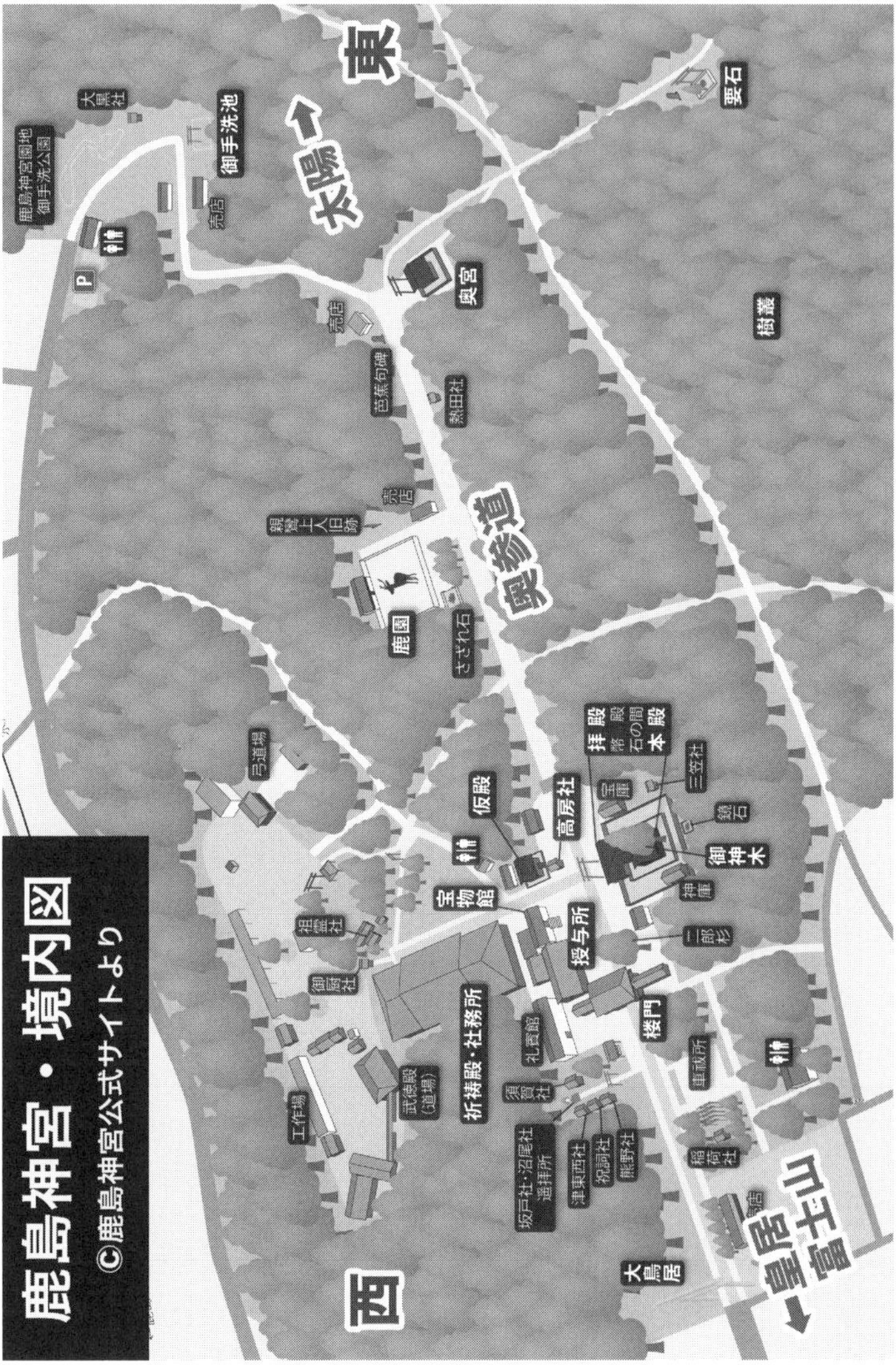

76P鹿島神宮・境内図の拡大図

第2章

日本建国の真実と失われた10支族

～国譲りと天孫降臨の謎を解く～

（紀元前660年～）

狩野探道『天孫降臨』／神宮徴古館・農業館所蔵

【第2波】失われた10支族、日本へ

茂木：これまで、「出エジプト」（紀元前13世紀）の時に、ユダヤの人々が日本列島にまでやって来た可能性……という話がありました。それが第1波です。

そして第2波とは、ユダヤ人たちにとって最初の離散の危機となった「アッシリア捕囚」（紀元前722年）や「バビロン捕囚」（紀元前586年）の時とお考えでしょうか。

田中：そうです。紀元前722年、世界に散らされたユダヤ人たちが、紀元前660年までに日本に来て、日本建国に様々な影響を及ぼしていると考えます。

茂木：明治維新の時に、日本国の建国を、初代神武天皇が即位した紀元前660年2月11日と定めており、紀元節（戦後は「建国記念日」）として国民の祝日にもなっています。しかしその意味を学校で教えることはなく、歴史教科書でも無視していますので、おそらく9割の日本人は「建国記念」の意味を知りません。そもそも神武天皇を歴史教科書で教えてはいけないことになっていますから……。GHQが禁じ、これに全面協力したマルクス主義の歴史学者たちがこの方針を墨守して四半世紀が経ちました。これも敗戦の後遺症です。

この9割の日本人が知らない日本建国にまつわる「国譲り」や「天孫降臨」の概略を、読者に正しく理解して頂かないと、その先へ進めません。話が込み入ってきますので、図を交えながらお話を進めたいと思います（日本神話の系図①）。

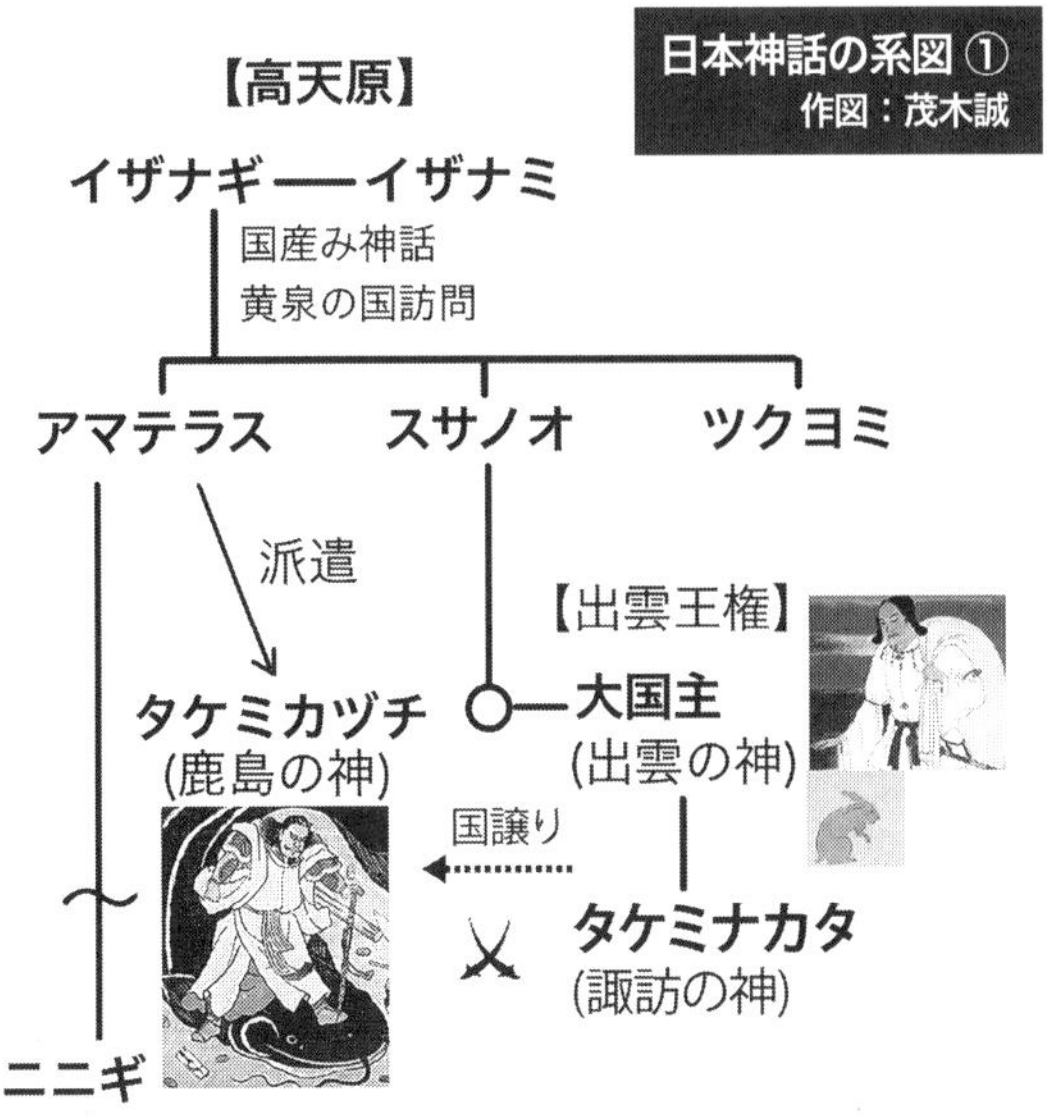

日本神話では神々を、高天原からやって来た「天津神《あまつかみ》」の神々と、「国津神《くにつかみ》」＝日本列島（葦原中国《あしはらのなかつくに》）の神々とを、はっきり分けています。インド神話でも、デーヴァ神族＝天空神が、アスラ神族＝地上神を打ち倒す物語が繰り返し語られますが、これと構造がよく似ています。

天津神というのは太陽神アマテラスの一族で、その末裔《まつえい》がご皇室につながるという設定ですが、問題はこの高天原ですね。元々は「たかあまのはら」「たかまのはら」と読んだようですが、のちに「たかまがはら」とも読むようになりました。高天原の所在については、まったくの空想だという説、ユーラシア大陸のどこかだという説、はたまた別の惑星であるという奇説などもありますが、田中史学では「高天原＝東日本／日高見国」とお考えですね？

東日本の高天原と西日本の出雲国

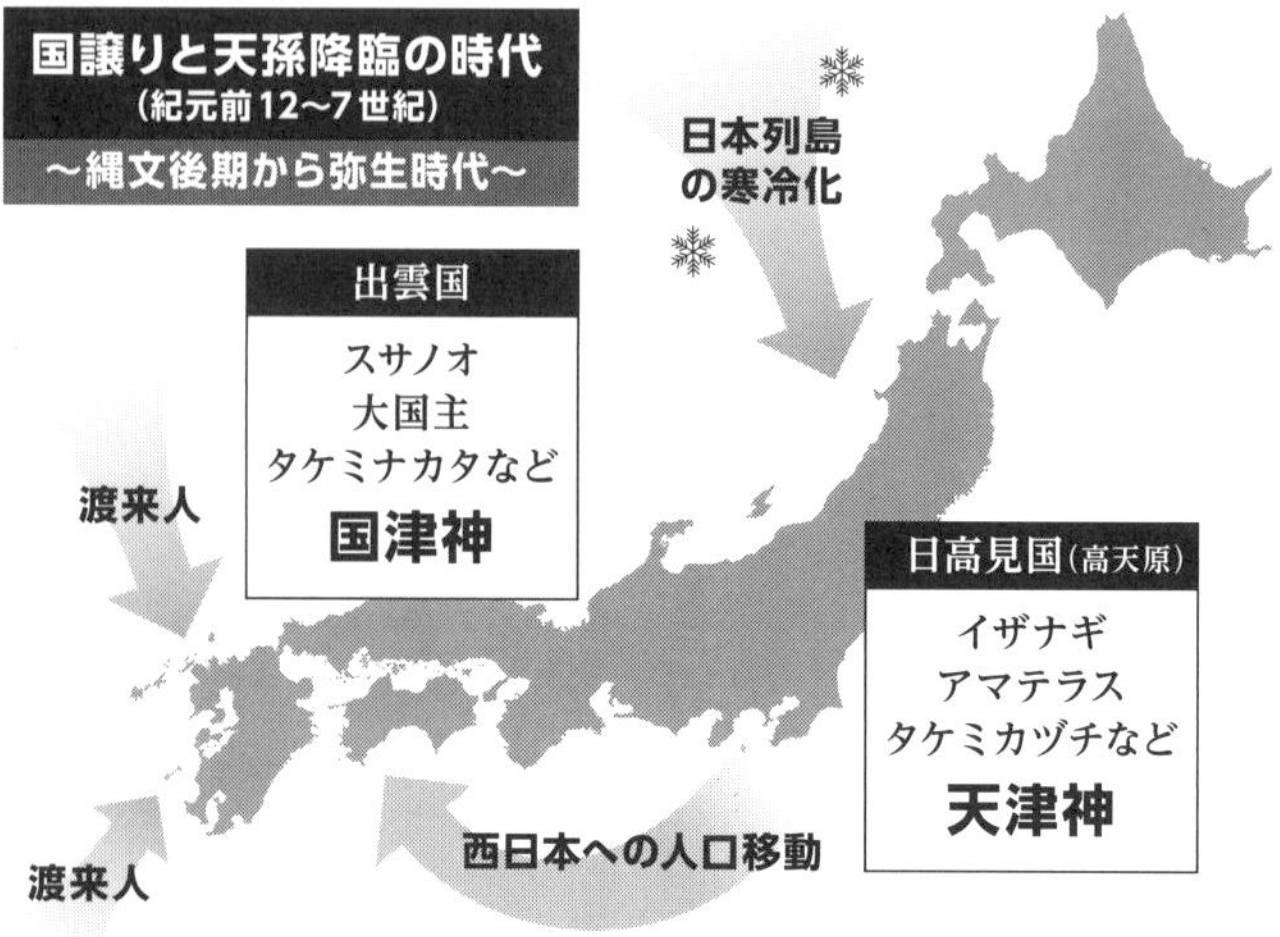

田中：その通りです。縄文の頃から何千年もの間、東日本は「日高見国」として栄えており、アマテラスなどの神々が政治を司る「高天原」を運営していたと考えます。

『古事記』の最初に出てくる話、日本の《国生み神話》では、イザナギとイザナミが島をつくっていきますね。しかしその島々は、なぜか西日本の島だけがつくられていきます。対馬《つしま》とか隠岐《おき》とか小さな島を数多くつくりますが、なぜか西だけなのです。佐渡はかろうじて出てきますがね。東日本には大島であるとか、北海道もある。それらの島を一切書かないで「本州」という一言で済ましているのはどういうわけでしょうか。

茂木：私はこの「国生み」を「国を発見した」あるいは「征服した」ことの比喩だと考えています。『古事記』の順番でいいますと、最初がなぜか淡路島、次に四国、隠岐島、九州、壱岐、対馬、佐渡島、本州、です。かつてよくいわれたように、天津神が朝鮮半島経由で九州に渡来したのなら、こういう順番にはなりません。

田中：これはつまり「東日本の本州はもうすでに知っていること」「西日本は出雲系に取られているから、それらを取り返すため」という意味もあるのではないか……と考えます。「元々それは日本のものだ」ということをあえていうために、あの神話ができているのではないか。その後、「天孫降臨」をした彼らが、九州にいた者たちや地域を一つひとつ平定していくという話につながります。

茂木：国生み神話をよく読むと、高天原からやって来た男神イザナギと女神イザナミは海水を鉾《ほこ》でかきまぜて、その雫《しずく》から「おのごろ島」をつくった。そこに大きな柱（天御柱《あめのみはしら》）を建て、そこを拠点として「国生み」をしていますね。そして最初につくったのが淡路島であると。つまりイザナギ・イザナミ夫妻が住む「おのごろ島」とは淡路島ではなく、淡路島にも四国にも近い別の島、ということになります。

淡路島の南、船で10分のところに、「沼島《ぬしま》」があります。勾玉の形をした不思議な島です。島の北、淡路島側に漁港があり、南側、太平洋側に出ると、海岸線が断崖となっており、その下の波打ち際に奇岩が立っています。高さ約30メートルの人工物のような巨岩で、「上立神岩《かみたてがみいわ》」と呼ばれています。私も見に行きましたが、その威容に圧倒されてしばらく言葉を失いました。

太平洋からこの島に向かってきた人たちの目には、いやおうなく目に入ります。仮にこの沼島を「おのごろ島」と考えると、この「上立神岩」が「天御柱」に相当します。ここからさらに船を出して北の淡路島に渡り、西の四国・徳島に渡ったと考えると、すべてつじつまがあうのです。

田中：淡路島は未だに謎が多い場所です。国生み神話は、高天原＝日高見国勢が日本列島を統一する時に、まずは西の島々を支配しようとした……という歴史的事実の反映ではないかとも思いますね。特に対馬は最も朝鮮半島に近いところですから、外来の移民も多くいたに違いないです。

沼島の「上立神岩」（撮影：茂木誠）

茂木：征服された側の「国津神」、その代表が出雲大社で祀られている大国主であることは、ほぼ定説になっていると思います。天孫族のアマテラスが、武神の建御雷神《たけみかづちのかみ》（以下、タケミカヅチ）を派遣して大国主を威圧し、出雲国を譲らせた——これが「国譲り神話」です。

ところが奇妙なのは、「国譲り」の前の話として、「スサノオの出雲降臨」の話があるんですね。

姉のアマテラスと喧嘩したスサノオが高天原を追放されて出雲に天下ります。そこで村人を苦しめるヤマタノオロチという頭が8つある大蛇に酒を飲ませて殺し、その尻尾の中から神剣・天叢雲剣《あめのむらくものつるぎ》を得た、という話です。この剣は三種の神器の一つで、今も皇位継承の際に、次の天皇に引き継がれています。

この「スサノオの出雲降臨神話」を、田中先生はどう分析されますか？

田中：出雲は渡来人が流れ着く場所で、ユダヤ人も多く入っていたと思います。人口が増加するにつけ発展していったのでしょう。

この頃、およそ紀元前10世紀前後には、船での交通網も発達して、物品や人の移動も顕著になってきました。また「島国としての防御体制」も考え出した頃なのだと思います。西の村落の治安悪化に加え、大陸からの防御にも対応しようとしていたのではないでしょうか。

茂木：スサノオの子孫である大国主が出雲を統治していく話は、『古事記』にもたっぷり描かれています。東日本が寒冷化するにつれ、西に南に、人々も移動して発展していった可能性がありますね。

出雲の大国主「国譲り」の謎

茂木：それでは詳しくみてまいりましょう。出雲の「国譲り」は、先生のお考えですと紀元前

10世紀頃となりますか。

田中：前12世紀から前7世紀までの間に「国譲り」が行われているとみています。前660年の天孫降臨から神武天皇の即位の時よりも前でしょう。

鹿島神宮の主神であるタケミカヅチは、アマテラスの命を受けて諸国平定に回っていたのですが、出雲への「国譲り」の交渉という大仕事を任されました。

「出雲の伊耶佐《いなさ》（稲佐）の浜に降り立ったタケミカヅチは、十掬《とつか》の剣《つるぎ》を波の上に逆さに突き立てると、その切っ先の上に胡坐《あぐら》をかいて、大国主に対して国譲りの談判を行った」という場面は名シーンですよね。タケミカヅチは武と剣の達人なのです。

大国主は「息子たちに聞いてくれ」と丸投げし、二人の息子、兄の事代主神《ことしろぬしのかみ》（以下、コトシロヌシ）と弟の建御名方神《たけみなかたのかみ》（以下、タケミナカタ）が応対するのですが、兄コトシロヌシは、あっさり降伏して姿を消してしまいます。

一方、弟タケミナカタは国譲りを拒否して抵抗した結果、怪力のタケミカヅチに手を握りつぶされて敗北し、長野県の諏訪盆地まで逃げて屈服しました。その後、出雲の人々は諏訪へ移

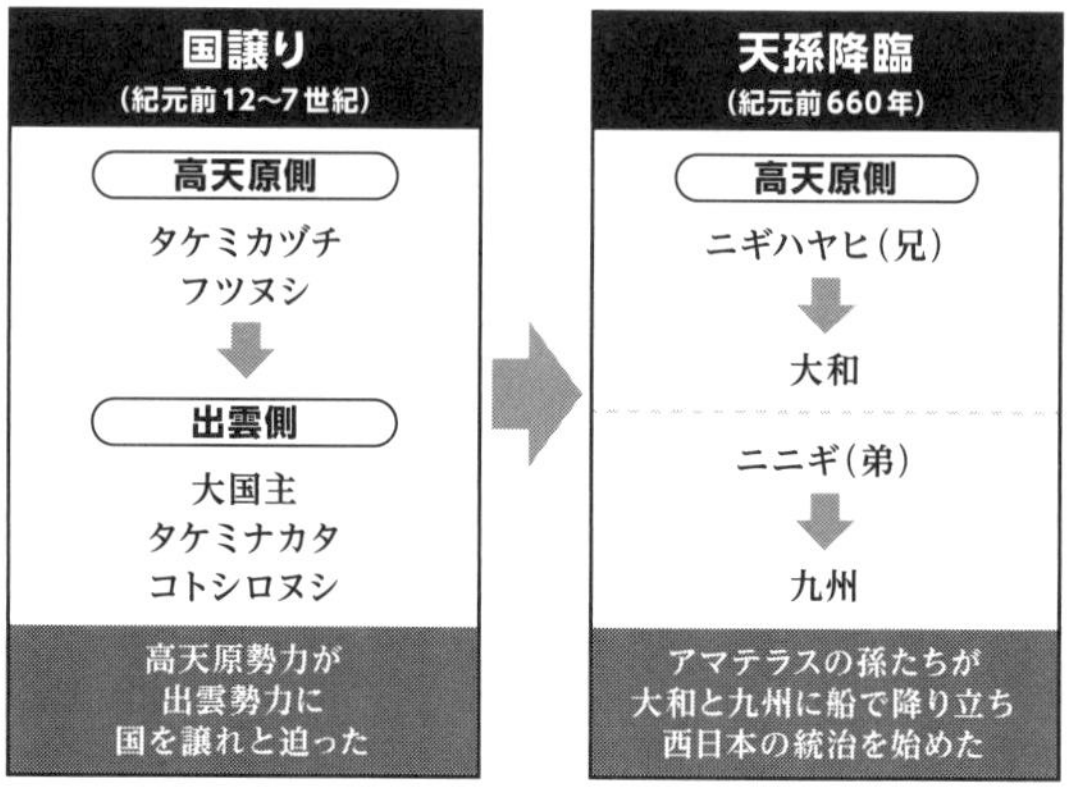

国譲りから天孫降臨へ、縄文から弥生へ

出雲大社神殿・復元模型

動させられ、国譲りが完了しました。

父の大国主はアマテラスに対し、国譲りをする代わりに巨大な神殿を建ててくれと求めました。それが高さ48メートル（ビルでいえば17階建）の巨大神殿です。そんなに巨大な建物を建てたいなんていうのは、ちょっと日本人の発想とは思えませんね。

茂木：神殿を支えていたとされる巨大な柱も、出雲大社の敷地から見つかっていますよね（２０００年に発掘）。あれには驚きました。木の年代を測定したところ、実際に鎌倉時代までは巨大神殿が建っていたとのことです。出雲大社の出雲国造《いずものくにのみやつこ》家が所蔵する文書によれば、鎌倉時代の宝治２（１２４８）年に遷宮（建て替え）が行われています。遺構はこの時のものである可能性が高いですね。

田中：昭和59（１９８４）年には、出雲大社の近くにある荒神谷《こうじんだに》遺跡から、３５８本の銅剣が出てきました。しかも不思議なことに、剣の一つひとつに「×」のマークがついていて、実に謎めいているのですが、「もう使いませんよ」という意味とも解釈できる。

大量の銅剣や銅矛《ほこ》が出土発見されたことにより、古代出雲国の存在は明らかになったとされますが、研究者たちは未だにその解釈をしかねています。この銅剣は、埋められた時期は紀元前後とされていますが、私は「国譲り」と結びつけて考えています。日本の青銅製の剣は、殺傷能力が低いもののようですから、武器としての剣というより、ある意味、祈りの対象として埋められたものだった可能性もあります。山の神に奉納すると共に、高天原の神に対する、出雲＝葦原中国《あしはらのなかつくに》の服従を意味し、出雲系の人々が高天原に恭順の意を示すものだったと考えます。

諏訪大社の奇祭・御頭祭とお船祭りの謎

茂木：出雲で敗れたタケミナカタを祀るのが長野県の諏訪大社ですが、上社と下社があります。上社は御神体が守屋山《もりやさん》ですが、御頭祭《おんとうさい》という奇祭があり、75頭の鹿の頭（剥製）を捧げるのです。さらに江戸時代の国学者・菅江真澄の記録によれば、この祭りで少年を柱に縛り付け、神主が小刀を振り下ろす所作をしたというのです。

田中：『旧約』のイサクの燔祭《はんさい》ですね。アブラハムが我が子イサクを神に捧げたという…

茂木：イサクが捧げられたのが「モリヤの山」なんですね。話ができすぎです（笑）。それから長野県では「お船祭り［※1］」といって船を運ぶお祭りが各地に残っていますが、なぜ海もない長野で船を運ぶのでしょうか？　先生はこれ、どうご覧になりますか？

中萱《なかがや》熊野神社のお船祭り（安曇野市教育委員会提供）

田中：いい視点ですね。長野県にはなぜ海の祭りが多いのか？　それはまず、彼らが日本海から信濃川（千《ち》曲《くま》川）を伝って、船でこの地に入ったということがいえるでしょう。出雲に着いた渡来人たちは、船の技術がピカイチだったのです。また、古代には新潟平野は海だったようですし、船で上るのは今より楽だったと思います。

そして安曇野《あづみの》の元祖といわれる安曇《あずみ》（阿曇）氏というのは、海神《わたつみ》を信仰する一族なのです。

茂木：なるほど……京都の「祇園《ぎおん》祭」［※2］の山車《だし》（山鉾《やまぼこ》）も船の形をしているものがあり、不思議だな……と思っていました。

田中：祇園祭は「ノアの方舟」を模しているといえるでしょうね。

※1　お船祭り：長野県安曇野《あづみの》地域にある、穂高神社、住吉神社、熊野神社や諏訪大社下社などで、毎年夏の時期に開催される。御船祭り、御船神事ともいう。山車は高さ9メートル、長さ13メートルになるものもある。

※2　祇園祭：平安時代から続く八坂神社の祭礼。疫病退散を祈願した祇園御霊会を始まりとする。7月の一カ月間にわたり神事・行事が行われる。八坂神社の主祭神はスサノオ。

茂木：祇園祭の山鉾巡航は毎年7月17日に行われますが、「ノアの方舟」がアララト山にたどり着いたのも7月17日……って絶対何かあると思っていました（笑）。

田中：「ギオン」と「シオン」も似ているでしょう？（笑）。「エルサレム」をヘブライ語でいうと「エル・シャローム」。その意味は平和の都、つまり「平安京」ですよ。

茂木：イスラム帝国の都だったバグダッドも、正式名はマディーナ・アッサラームで「平和の都」（笑）。「平安京」って世界中にあるんですね。ちなみに徳島県の剣山《つるぎさん》山頂にあります宝石神社の例大祭もなぜか7月17日で、ユダヤとの関連が一部でささやかれています。

田中：まぁ、そういうことなんでしょうね……（笑）。話を少し戻しますと、船祭りというのは古代史を読み解く上で、実に重要な鍵となります。

鹿島神宮と香取神宮でも12年に一度の大祭で「御船祭《みふねまつり》」があります。百艘以上の豪華な船団がタケミカヅチの神さまを乗せ、利根川から出発し、対岸の香取神宮の船団（経津主神《ふつぬしのかみ》＝香取神宮の主祭神。以下、フツヌシ）と水上で出会うというお祭りです。先頭の船などは非常に立派で、龍や鳥の姿が装飾されています。古代の時代の船は、まさに龍や鳥だったのではないかと彷彿《ほうふつ》させますね。

また、「香取」というのは「舵《かじ》取り」という意味もあるのです。「舵取り神社」から「香取神社」になった。鹿島神宮、香取神宮、そして息栖《いきす》神社のことを「東国三社《とうごくさんしゃ》」と呼び、三社巡りの参拝をする人も多いですが、息栖神社はまさに船の神社なのです。

茂木：息栖神社は交通安全の神さまで、わたしもクルマを運転する時、この神社のお守りをつけています。一緒に祀られている久那斗神《くなどのかみ》は境界の神であり、大国主以前に出雲の先住民が祀っていたという謎の神ですね。相殿神《あいどの》の天鳥船命《あめのとりふねのみこと》は『古事記』ではタケミカヅチの副神として登場します。名前からみて艦隊司令官だったようですね。

船とユダヤ人

田中：古代地中海において、船の達人といえばフェニキア人［※3］でした。しかしフェニキア人もユダヤ人と同じように、アッシリアや新バビロニアに滅ぼされてしまいます。おそらくはユダヤ人がフェニキア人を吸収して、船で旅に出て行ったのではないでしょうか。こちらも離散したといえるでしょう。

このあとお話しする「天孫降臨」は、長い距離を船で移動したと考えられますが、その時の船の技術を彼らから学んでいるのではないか。それになぜ縄文時代に、関東に渡来人がやって来たかというと、あそこは浜が多い。浅瀬になっているのです。

※3　フェニキア人：レバノンを拠点とし、優れた航海術を持っていた地中海の海洋民族。ヘロドトスの『歴史』によれば、紀元前600年頃、紅海から出港し、喜望峰を経て時計回りにアフリカ大陸を一周し、3年目にエジプトに帰ってきたという。のち北アフリカに移住してカルタゴを建設し、ローマの最大の敵となった。

茂木：日高見国があったと考えられる縄文時代前〜中期は「縄文海進」の時代です。現在より海の水位が5メートルほど高く、茨城県の霞ヶ浦は今の数倍の広さの内海で「香《か》取《とりの》海《うみ》」と呼ばれていました。関東平野は、群馬県南部まで入江が入り込む浅い海でした。

田中：そういうところには船は着きやすい。今みたいに大きな船ではないので座礁することなどないのです。対して、九州などの西日本は岩が切り立っている所が多いですからね。

茂木：だから鹿島神宮はまさに玄関口。先生が高天原の本拠地とおっしゃる筑波山の麓《ふもと》あたりまでなら、船で簡単に行けたと思いますね。

田中：まさにそうですね。だから筑波は「波」と書くのですよ。今のつくば市のあたりまで波が押し寄せていた。

茂木：あとは海流ですよね。黒潮が南方から茨城沖まで来てるじゃないですか。逆に青森方面からも親潮が南に流れています。青森が縄文の中心地だとすると、そこから簡単に茨城のあたりまでこられるのです。

田中：しかし当時は全部小舟ですから、大きな海流に乗ってしまうと瞬く間に漂流してしまう。ですから基本的には、小さな港から小さな港へと岸伝いに船で移る。それが彼らの主要な交通網だったと思いますね。これからお話しする「天孫降臨」の際に、高天原の人々は「鹿島から鹿児島へ」船で渡りました。「どうやって行ったのか？　海流は逆に流れているじゃないか……」とよくいわれるのですが、実際は港伝いに行くわけで、外海の海流を気にすることはないのです。多少、大きな船もあったとも思いますが、多くは5、6人乗りの船だったと思います。江戸時代の帆掛け船などもその程度の大きさですからね。

「天孫降臨」を歴史的に紐解く

茂木：「国譲り」と似た話が、もう一回大和の地で出てきますね。アマテラスの孫の邇邇藝命《ににぎのみこと》（以下、ニニギ）が高天原から九州に降り（天孫降臨）、そのひ孫にあたる神武天皇（本名はイワレビコ）が大和《やまと》に遠征します（神武東征）。大和の国（奈良盆地）には長髄彦《ながすねひこ》（以下：ナガスネヒコ）という豪族がいて抵抗しますが、イワレビコは武力でこれを滅ぼし、橿原宮《かしはらのみや》で即位したのが初代神武天皇である……というのが、日本の建国神話の通説です。

この神話で奇妙なのは、神武東征軍に対してナガスネヒコがこう言うんですね。

「お前たちは天孫族だというが、われらの主君、邇藝速日命《にぎはやひのみこと》(以下、ニギハヤヒ)も天孫である。よって国は譲らない！」

「証拠を見せろ！」と神武イワレビコが迫ると、ナガスネヒコは「ほらどうだ！」といって矢を見せ、抵抗を続けた、と記紀神話にあります。

田中：天孫の御子《みこ》の印である、天《あま》の羽羽矢《はばや》と歩靫《かちゆき》（矢を入れる筒）を、お互い見せ合う場面ですね。そこで一見落着するかと思いきや、その後ナガスネヒコは、ニギハヤヒにも見捨てられ殺されてしまうのです（『日本書紀』の記述［※4］）。

茂木：ニニギの九州降臨と、ニギハヤヒの大和降臨、天孫降臨は2回あった……？

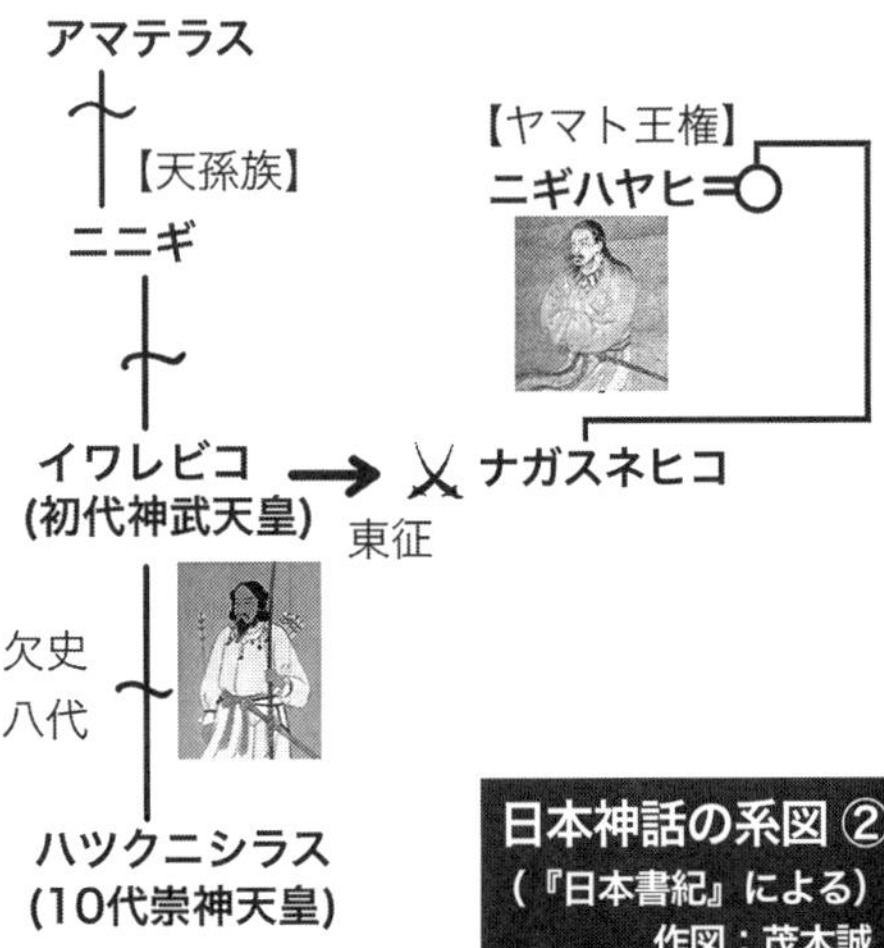

日本神話の系図②
（『日本書紀』による）
作図：茂木誠

田中：ええ、私の見立てでは、紀元前660年に〝最初の〟天孫降臨があります。ニニギは日高見国（高天原）がある茨城の鹿島から九州の鹿児島へ船で渡りました。こちらがいわゆる『記紀』にもある《筑紫の日向《ひむか》の高千穂峰》ですね。

一方、ニギハヤヒは、千葉の香取から大和（大阪、奈良）へ天降りました。

茂木：「鹿児島」という地名は茨城の「鹿島」から取られているわけですか？

田中：そうです。鹿島の子ども（児）だから鹿児島なのです。

茂木：神武天皇の即位は明治期に「紀元前660年」と定められました。初代神武天皇から見てニニギは曽祖父にあたります。ということは、ニニギの天孫降臨は神武即位のずっと前ではないでしょうか？

田中：いえ、そこが従来の常識と違う点です。天孫降臨という歴史的事象の私の考えを述べましょう。

二つの天孫降臨〜ニニギとニギハヤヒの真実〜

田中：天孫降臨……つまり〝天から神（アマテラスの孫）が降りて来る〟という言葉も、ある意味荒唐無稽な話ですが、これも私は現実に起きた歴史的事実であり、それが神話化されたも

※4 『先代旧事本紀』では、ニギハヤヒの子ウマシマジがナガスネヒコを殺している。

のと思っています。

「国譲り」以降も、西国はますます治まらない状況が続いていました。寒冷化による人の移動、大陸からの移民の増加で、西日本の人口が増えつつありました。そこで日高見国（高天原）は満を持して、九州と関西の2カ所に統治者を派遣するのです。

一般的には、ニニギが九州の高千穂に天から降りてくることを、天孫降臨といいますが、「大和盆地にも降りた」ということが重要です。

鹿島から鹿児島へ行ったグループ（ニニギ）と、香取から大和へ行ったグループ（ニギハヤヒ）、それぞれが共に、紀元前660年に国を形成していきます。その時にまず、ニギハヤヒが、大和を最初に統治して「大和国」をつくりました。

九州のニニギは天孫降臨したものの、なかなか攻めることができずにいました。4世代かかってやっと出雲勢力が跋扈《ばっこ》する西日本の地域へ軍勢を送ることができたのです。こちらの神武天皇は《神倭伊波礼毘古命《かむやまといわれびこのみこと》》（イワレビコ）と、『記紀』では呼ばれていますが、実はニギハヤヒこそ、初代の神武天皇だったのです。

しかも、ニニギとニギハヤヒは兄弟だった。あまり知られていませんが、『日本書紀』と『先代旧事本紀《せんだいくじほんぎ》』ではニギハヤヒが兄、ニニギが弟であると書かれています。


茂木：『先代旧事本紀』について一般の読者はご存知ないでしょうから補足しましょう。これは、物部《もののべ》氏に伝わる建国神話をまとめた本です。物部氏というのは、軍事と祭祀を担当する氏族として長く皇室を支え、最終的には蘇我氏と争って滅ぼされました。

いわば「敗者の視点」から書かれたもう一つの日本建国神話をまとめたのが『先代旧事本紀』で、記紀では削除された面白い話が満載されています。

この本には、まさに天孫ニギハヤヒが「天磐船《あめのいわふね》」に乗って大和に降臨したと書かれています。この時ニギハヤヒに従った軍勢が「物部」である、という設定です。さらに興味深いのは、ニニギ系の「三種の神器」に対し、ニギハヤヒ系は「十種神宝《とくさのかんだから》」と呼ばれる神宝を携えてきたことで、こちらは物部氏の氏神である奈良の石上神宮《いそのかみじんぐう》の御神体になっています。

田中：ニギハヤヒは、天火明命《ほあかりのみこと》とも呼ばれているのでわかりづらいのですが、父は天之忍穂耳命《あめのおしほみみのみこと》で、ニニギも含めて5人兄弟でした。
天孫降臨とは、日高見国による日本統一事業の総仕上げだったと考えることができます。そして、この九州から東征した神武天皇というのは、第十代崇神《すじん》天皇のことなのではないか……と考えています。初代の神武天皇と第十代崇神天皇とは、《はつくにしらす すめらみこと》という同じ名前で『記紀』に書かれているからです。つまり、大和国は2回征服されたと考えていいのではないでしょうか。

茂木：《はつくにしらす すめらみこと》、すなわち「最初に国土を統治した天皇の意」というおくり名は、建国の王が二人いることを示唆します。長らく古代史の大きな謎とされて来た問題です。「神武天皇は即位後の逸話が少なく、崇神天皇は即位前の逸話に欠ける。だから二人は同一人物ではないか」という説もあります。しかし田中先生は、両者は別人であるという仮説を提示されたわけですね。

ニニギの方は、筑紫に天孫降臨したなど『記紀』には様々なエピソードが書かれていますが、大和へ天孫降臨したニギハヤヒのルートははっきりしているのでしょうか。

田中：『日本書紀』では、「天磐船に乗って河内国（現在の大阪府）の河上の地に天降り、その後大和（奈良）に移った」と記されています。しかし、ニギハヤヒの話はほとんど書かれていませんね。

茂木：ニニギの方は圧倒的に有名人です。何といってもアマテラスの孫であり、いわゆる神武天皇のひいお爺さんでもあります。その息子たちの海幸彦《うみさちひこ》、山幸彦《やまさちひこ》のエピソードなど話題に事欠きません。ニギハヤヒも同じ孫なのに、あんまりではないですか。

田中：なぜニギハヤヒが歴史から消されたのか……。少し考察、推理してみましょう。

ニギハヤヒが大和に降り立つと、そこはすでに出雲系の勢力が強くなっている場所でした。

そこで出雲系豪族だったナガスネヒコが、ニギハヤヒを立てるという格好で譲歩しました。天孫ニギハヤヒの権威に従い、側近、摂政、軍事指導者という立場でメキメキと力をつけていったのです。ナガスネヒコはその名の通りスネが長い、極めて長身の男です。

茂木：当時の日本人より明らかに長いスネを持つ男ということは、東アジア系ではない？

田中：渡来人であり、ユダヤ系と考えていいわけです。そういう人物がニギハヤヒを助けて大和国をつくっていったのです。

その後、「欠史八代《けっしはちだい》」の時代が大和で続くわけですが、欠史八代の天皇はだいたいが関東の人と思われます。一つひとつの天皇の由来を見ていると、どうも日高見国系（関東系）の人ではないか、と思える節がある。ところが、その時代の天皇はまったく何をやったか記録が残されていない。ということは形式的にいただけの可能性もある。

この時代は、出雲系、つまりナガスネヒコ系が大和を支配していた。ナガスネヒコという名も歌舞伎の世襲制のように何代か続いたものと考えます。それが崇神天皇以前の「欠史八代」の時代なのです。

茂木：「欠史八代」とは、第二代綏靖《すいぜい》天皇から第九代開化天皇までの8代のことですね。系譜と生没年だけ記録され、具体的な事績が記されていない。だから歴史学会では「創作説」が根強いです。なぜこの欠史八代の天皇については、記録がないのでしょうか？

田中：それはこれからお話しする、もう一人の神武天皇に関わってきます。

二人の神武天皇

田中：ニニギは鹿児島に降り立ちました。降り立つといっても、天からではなく船で到着したのです。鹿児島の錦江湾の一番奥に「天降川《あもりがわ》」という川があるのをご存知でしょうか。地元の人は「天の川」と呼んでいるようですが、ここに鹿島から鹿児島への船が入ったとみていいでしょう。

茂木：地名は重要ですね。公式記録に残されない歴史の痕跡が、地名には残されています。天孫降臨の伝説が息づいているからこそ、そういう名をつけたのでしょうね。

田中：そこから上っていくと、霧島や高千穂峰に行けますが、川から降り立った場所には鹿児島神宮があります。鹿児島神宮というのは、山幸彦をご祭神とする神社です。山幸彦はニニギの息子です。このことからも、歴史がわかってくるのではと思います。「天」は「あま」と読み、「海」も「あま」と読みます。天孫降臨とは海からやってくる人々の話なのです。

茂木：海から上陸したニニギの息子・山幸彦は、兄の海幸彦から預かった釣り針を探して綿津《わたつ》見《み》（海神）の国まで行き、海の女神・豊玉姫と結ばれます。浦島太郎の竜宮伝説の原型になった神話ですが、あきらかにこれは、海洋民族系の神話ですね。そして生まれた子がオシホミミ、その子が神武イワレビコ……。

田中：あの話は非常に長い時間が経過しています。3年とも書かれています……と考えると、

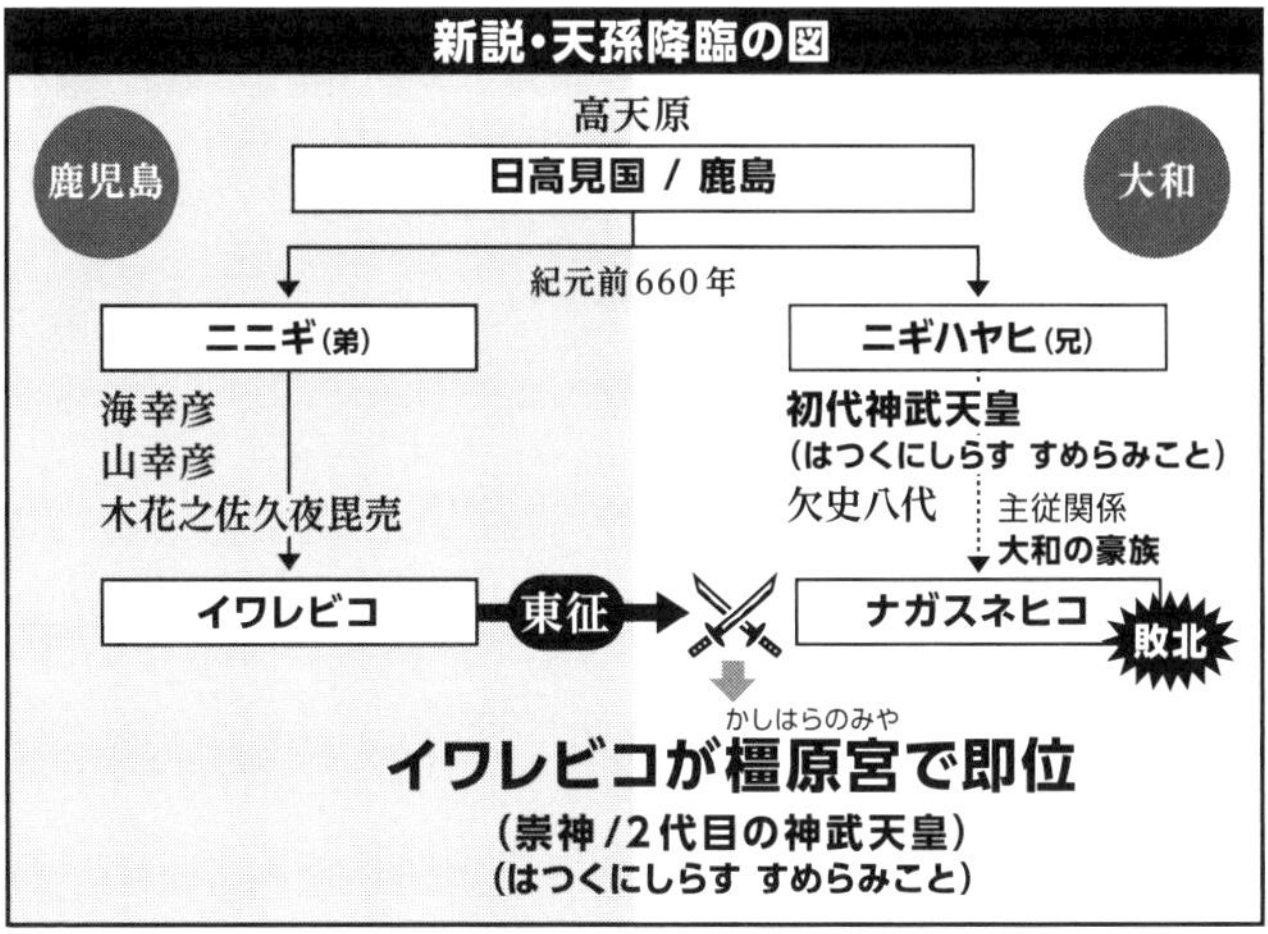

一度イスラエルに戻ったのかな、そして新たに仲間を連れて来たのかな？……というような感じもするのですね。

茂木：おぉ……紀元前600年頃に……船でインド洋を渡り、再び戻って来たとすれば……ロマンありますね。

田中：そんなことがいえるのは、山幸彦が綿津見の国で、綿津見の娘・豊玉姫と結ばれたとあるからです。浦島伝説では、釣り上げた五色の亀は「亀姫（乙《おと》姫《ひめ》）＝豊玉姫」となります。亀姫はユダヤ人女性です。「かごめかごめ」の歌［※5］を皆さんご存知でしょう？　「亀」はユダヤを意味するのです。

茂木：ちなみに、兄の海幸彦は、薩摩《さつま》隼人《はやと》（熊襲《くまそ》）の祖先といわれますね……。

田中：いずれにしても、九州にはニニギの一族が上

※5　かごめかごめ：「鶴と亀がすべった（統べった）」は日本建国を象徴的に表してはいないだろうか。亀の甲羅は六角形、籠目《かごめ》模様も六角形。鶴は日本を象徴する。

陸し、そして大和はニギハヤヒの一族が支配しました。この二つの政権が長い間同時進行で存在したのです。ところが大和の政権でナガスネヒコ率いる出雲系＝物部系が実権を握り、勝手なことをしているとわかったので、「このままではいけない」とイワレビコが挙兵したのです。

茂木：そこで「神武東征」が始まるわけですが、すんなりとはいきませんね。

田中：イワレビコは、兄の五瀬命《いつせのみこと》と先軍を率いて瀬戸内海の中国地方を制圧していきます。大阪の難波に到着するまでに、17年かかったともいわれます。

大阪の生駒山ではナガスネヒコの軍勢と戦い、抵抗にあい苦戦します。そこでイワレビコは「背中に太陽を負って、日神《ひのかみ》の威光を借りて攻める！」と宣言するのですが、これはつまり、日の神＝東の日高見国の加勢を受けて攻めたら勝てる！……と判断したのではないでしょうか。

茂木：最終的には天孫族同士で妥協が成立し、徹底抗戦を続けるナガスネヒコはニギハヤヒに斬られ、イワレビコが大和の橿原宮《かしはら》で即位し、「八紘《あめのした》をおおいて宇《いえ》にせむ」――天下統一（八《はっ》紘一宇《こういちう》）を宣言する詔勅《しょうちょく》を発しました。

田中：このイワレビコこそ二人目の神武天皇であり、第十代崇神天皇でもあるのです。

また、ニギハヤヒはニニギに「国譲り」をしたといってもいいでしょう。出雲の大国主の息子たち（事代主《コトシロヌシ》とタケミナカタ）が抵抗の末に国譲りをしたように、ナガスネヒコも同じ運命をたどりました。ナガスネヒコの軍勢も頑強だったようで、今でも堅固な城塁の跡は残っています。ですので、イワレビコ目線の記紀神話では、ナガスネヒコに大和が支配されていた長い時代については、書き残せなかったのかもしれませんね。

茂木：ニギハヤヒの天皇とイワレヒコの天皇、二人の神武天皇がいた……。歴史学会の主流派の考えを覆す、非常に説得力ある解説に唸らされました。

奈良の生駒山地に参りますと、ニギハヤヒの遺跡や伝承が各地に残っています。ニギハヤヒを祀る磐船《いわふね》神社は御神体が巨石で、その下を流れているのも「天の川」です。鹿児島と同じですね。

田中：二人の《はつくにしらす すめらみこと》がいたということをいかに説明するのか。この謎は、日本国史の歴史家にとって、解決すべき大問題であるのは間違いないでしょう。

この話は年代の謎も合わさって、少し複雑ですが、もっと詳しく知りたい方は、拙著『決定版神武天皇の真実』や『新・日本古代史』（共に扶桑社／2021年刊）をご参照ください。

茂木：天皇のお名前は本名（諱《いみな》）で呼ぶのはおそれ多いということで、亡くなったあと「おくり名」

ニギハヤヒを祀る磐船神社（撮影：茂木誠）

で呼ぶ習慣があります。「昭和天皇」はおくり名で、本名は「裕仁《ひろひと》」とおっしゃいます。初代から奈良時代までの天皇には、やまとことばのおくり名（和風諡号《しごう》）がついていました。初代天皇の「イワレビコ」は本名で「はつくにしらす　すめらみこと」がおくり名です。ところが第十代天皇が同じ「はつくにしらす　すめらみこと」で呼ばれているというお話ですね。「神武」、「崇神」など漢風諡号は、奈良時代末に淡海三船《おうみのみふね》という学者がまとめてつけたものですが、漢字の一つひとつに意味があります。「神」という名がつく天皇は三人しかいませんね。初代神武……第十代崇神……あとは第十五代応神天皇ですか。

田中：神の如き偉業を成したということで、その名前をつけられたのかもしれませんね。したがって、崇神天皇から始まる大和政権とは「第二王朝」です。それ以前のニギハヤヒの王朝を「第一次大和王朝」と私はいっていますがね。

茂木：ニギハヤヒの王朝＝「欠史八代」＝物部の時代ですね。

田中：崇神天皇以降は、武内宿禰のような天皇を補佐する有能なユダヤ系渡来人もまた出てくるわけです。ただ、ユダヤ人といっても、日本に住めばだいたい2、3代で日本人になってしまいます。ユダヤの血脈はあるけれども、日本化してしまうということです。

茂木：紀元前660年の神武天皇即位年に関して補足しますと、『日本書紀』において建国年が「辛酉年《しんゆう》」と記載があることから、明治時代に那珂通世《なかみちよ》という歴史学者が、古代中国の予言思想、60年おきに革命が起こるという「辛酉革命説」を採用し、それが西暦の紀元前660年にぴったり合っているのだ、と唱えました。

田中：それが定説でしたね。確かに、現実的にそのくらいが大和政権の誕生と合うのです。ちょうどその頃にニギハヤヒとニニギが、天孫降臨しているのですから。

失われた10支族は日本に来たのか？

茂木：この紀元前660年という時期以前に、ユダヤ人は日本にやって来ており、天孫族、出雲の出雲族、それぞれに船舶や武器の技術を提供していたとお考えでしょうか。

田中：基本的には、どちらの王に対しても配下についた者が渡来人系なのです。

茂木：あくまで補佐官として？

田中：そうです。これはあとの時代で出てくる武内宿禰や秦河勝《はたのかわかつ》もそうなりますが、彼らは常に補佐する役割なのです。なぜかというと基本的に少数派だからですね。表立っては、雌雄《しゆう》を決して戦うことはできない人たちです。

茂木：優秀ではあるけども少数派でもあると。知恵があっても王にはならないわけですね。「渡来人が、高天原系＝縄文系の日本人を助ける」……そういう関係が歴史のいたるところで見つけられそうですね。

田中：君主の側にはユダヤ系のガイド役というのが常にいましてね。サルタヒコがその筆頭で、天孫降臨の時に国津神として、ニニギの道案内を買って出ます。

茂木：サルタヒコは『日本書紀』によると「鼻の長さは七咫《あた》（約1メートル26センチ）、背の長さは七尺《さお》（約2メートル20センチ）余り、また口尻《くちわき》は明るく輝き、眼は八咫鏡《やたのかがみ》のようで、照り輝く様子は赤酸醤《あかかがち》（ほおずきのような赤色）に似ている」という異形の神で、これはまさに、ほとんど〝天狗〟です。

田中：日本人とは到底思えませんよね。サルタヒコのエピソードは、離散したユダヤ人が長い歳月をかけてユーラシア大陸を横断して来た民族的な記憶と無関係ではないでしょう。

それから〝塩爺《しおじい》〟という人物がいます。この人は『日本書紀』では塩土老翁《しおつちのおじ》といって、海を案内する達人で、天孫降臨の際の案内もしています。国譲り神話のタケミカヅチとフツヌシは、この人（神）の先導で諸国を平定したともいわれますし、『日本書紀』では、この塩爺が「東に良い土地がある」と言ったことから神武天皇は東征を決意した、ともあります。重要な指南役として活躍する神なのです。この神は鹽竈《しおがま》神社（宮城県塩竈市）の主祭神であることから、明らかにスサノオのように日高見国に属していた人物と思われます。この老人が非常に明解な指示をして「日向から大和に攻めろ」と言ったのです。謎めいていますが実に優秀な人物です。私は高天原の長老的存在だと思っているのです。

茂木：10支族の話につなげると、彼らは一致団結して来たわけではないですよね。今のイスラエルの政治状況を見ても、彼らは派閥抗争が大好きです。

田中：10支族がまとまって動いているとは思えませんね。やはりかなり独立して、それぞれで暮らしていたのではないでしょうか。彼らは分裂するのが好きですから。中国の開封《かいほう》という街（河南省）にはユダヤ人街が残っていることがわかっていますが、アジアやアフリカの各地でもいくつかの10支族の証拠が見つかっていますね。

茂木：アフリカはエチオピア、アジアですと、アフガニスタンやインドの北部カシミールなどにもそういったユダヤ人の痕跡があるようです。

田中：アジアとヨーロッパをつなぐ「オアシスの道」や「草原の道」がありますが、あれはユダヤ人の道ですよ。東の絹をローマ帝国に運ぶ人たちが行き来する道であり、これは主に旅と商売を生業にするユダヤ人たちが使っていたことでしょう。

もちろん、ローマ人やペルシャ人など、様々な国の商人がいたにしても、彼らは基本的に戻る国がある。ところが、ユダヤ人だけは祖国を失っていますから、戻るという意識がないのです。常に移動するノマドであり、商人に一番向いています。持ち運びしやすい宝石や絹などの高価な物を扱っていたのでしょう。彼らは、ひと仕事が終えたらまた次の街に行くわけです。帰る場所もなく。これを繰り返しているのが彼らであってね。

あと、旅人といえば、ヴェネチアの商人で有名なマルコ・ポーロもユダヤ人説がありますが、基本的にイタリア人ですから、故郷に帰って来ますね。なので私は、ユダヤ人ではないと思っています。ただヴェネチアはユダヤ人で栄えた都市ですから、影響は受けていると思いますが。

茂木：こんなに豊かな自然があって、土地も貰える。争いもなく、自分のアイディアは受け入れられ、人々に喜んでもらえる。これはもう「日本に定着しよう」「日本での地位を築こう」と考えるのは、自然なことではないでしょうか。砂漠の宗教である一神教も捨ててしまおうと思ったとしても、不思議ではありません。

田中：多くのユダヤ人たちが日本に残り、大きな仕事をした。のちほど述べますが、埴輪にも彼らの姿を見ることができるのです。（古墳とユダヤ人埴輪については第4章で触れます）。ですから「ユダヤ10支族の中のどの支族が日本に来たのか？」というテーマで研究されている方もいますが、必ずしも特定はできないように思いますし、私もあまり気にしていません。

茂木：バビロン捕囚（紀元前５８６年）を耐えて生き残った南ユダ王国の2支族（ユダ族とベニヤミン族——狭い意味でのユダヤ人）も来ているとお考えですか？

田中：この「ユダ」という言葉と「ハタ」「ハダ」（秦氏）が近いことから、秦氏とのつながりは大いに考えられますね。紀元前２２１年、中国大陸の初代皇帝となった秦の始皇帝は秦氏でありユダヤ系とみていますが、そういう流れもあるでしょう。

茂木：秦氏の祖先は、中央アジアのシルクロード中継地「弓月国」にいたという説もありますが……それはまた別の章でお話ししましょう。

第3章

秦の始皇帝からキリストの時代へ

（紀元前300年〜）

秦の始皇帝

【第3波】秦の始皇帝と徐福伝説

茂木：日本列島が弥生時代に移行した頃、中国大陸では群雄割拠の春秋戦国時代が続いていました。七大国が抗争を繰り返す中、秦《しん》という国が紀元前221年、中華統一を成し遂げ、秦の王様だった嬴政《えいせい》が始皇帝を名乗ります。この秦《しん》の王族と渡来人秦氏《はたし》の関係については、謎めいた伝説があるんですよね。

徐福の像（徐福公園／和歌山県新宮市）
©skipinof/PIXTA

田中：伝説の真実性を検証するのが歴史家の仕事の一つといってもいいでしょう。《ユダヤ人渡来の第3波》は、秦の始皇帝の命を受け、数千人の同志を引き連れて日本にやって来た「徐《じょ》福《ふく》」という人物によってもたらされたと私は考えます。

茂木：司馬遷《しばせん》の歴史書『史記《しき》』によれば、「最初の皇帝」として空前の権力を握った始皇帝でしたが、自身の肉体の衰えだけは止められなかった。まだ中国に仏教が伝わっていない時代です。「来世」での救済を知らない始皇帝は死を恐れ、「不老不死の霊薬」を求めます。これに応えたのが「方士《ほうし》」と呼ばれる呪術医たちで、徐福はその一人でした。

郵便はがき

お手数ですが
切手を
お貼りください

1 5 0 - 8 4 8 2

東京都渋谷区恵比寿4-4-9
えびす大黒ビル
ワニブックス書籍編集部

お買い求めいただいた本のタイトル

本書をお買い上げいただきまして、誠にありがとうございます。
本アンケートにお答えいただけたら幸いです。
ご返信いただいた方の中から、
抽選で毎月５名様に図書カード（500円分）をプレゼントします

ご住所　〒 TEL（　　-　　-　　）	
（ふりがな） お名前	年齢 歳
ご職業	性別 男・女・無回答
いただいたご感想を、新聞広告などに匿名で使用してもよろしいですか？（はい・いいえ）	

※ご記入いただいた「個人情報」は、許可なく他の目的で使用することはありません。
※いただいたご感想は、一部内容を改変させていただく可能性があります。

●この本をどこでお知りになりましたか?(複数回答可)

1.書店で実物を見て　　2.知人にすすめられて
3.SNSで(Twitter:　　Instagram:　　その他　　)
4.テレビで観た(番組名:　　)
5.新聞広告(　　新聞)　　6.その他(　　)

●購入された動機は何ですか?(複数回答可)

1.著者にひかれた　　2.タイトルにひかれた
3.テーマに興味をもった　　4.装丁・デザインにひかれた
5.その他(　　)

●この本で特に良かったページはありますか?

[　　]

●最近気になる人や話題はありますか?

[　　]

●この本についてのご意見・ご感想をお書きください。

[　　]

以上となります。ご協力ありがとうございました。

田中：そうです。徐福は、始皇帝に仕えた方士です。方士というのは医術の他にも、卜筮《ぼくぜい》（占術）、気功、天文、祈祷《きとう》、錬丹術などを専門とする、道教の呪術師のことです。『史記』には以下のように書かれています。

徐福が《東方の三神山《さんしんざん》に長生不老の霊薬がある》と始皇帝に具申したところ、三千人の若い男女と技術者集団に、財宝と財産と五穀の種を持たせ、東方に向かって船出させた。三神山には着かなかったが、「平原広沢」（広い平野と湿地の土地）で王となり、秦には戻らなかった。

茂木：三神山とは、東方の絶海に浮かび仙人が住むといわれる蓬莱《ほうらい》・方丈《ほうじょう》・瀛州《えいしゅう》の3つの島ですね。徐福が生まれた斉《せい》の国（現在の山東省）の海岸から東方海上（渤海湾）に現れる蜃気楼を見てそう呼んだという説や、実在の島だという説もあります。

実在したとなると、済州島、対馬、北九州（佐賀や福岡）などが考えられますが、徐福伝説が残るのは意外にも丹後半島や秋田の男鹿半島、太平洋側では高知、和歌山、熊野、伊豆半島などですね。

田中：徐福が来日して各地に滞在していたという伝説は、青森県から鹿児島県まで、なんと20カ所以上も存在しています。

半両銭

例えば、徐福渡来の地として名高い、和歌山県新宮市には蓬莱山と徐福の墓があり、隣市である三重県熊野市波田須《はだす》町には徐福を祀る「徐福ノ宮」という神社があります。そして、この波田須町では、秦の時代の古銭「半両銭」も出土しているのです。

茂木：本物なんですよね？

田中：ええ。誰かが後から埋めたものではありません。「半両銭」は全国で9カ所の遺跡から合計25枚も見つかっていて、徐福らの置き土産である可能性が非常に高いです。また、「波田須《はだす》」の原語は「秦住《はたす》」であり、徐福と共にいた人々＝秦氏が住んでいた土地であることが想定されます。

茂木：熊野は修験道の聖地として有名です。道教は中国の山岳信仰がルーツですから、その行者である徐福ら方士たちが日本列島にこれを伝え、のちの修験道に発展した、というのは説得力があります。「徐福」という名前も個人名ではなく、「方士」の称号と考えれば、日本各地に「徐福上陸の地」があってもおかしくありません。

田中：10世紀の中頃、中国は南宋の時代に釋義楚《しゃくぎそ》という僧により編纂された『義楚六帖《ぎそろくじょう》（釈氏六帖）』という仏教書には、徐福が富士山の麓にいたことが記されているのです。顕徳5（958）年に渡宋していた日本人の僧・弘順大師（寛輔《かんほ》）から聞いた話として「徐福は各五百人の童男童女を連れ、日本の富士山を蓬莱と呼び、その子孫は秦氏である」と伝えています。

日本國、亦名倭國。東海中。秦時、徐福將五百童男五百童女止此國也。今人物一如長安。又顯德五年歳在戊午、有日本國傳瑜伽大教弘順大師賜紫寛輔又云、（中略）又東北千餘里有山、名富士。亦名蓬萊。其山峻三面是海、一朵上聳、頂有火煙。日中上有諸寶流下、夜即卻上。常聞音樂。徐福止此謂蓬萊至。今子孫皆曰秦氏。彼國、古今無侵奪者、龍神報護。

『義楚六帖（釈氏六帖）』より

【日本語訳】

《日本国、またの名は倭国。東海にある。秦の時代、徐福は五百の童男、五百の童女を率いて、この国にとどまった。行き交う人々は長安のようである。顕徳5年戊午（958年）、日本国の瑜伽《ゆが》大教・弘順大師である寛輔がこういった……》（中略）《（都から）東北千余里には山があり、名を富士という。またの名は蓬萊である。その山は三面が海で、大きく上空にそびえ、山頂には火煙が上がっている。日中には宝が山から下り流れ、夜になると上がっていく。常に音楽が聞こえるかのようである。徐福はこの地にとどまり蓬萊と呼んだ。その子孫はみな秦氏という。その国はこれまで他国に侵略されることがなく、龍神が守護する国である》

茂木：これはちょっと、感動を覚えますね……。しかし、この寛輔という僧は、10世紀に日本にいた秦氏は徐福の子孫だと、はっきり認識していたということですね。

田中：私は徐福はユダヤ系だったと見ています。ジョセフという名前に関連もするのではないか。徐福とはつまり、始皇帝の側近のユダヤ人知恵者だったのではないでしょうか。

茂木：中国語読みですと「シィーフゥー（Xu Fu）」ですかね。古代中国語の発音はわかりませんが……。

始皇帝と呂不韋《りょふい》は漢人ではなかった

茂木：そもそも「秦《しん》」は漢人だったのか、という問題があります。「漢人／漢民族」とは、秦の次の漢王朝の時代に、様々な民族が「漢語」を共通語とすることで徐々に形成されました。それ以前の戦国時代までは、いろんな民族が勝手に国をつくっていたわけです。

秦については「西戎《せいじゅう》の覇者《はしゃ》」と『史記』に書かれています。西方の遊牧民をまとめた国だ、というわけです。明らかに「別の人種」という認識だったのでしょう。シルクロードの住民はモンゴロイドの漢人ではなくコーカソイド（イラン人、ユダヤ人など）で、彫《ほり》の深い顔立ちでした。

ところで、始皇帝の父親だった荘襄王《そうじょうおう》の下にいて、王を支えたという人物・呂不韋《りょふい》もユダヤ人だったという説がありますね。

田中：始皇帝の父・荘襄王が敵国で人質になっていた時、これを助けて秦王に擁立したのが呂不韋という大商人でした。彼は自分の愛人・趙姫《ちょうき》を荘襄王のお妃として差し出した。しかし彼女はその時すでに呂不韋の子を宿していた……という一節が『史記』にあります。趙姫が身ごもっていた呂不韋の子が、始皇帝となってしまったのです。

ならば、呂不韋の出自が重要になってきます。呂不韋（中国語読みでリュブウェイ：Lǚ Bùwéi）という名前はヘブライ語系の男性名レヴィと同一であるとする説もあり、この奇妙な名前は明らかに漢人のものとは違い、ユダヤ人のものであることが推測されるわけです。

また、呂不韋は羌族《きょう》の出身だったという説もあります。羌族とは、チベット高原に居住する少数民族（チベット系のチャン族）であり、またイスラエルの失われた10支族調査機関・アミシャーブが「失われた10支族」の末裔であると主張している民族です。

1975年に設立されたアミシャーブは、インドや中国、ミャンマーなどで該当する民族を発見し、イスラエルへの帰還を果たした例もあります。そんなアミシャーブが分析を続けている民族の一つが羌族なのです。

つまり、呂不韋が羌族だとすると、その子と考えられる始皇帝はやはりユダヤ系であると考えられます。

さらに『史記』には、始皇帝の容貌についての一節があります。「鼻が蜂のように高く、切れ長の目、鷹のように突き出た胸」と書かれており、少なくとも漢人らしくないという意図が感じ取れます。

茂木：秦の始皇帝のお墓（驪山陵《りざんりょう》）近くで発見された秦の王子――おそらくは始皇帝の息子の遺骨のＤＮＡから、ＡＩ技術を駆使して復元された顔が話題となりました（画像１／西北大学（中国陝西省西安市）が２０１８年に発表）。その時のニュースでは、「復元された顔がコーカソイドに近いため、分析の正確性については懐疑的だという指摘も提起されている」などと書かれていました。偉大なる帝国の創始者が「外国人」では、格好がつかなかったのでしょう（笑）。

田中：中国人の科学の力でも「間違いない」といっていますね（笑）。

茂木：まだユダヤ人と断定できる証拠は見つかっていないのですが、少なくとも漢人ではないことがわかりますよね。

　また、呂不韋という人物については後世の人々の関心も高く、最近では漫画の『キングダム』（原泰久／集英社）や『達人伝』（王欣太／双葉社）、小説では『奇《き》貨《か》居《お》くべし』（宮城谷昌光／中央公論新社）などで、実に面白い強烈なキャラクターとして描かれています。それらを読んでいる人にとって、呂不韋が〝政治的に長けた実にいやらしい性格のマネー第一主義

画像１：秦の始皇帝の息子と思われる人物の顔面復元図

の商人〟であったことは、よく知られているのではないかと。

田中：あれだけのこと、つまり中華統一を成し遂げたというのは、それまでの中華の常識を気にしない外部の人物が徹底的にやったということですね。呂不韋の子である始皇帝には、その能力と実行力に、他の戦国諸侯とは隔絶した力があったと考えなければなりませんね。例えば「焚書坑儒《ふんしょこうじゅ》」という新機軸の統治方法、情報統制もやったことは象徴的です。

茂木：徹底的な情報統制と、逆らう者に対する徹底的な弾圧というのは、それ以前の中国の歴史には見られない特徴です。ある意味、一神教的な不寛容、とでもいいましょうか……。

田中：紀元前221年に始皇帝を名乗ると、それまでの封建制度を廃して郡県制を敷き、度《ど》量衡《りょうこう》（ものの単位）や文字、貨幣を統一しました。そして、万里の長城をはじめとする巨大な公共工事を次々に行うなどして強力な中央集権国家を建てました。西方の、ペルシア帝国やローマ帝国など中央集権国家に似た制度を一気に実現しようとしたわけです。こうした始皇帝の背後には、始皇帝自身の考えだけではなく、配下にいた他のユダヤ人的情報網、それこそ徐福のような存在が活躍していたに違いありません。

また、ユダヤ人と断定できる証拠がないといいますが、始皇帝のお墓から兵馬俑《へいばよう》と共に出土した、馬車を操縦する始皇帝と思われる男性像は、〝みずら〟をつけ、ユダヤ人風の顔をしている。状況証拠と共に、これも確実に証拠となると思います。

茂木：通貨の統一というのは注目ポイントですね。しかし、その圧倒的な統率力とは裏腹に、秦の始皇帝の時代は短命に終わりました。秦帝国は、統一後わずか15年間ほどで瓦解しました。カリスマ始皇帝の死と共に大反乱が発生し、群雄割拠の中から漢の劉邦《りゅうほう》が登場します。やはり秦のやり方には、相当な無理があったことがわかります。

田中：ユダヤ人自身が王になったケースは稀です。始皇帝の失敗は教訓として彼らの間に、それこそロスチャイルド家などにも残っているかもしれませんね。

《王になってはならぬ、王を補佐する立場であれ》と。

秦氏と重なる徐福伝説と富士山の謎

田中：しかし、始皇帝は暴君だったのでしょうか？

実はそうではなく、イスラエル王のダビデやソロモンと同じように、神の意志のもとに国を統治していたとすれば、始皇帝もまた預言者であり、徐福もまた、絶対神ヤハウェの言葉を授かった預言者の一人だったと解釈することも可能かもしれません。

茂木：始皇帝が始めた宗教儀式に「天壇《てんだん》を祀る」というのがありますね。人工の丘を築き、皇帝自らが天帝（天の神）を祀るのです。これも中国伝統の祖先崇拝とは異次元の思想で非常に西アジア的だと思います。のちに漢の武帝が天神・地神をあわせて祀るようになります。

ところで日本では、徐福伝説は『記紀』などの公式の歴史書には出ていないですよね。

田中：日本には公式記録の他に「古史古伝」というのがあります。学界の主流からは偽書とみなされ、江戸後期に国学者や神道家が完成されたものといわれます。土地の記憶が濃厚に残された言い伝えを誰かが編集したものでしょう。そこには数多くの徐福伝説が残されていますね。

例えば、山梨県には富士吉田市の宮下家の伝承として、『宮下文書《みやしたもんじょ》』に含まれる『富士文献』は、「徐福が編纂した」と伝わっています。

茂木：『宮下文書』というのは、富士山麓にある、小室浅間《おむろせんげん》神社（旧称・阿曽谷宮守神社）の宮司だった宮下家に伝わる古文書ですね。江戸後期に発見されました。これを根拠に「富士王朝＝高天原」説を唱える人たちもいます。

田中：徐福伝説は他にも、佐賀県の吉野ヶ里なども関係が深いとされていますが、ざっと上げれば……福岡県筑紫野市（宮地岳）、福岡市（名島）、佐賀県佐賀市、武雄市、鹿児島県出水市、いちき串木野市（冠岳）、宮崎県延岡市、広島県廿日市市（宮島）、京都府伊根町、愛知県一宮市、豊川市、長野県佐久市、東京都八丈島、秋田県男鹿市、青森県中泊町など……と約20カ所にわたり伝わっています。このように全国に何らかの伝承が残されているということは、徐福の来日というものが、その後の秦氏の来日と重なり合っているに違いない……と私は考えるのです。

また、興味深いのは、14世紀の南北朝時代に成立した北畠親房《きたばたけちかふさ》の『神皇正統記《じんのうしょうとうき》』には、秦の始皇帝が不老不死の薬を日本に求め来日したのは《第七代孝霊《こうれい》天皇の御代のことだった》と書かれていることです。一般的には、日本が海外と関わりを持ったのは、神功《じんぐう》皇后（第十四代仲哀《ちゅうあい》天皇の后）で有名な「三韓征伐」以後の時だとされていますが、それ以前から海外との交流はあったということにもなります。

茂木：孝霊天皇……欠史八代の天皇に関する貴重な資料ですね。〝『記紀』に富士山が出てこない〟というお話とも関係するのですが、駿河国一宮《いちのみや》である富士山本宮浅間《せんげん》大社の『富士本宮浅間社記』によれば、「孝霊天皇の御代に富士山が大噴火をした」と書かれています。徐福が活火山である富士山に興味を持ったことが大いに考えられますね。

田中：富士山本宮浅間大社は、まさに富士山を御神体とする神社の総本山で、全国に１３００社ある浅間神社の本宮です（静岡県富士宮市）。主祭神は大山津見神《おおやまつみのかみ》の娘で天孫ニニギに嫁いだ木花之佐久夜毘売（コノハナサクヤヒメ）ですね。

交易も行われていたということに関していえば、米（以下：コメ）もそもそもユダヤ商人が運んできたものでしょう。日本のコメの原産は基本的に東南アジアですよ。決して中国や朝鮮半島ではありません。

茂木：日本のコメの原産地については、コメのＤＮＡ研究からも明らかにされていますね。縄文時代前期にすでに陸稲《おかぼ》（熱帯ジャポニカイネ）がつくられていましたが、水田耕作に適した温帯ジャポニカイネが持つＲＭ１-ｂという遺伝子は、長江下流域のコメと同じであることがわかっています。さらに最新の研究では、東南アジア→長江流域、日本列島という伝来経路がわかってきました［※１］。このことは、日本列島にコメを運んできた人々の移動ルートを知るための重要な情報です。

田中：原産がそこだからといって、東南アジアの人たちが日本にコメを持って来たのかというと、そういうわけではない。やはり、ユダヤ人をはじめとした商人たちが船に乗ってやって来たのだろうと思います。ユダヤ人は古来、その民族性から、《あらゆるものごとを運ぶ役割》を果たしてきました。何といっても、その功績は大きいのです。水田の技術やコメの醸造法は、もしかすると徐福が伝えたのかもしれません。なにせ3000人の大集団が、財宝と五穀の種を持ってきたわけですから、大いにありえますね。

茂木：コメからつくるお酒、日本酒の起源説話も面白いですね。スサノオがヤマタノオロチを酒で酔わせた話が神話では最も古いようですが、コメの酒だったかどうかまでは書いてありません。『大隅国風土記《おおすみのくにふどき》』には、「男女が集まって、コメを噛んで吐き出したものを発酵させて酒をつくる」という「口噛み酒」の話が出てきます。新海誠監督のアニメ『君の名は』にヒロインの巫女さんが口噛み酒をつくるシーンが出てくるので、ご覧になった方も多いでしょう。この「口噛み酒」も実は東南アジアからポリネシア、南北アメリカまで広がる海洋民族の文化です［※2］。

田中：古墳時代の第二十一代雄略天皇の時代には、秦酒公《はたのさけのきみ》という人物がいました。京都・太《うず》

※1 （独）農業生物資源研究所「コメの大きさを決める遺伝子を発見！ 日本のお米の起源に新説！」／2008年7月発表。

※2 篠田統『米の文化史』（1970年）参照。

秦《まさ》の大酒神社は、この秦酒公を祀っています。秦酒公は天皇に訴えて、各地に分散してしまっていた秦氏の民を束ね直すことを許されました。その礼として秦酒公が贈った絹などが朝廷にうず高く積まれたことから「うつまさ（禹豆麻佐）」の姓を天皇から賜ったという話があります。京都の太秦の地名はそこからきているわけです。

秦氏にまつわる名前というものは他にも沢山あり、「畑《はたけ》」「機織《はたおり》」なども秦氏由来です。養蚕《ようさん》を日本に持って来たのも秦氏。当時の日本の産業に対する秦氏の貢献には極めて大きなものがありました。秦氏の「はた」という言葉は、地名、人名含め、様々な意味に展開されていきます。歴史を紐解く一つの鍵ですね。

キリスト教の誕生とユダヤ戦争、ディアスポラ

茂木：「はた」つながりで「はたもの」という古語があります。これが磔刑《はりつけ》を意味することから、「秦氏＝キリスト教徒」説が出てくるわけです。あとの章でも触れますが、「なぜ聖徳太子がイエスと同じ厩戸《うまやど》で生まれたということになっているのか？」という話にもつながります。

田中：そもそもイエスはユダヤ人であり、イエスをローマ人の総督に訴えて処刑させたのもユダヤ人であることを多くの日本人は知りません。また、イエスが活躍した期間はたったの3年間でした。

茂木：イエスが生まれた年を西暦元年としていますので1世紀、日本では弥生時代中期の人ですね。ローマ帝国の属州ユダヤで大工の子として生まれています。

彼の生涯を記した本が4つの福音書《ふくいんしょ》(ゴスペル)といわれ、『新約聖書』の前半部分です。大工ヨセフと妻マリアに育てられた、というだけで、生い立ちについてはほとんど情報がありません。30歳頃に砂漠の修行者ヨハネのところへ行って洗礼を受け、伝道者となりました。ユダヤ教は厳しい戒律(モーセの律法)とユダヤ人だけが救われるという選民思想がその中核ですが、イエスはこれらを破壊しました。信仰がすべてであり、形式的な律法を軽視し、非ユダヤ人、例えば敵のローマ人でさえ、「真の神を信仰すれば救われる」と説いた。

これは正統派ユダヤ教に対する冒瀆《ぼうとく》だったわけです。

ユダヤの長老たちはイエスを裏切り者と考え、裁判権を握っていたローマ人の総督にローマへの反逆者として告発し、処刑させました。ローマ法における反逆罪への刑罰は、磔刑《はりつけ》でした。しかし「イエスは3日後に蘇った」と証言する弟子たちは、イエスを救世主(キリスト)として崇め、その奇跡のストーリーを世に伝え始めます。これがキリスト教の誕生です。イエスはわずか3年でキリスト教の礎をつくったわけですから驚愕です。

田中：その後、民族性を問わないキリスト教は、ローマ、ギリシャなどの各地で信者を獲得していきますね。なお、キリスト教徒の間では、イエスは唯一神ヤハウェのたった一人の《神の子》であると認識されていきます。

ユダヤの建国と離散 ②

B.C.722年	**アッシリア捕囚**	
B.C.586年	**バビロン捕囚**	神殿が破壊される
B.C.538年	**ペルシャ・ギリシャ統治時代**	ユダヤ人帰還 第２神殿を再建
B.C. 64年	**ローマ統治時代**	ユダヤ人による自治 ➡ ローマの属州
A.D. 33年	**イエス処刑**	
A.D. 66年~73年	**第１次ユダヤ戦争**	**VS ローマ軍** ※73年　マサダの戦いでユダヤ人千人玉砕
A.D.132年~135年	**第２次ユダヤ戦争**	**VS ローマ軍** ハドリアヌス帝
	ユダヤ人完全追放	

決定的離散

茂木：当時はローマ帝国の全盛期です。ローマ帝国は基本的に緩い多神教でしたが、神々を認めず帝国の祭礼を拒否するキリスト教徒を反逆者として処罰しました。五賢帝の時代（96〜180年）、断続的に迫害が続く中で、イエスの教えを後世に伝えるため、ルカ・マルコ・ヨハネ・マタイの4つの福音書が成立します。ローマ皇帝コンスタンティヌスによってキリスト教が公認されたのが313年のミラノ勅令です。日のあたる場所に出るまでに300年かかりました。

一方、イエスを訴えたユダヤ教徒も一神教ですから、「やっぱりローマの多神教はいやだ」といって独立戦争を起こします。

66年に起きた「第1次ユダヤ戦争」ではローマ軍に攻め込まれ、エルサレムの「第2神殿」が破壊されます。135年の「第2次ユダヤ戦争」では徹底的に攻め込まれ、エルサレムは完全に廃墟となってしまいます。

田中：この時、ハドリアヌス帝はユダヤ人らに「もう二度とエルサレムには立ち入りするな、年に一回だけ嘆きの壁の前で祈れ」と命じるわけです。これがいわゆる「ディアスポラ(離散)」の決定的な始まりとされています。この時からユダヤ人は国を亡くし、世界に大々的に散っていきました。国を失ったから覚悟を決めて、隠れた世界での大活躍を開始するわけです。

キリスト教はマリア信仰を取り入れヨーロッパに広まった

茂木：ユダヤ教が「ヤハウェ」という姿の見えない存在を神として祀るのに対し、キリスト教はイエスという生身の男を神として祀ります。これは決定的な違いですね。そしてこのことが、キリスト教の中での派閥抗争を生み出すのです。細かくいえばいろいろとあるのですが、大きく捉えると、原始キリスト教は二つの派閥に分かれます。それは《イエスの母マリアを、祀るか祀らないか》ということです。

田中：これは「イエスが神なのか？」というキリスト教の根本教義に関わる問題なのです。イエスが天から降りてきて地上で布教し、また天に戻ったというのなら、イエスは間違いなく神でしょう。ところが福音書には、「マリアがイエスを生んだ」と書いてある。「人の女が神を生んだ」とはどういうことだ？　となりますね。だからイエスは神じゃない、人を神と祀るとは何事だ、とユダヤ教徒は非難したのです。

茂木：これに対する反論として、「人間マリアは人間イエスを生んだ。しかるのちに神がイエスに降臨した。だからイエスは神として祀るべきだが、マリアは人間だから祀るべからず」と考えたのが神学者ネストリウスで、彼の支持者がネストリウス派です。

一方、「神がマリアの腹に宿り、イエスとして生まれたのだ。イエスは胎児の時から神であり、神を生んだマリアは〝神の母〟として祀られるべきだ」と考えたのが神学者アタナシウスで、彼の支持者がアタナシウス派です。

田中：この「宿る」というのはどういうことかと申しますと、神ヤハウェが「聖霊」という形になってマリアの腹に入った、と考えます。だから「父（神）と子（イエス）と聖霊の名においてアーメン」とお祈りするのです。それが「三位一体《さんみいったい》」です。

茂木：のちのカトリックもプロテスタントもロシア正教会も、根っこはこのアタナシウス派ですね。

茂木：すでにローマ皇帝はキリスト教を公認して、むしろ帝国の支えにしようと考えていました。だからキリスト教徒の派閥抗争は政治的にも困るのです。そこで皇帝の斡旋で、キリスト教の教義を統一する会議が何度も開かれました。これを「公会議」といいます。

「エフェソス公会議」（431年）では多数決の結果、アタナシウス派のマリア崇拝が公認されました。これに反発するネストリウス派は「異端」とされ、ローマ帝国内での布教が禁じられた結果、東方の国々へ散っていきました。

田中：結局、ヨーロッパにおいては、アタナシウス派がカトリックとなり、主にゲルマン民族の間で広まっていくわけです。ネストリウス派はローマから追い出されてペルシアなど東方へ行き、自らの教義を独自に広めようとしました。唐や飛鳥時代の日本にはこのネストリウス派がやって来ました（日本に来たネストリウス派の正体については、第5章でも詳しく触れます）。それは、ザビエルが来日する1000年前の話です。

茂木：ヨーロッパで三位一体説が勝ち残ったポイントは何だったのでしょうか。

田中：「マリア信仰」が一番の鍵でしょうね。しかし、「マリア信仰」については聖書にはほとんど書かれていません。イエスのお母さんというのは、実ははっきりしていないのですね。

イエスは母を捨て家族を捨て、常に個人で活躍するという格好になるわけですが、やはり人間はどうしても母親というものが必要になる時があります。母親は、人間にとって一番重要な家族という共同体をつくる原点です。そこでカトリックは布教のためにマリア信仰を重要視しました。それこそが、カトリックが成功した要因です。

ゲルマン民族のような、元来狩猟民族で粗野な土地に生きている人たちには、このマリア信仰によって初めて文化が与えられたわけです。

文化とは何かというと、愛情や家庭といったものを基本とした、ある種の文学性のようなものです。そういう、常に個々の人々の心に残る基本となるものがあってこそ、それが文化をつくる一つの核になるわけです。

マリア信仰によって、キリスト教は文化をつくることができるようになったといえるでしょう。「ノートルダム（Notre Dame）」とは「私たちの貴婦人」というマリアを指している意味のフランス語です。あるいは直接的に表現した「サンタマリア(Santa Maria／聖なるマリア)」などをはじめ、教会にマリアの名前をつけることによって、人々は信仰心を篤く、親しみを感じて集まってくるわけです。

茂木：世界の古い宗教には必ず大地の女神、豊穣の女神を祀る共通点があります。日本では縄文のヴィーナス以来の地母神信仰があり、仏教が入ってくると観音様への信仰に姿を変えました。ローマ人やゲルマン人にも地母神信仰があり、キリスト教は「マリア信仰」という形でそれをうまく取り入れた、ということもありそうですね。

田中：そうでしょうね。マリアを神とし、そして、宗教画でマリアが描かれることによって人々は魅了され、キリスト教は広まっていくわけです。

家族を捨てた釈迦とイエス

田中：マリアを認めないネストリウス派は、釈迦の仏教とシンクロするようになります。独身男のキリストと、家族を捨てて出家した男の釈迦が被るわけです。
日本は飛鳥時代以降、仏教を取り入れることになるわけですが、仏教で大事なことは、何より個人の悟りです。仏教は、「人間というものはみな違うんだ」という、個人を重視する考えをとります。原始仏教は「個人宗教」なのです。
対して、私は神道を「共同宗教」と呼びますが、みんなでお祀りをする、人々が共通に感じる自然そのものに対する感謝の念、つまり自然信仰こそが神道です。神道が日本に元々あり、その中心が太陽神でした。

茂木：それが縄文の地母神信仰にもつながっているわけですね。

田中：縄文時代には「水の信仰」というものもありました。縄文土器なども、水を信仰するためにつくったと考えられます。

茂木：ところがイエスも釈迦も、共同体を飛び出てしまった人ですね。非常に男性原理の強い宗教をつくってしまった。教義の純粋性を保つためにはこれがいいのですが、広く布教しようと思ったら、俗世に暮らし、家庭生活を営む俗人に妥協した方がいい。男性原理の原始キリスト教が、アタナシウス改革でマリア信仰を取り入れた結果、ヨーロッパ布教に成功したように、男性原理の原始仏教もまた、菩薩《ぼさつ》信仰を取り入れた大乗仏教に発展することで、東アジアで爆発的に信徒を獲得していきました。西暦1〜3世紀頃のことで、『法華経』やら『般若経』などがつくられるのがこの頃ですね。

田中：いまでもスリランカやタイの上座部（小乗）仏教の場合、信徒は出家しなければいけません。出家して、山に一人で籠ったりします。原始仏教の面影が残っているのです。
ところが日本では、聖徳太子がそれを否定したのです。在家で日常的に修行ができる『維摩《ゆいま》経《きょう》』あるいは『勝鬘経《しょうまんきょう》』を取り入れました。これも大乗仏教の経典です。日本ではこれがよかったのです。個人の悟りの追求ということよりも、人々が社会生活の中で仏教を活かすべきだという聖徳太子の思想ですね。
仏教はまた、一人ひとりに「煩悩」というものがあるのだ、ということを知らしめました。これによって人々は「苦しみ」を理解することができるようになり、助かるわけですね。そこに芸術が生まれ、文化も生まれるのです。
徹底した共同宗教であるユダヤ教やイスラム教にはそうした経緯が欠けていました。日本では神道という共同宗教と、仏教という個人宗教の両方を手に入れて、西洋のキリスト教徒と同じような構造になりました。
茂木：西洋にもまた、共同宗教と個人宗教の両方がありますか？
田中：聖書には『旧約』と『新約』がありますよね？
茂木：あぁ、なるほど。『旧約聖書』はユダヤ教の聖典なので、共同宗教であるということですね。
田中：そう、そして『新約聖書』が個人宗教です。イエス・キリストそのものが「私」ということを言い始めたわけです。

茂木：近代個人主義の元祖ですね。個人宗教のキリスト教は、カトリック教会が共同宗教に変質させ、これを破壊したルターやカルヴァンの宗教改革でまた個人宗教に戻りました。ここから西洋近代文明という「病」が始まります。明治以降の日本人もこれに毒されました。

田中：私は「神仏習合」は、日本の、極めて素晴らしい知恵だと思っています。もし仏教を入れなかったなら、おそらくだいぶ偏った国になっていたのではないでしょうか。神仏習合の日本と、キリスト教をうまく「飼い慣らした」ヨーロッパが、ユーラシア大陸の東西で「文化を見始める」ということになるのです。

そこで重要な点は、仏教を持ち込んだのは渡来人の秦氏だったということです。そして、同じく渡来人の蘇我氏が、実はネストリウス派だったということも、このあとのユダヤ渡来の波の話に続いていきます。

第4章 巨大古墳の時代

～文明の邂逅と秦氏の役割～

（200年～）

ユダヤ人埴輪
所蔵＝芝山仁王尊 観音教寺
展示＝芝山町立芝山古墳・はにわ博物館

仁徳天皇陵（大仙陵古墳）

【第4波】応神天皇の時代、弓月国からやって来た秦氏

茂木：いよいよ秦氏（はたし／はたうじ）のお話に入りましょう。もう神話の時代ではありません。「倭《わ》の五王」と呼ばれる大王《おおきみ》たちが、大阪湾沿いに巨大な前方後円墳を建造した時代です。第十五代応神天皇の時代、秦氏が新羅《しらぎ》を経由して日本列島にやって来たとはっきり記録が残っています。『日本書紀』の応神天皇14年の頃です。

この年、弓月君が百済からやってきた。奏上して、「私は私の国の、百二十県の人民を率いてやってきました。しかし新羅人が邪魔をしているので、みな加羅国に留っています」といった

（『日本書紀 全現代語訳』宇治谷孟／講談社）

「県《あがた》」というのは当時の行政単位で、120県の人民というと、少なくとも1万人から2万人の規模でかなりの大所帯です。その秦氏のリーダーが「弓月君《ゆづきのきみ》」と称し、自分たちは秦王朝の末裔だ、と名乗ったわけですね。

田中：平安初期の貴族の名簿『新撰姓氏録』［※1］にも、「秦の始皇帝の三世の孫」とはっきり書いてあります。だから「秦氏」と呼ばれるのです。秦《しん》王朝がユダヤ系だとすれば、秦氏《はた》も

ユダヤ系となるだろうと私は確信しています。「弓月国(ゆみつきこく／ゆづきのくに)」から、大将格の弓月君という人物がおよそ2万人の大集団を率いて日本にやって来た。これがユダヤの日本渡来第4波と私は考えます。

茂木：「弓月国」はシルクロード沿いの都市国家で、イリ盆地にあった国ですね。現在では残念ながら中国共産党政権が占領中の「新疆《しんきょう》ウイグル自治区」に編入されており、自由に入れません。西へ行くと旧ソ連圏のカザフスタン、その南がキルギスです。

キルギス人はトルコ系遊牧民ですが、顔立ちは日本人そっくりです。「昔、キルギス人と日本人は兄弟だった。肉が好きな者はキルギス人となり、魚が好きな者は東に渡って日本人になった」という伝説まであるそうです。遺伝子をちゃんと調べれば、何かわかるでしょう。

田中：『日本書紀』によれば、秦氏が最初にやって来たのは応神天皇の父親である第十四代仲《ちゅう》哀《あい》天皇の時で、〝巧満王《こうまんおう》という渡来人がやって来た〟とあります。弓月国からの移民の先駆けといってよいでしょう。

茂木：「巧満王の子は融通王《ゆうづうおう》」とも書かれていますが、この「融通王《ゆうづう》」は「弓月君《ゆづき》」と同音ですね。

仲哀天皇から移民受け入れのOKが出たので日本に行こうと思ったら、今度は新羅が邪魔を

※1　新撰姓氏録：平安時代初期の815年、嵯峨天皇の命により編纂された古代氏族名鑑。京及び畿内に住む1182氏を、その出自により「皇別」(皇族系)「神別」(高天原系)「諸蕃」(渡来系)に分類、それぞれの氏族が伝える起源説話を併記した。

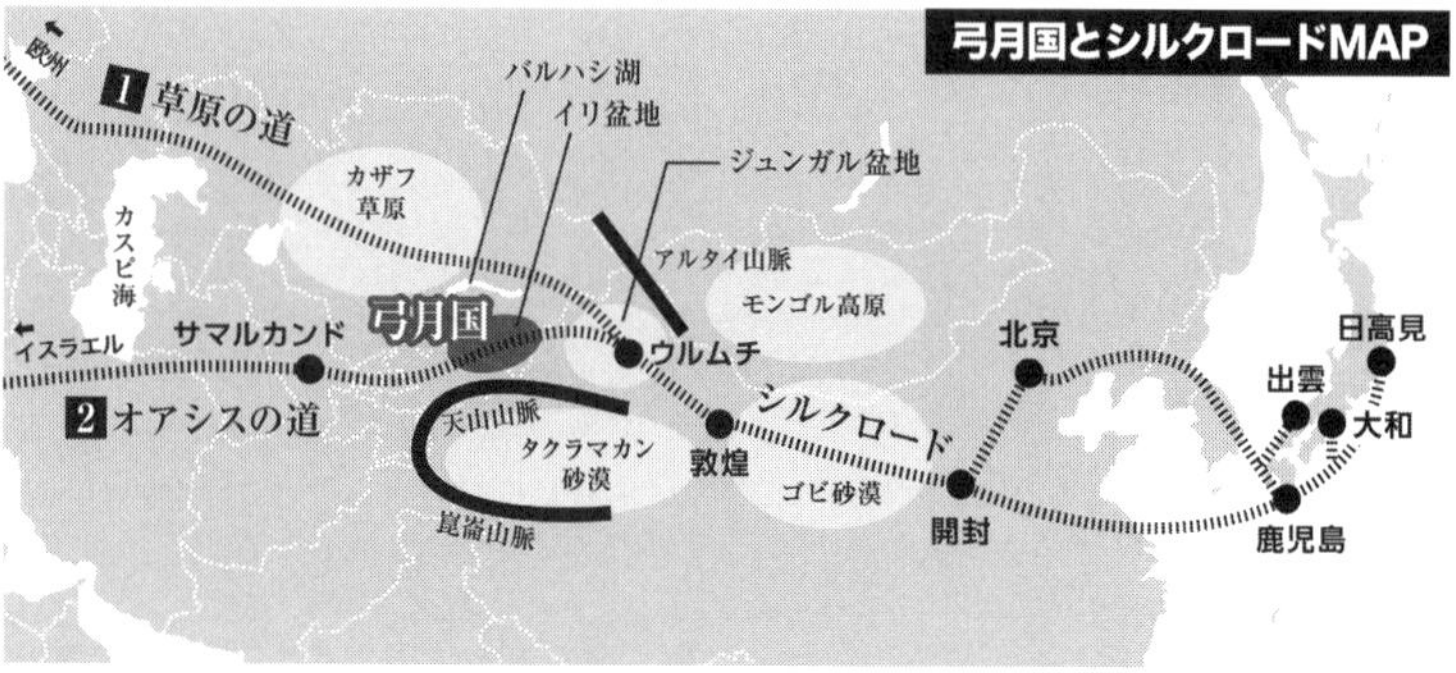

して日本に渡ることができないということになった。そこで次代の応神天皇が新羅に出兵し、彼らを迎えいれたと記録にあります。

田中：応神天皇は新羅に葛城氏の軍勢を送りこみました。派遣された葛城襲津彦《かつらぎのそつひこ》という人物は、第十二代景行天皇から第十六代仁徳天皇まで、計5代の天皇に仕え続けたという武内宿禰《たけうちのすくね》の子です。この武内宿禰も、子孫の葛城氏も共に渡来系であり、元々日本にいたユダヤ系の一族であると私は推測しています。紀氏・巨勢氏・平群氏・葛城氏・蘇我氏などの名だたる中央有力豪族も、武内宿禰を祖先としています。

茂木：武内宿禰は、約330年間、5代の天皇に仕えたという伝説上の忠臣で、戦前にはお札の顔にもなっていました。ところが敗戦後の教育では、そんなに長生きしたはずがないので架空の人物だとされ、教科書から消されてしまいました。けれども歌舞伎役者の「市川團十郎」の屋号が世代を超えて受け継がれるように、「武内宿禰」も世襲の役職名と考えれば、実在性が出てきます。

また、応神天皇のお母さまは神功皇后《じんぐう》です。応神天皇を身ごもったまま新羅を攻めたという「三韓征伐《さんかんせいばつ》」の伝承で知られ、やはりお札の顔になっていましたが、戦後教育では消されてしまいました。

田中：神功皇后の母は葛城高額媛《かずらきのたかぬかひめ》という方で葛城氏です。『記紀』には新羅から来た天之日矛(アメノヒボコ)と呼ぶ王子が登場しますが、葛城高額媛はアメノヒボコの子孫とされています。つまり葛城氏とは、まさに大陸系の血筋にあることを示唆しています。

朝鮮半島に渡った葛城襲津彦は、弓月国の民を当面は加羅《から》(伽耶)国が引き受けるよう尽力しました。ところが、3年経っても葛城襲津彦は弓月国の民を連れて帰還することができなかった。そこで応神天皇は平群木菟宿禰《へぐりのつくのすくね》と的戸田宿禰《いくはのとだのすくね》が率いる、さらに強力な軍勢を加羅国に派遣し、たちまち新羅を降参させました。こうして無事に弓月国の民を日本に招くことができたわけです。

2万人の秦氏系移民を受け入れた応神天皇

茂木：それにしても2万人というのは、尋常ではない数の移民の集団です。対馬海峡を渡るためにも、相当な数の船も調達したわけでしょうから、並々ならぬ努力がそこにあったはず。彼らは何かしらの強い使命があって日本にやって来たとしか考えられません。

徐福の時でさえ3000人ですから、その6倍以上。これはほとんど難民、人道支援といえるのではないでしょうか。そして、それに躊躇《ちゅうちょ》なく呼応した応神天皇は凄いですね。

田中：応神天皇は後に八幡宮の主祭神に祀られるわけです。それはつまり「よくぞ受け入れて頂いた」という、彼ら弓月国の秦氏への感謝の意味が大きいといえるでしょう。そもそも八幡宮は、秦氏が創設した神社なのですから。

茂木：八幡神というのは武家の神とされますが、その起源は謎めいています。元々、秦氏が大陸で祀っていた神なのでしょうか？

田中：日本にやって来て、応神天皇を神にしたことから始まっています。八幡を「ハチマン」と呼ぶようになったのは後の時代からで、元々は「ヤハタ」と呼ばれていました。「八」という数字には「沢山」という意味があります。つまり、八幡（ヤハタ）とは、秦（ハタ）が沢山、という意味ではないか。また、ユダヤの唯一神「ヤハウェ」の名前とも近い。

茂木：なるほど……確かに。八幡《はちまん》という漢字は当て字で、「ヤハタ」の神ですね。

田中：平安時代以降は神仏習合が進み、八幡神は八幡大菩薩となり、応神天皇がなぜか武士を守る武神になりますが、これもまた非常に重要なことです。百済で苦境に陥っていた彼らを救ってくれたので、武神と考えたのでしょう。そして応神天皇のために、巨大な古墳がつくられました。これは秦氏にとって大きな意味があります。

巨大古墳は秦氏が行った公共事業？

茂木：5世紀は、前方後円墳が超巨大化した時代です。特に大阪湾に面した百舌鳥《もず》古墳群、古《ふる》市《いち》古墳群が突出していますね。宮内庁が「応神天皇陵」と比定している誉田《こんだ》山古墳は長さが約425メートル。「仁徳天皇陵」と比定している大仙陵《だいせんりょう》古墳は長さが約486メートルで日本最大、面積では世界最大の墓です［※2］。いずれも陵墓、すなわち天皇の墓として祭祀の対象であるため、宮内庁は発掘を許可していません。

田中：仁徳天皇陵にいたっては、その規模においては世界一巨大なお墓です。それまでの日本人が自らそんなものをつくると思いますか？　縄文時代の日本人は長い間、竪穴式住居でした。元来、木の文化である日本に石の文化を持ち込んだのは、渡来人たち、つまり秦氏です。彼らが土木と建築の技術を日本に持ってきて、自分たちの技術を誇った証でしょう。

古墳時代というのは完全に技術力と資源の時代です。巨大な石をどうやって運び、加工したのか？

秦氏は、土木工事を得意とする一族として、堤防をつくったり、沼地を水田に変えたり、日

※2　古市古墳群の応神天皇陵（誉田御廟山古墳《こんだごびょうやま》）は大阪府羽曳野《はびきの》市誉田にある。百舌鳥古墳群の仁徳天皇陵（大仙陵古墳）は大阪府堺市堺区大仙町にある。ユネスコは2019年に「百舌鳥・古市古墳群」として世界文化遺産に登録した。

ピラミッド・始皇帝陵・大仙陵古墳の大きさ比較

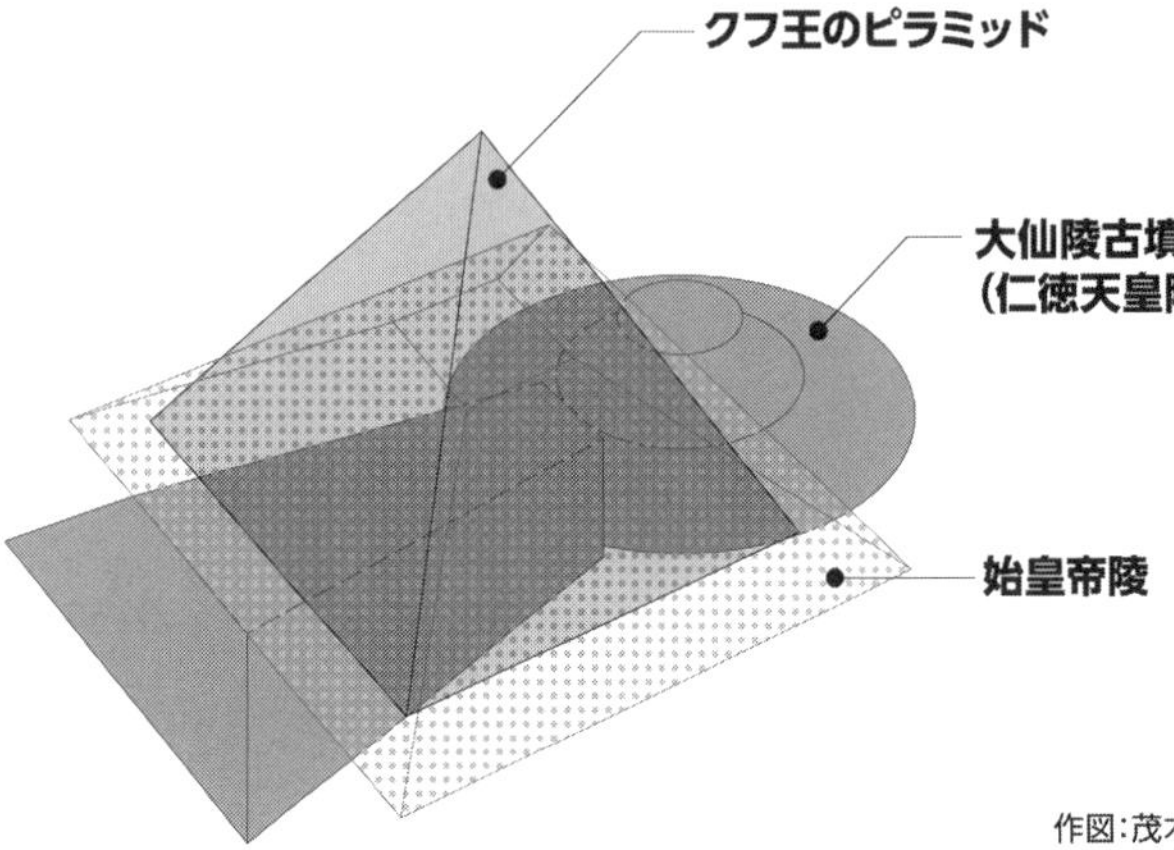

作図:茂木誠

本の国づくりに貢献してきました。それで当時の人々は非常に助けられました。

茂木:古墳の建設はいわゆる積極財政、国家の公共事業だったという説があります。当時、大阪平野は浅い海で人は住んでいませんでした。そこに山を崩して土砂を運び、埋め立てて水捌《は》けも良くして水路をつくる、ということを行いました。盛土で人工の小山、モニュメントを築き、水田開発の事業の記念碑としたのが古墳の起源で、そこに指導者を葬るようになった、という説です。

田中:後の時代、聖徳太子の側近として有名な人物に秦河勝《はたかわかつ》という人がいました。名前が「河に勝つ」ということからも、土木工事に長けていることがわかりますね。土木工事が得意であり、農業の発展に貢献し、人々の生活を豊かにする人たちだから、非常に尊敬され政治にも関わるようになっていくのです。

秦氏の下で古墳の造築を担当し、埴輪を発明した氏族に「土師氏《はじ》」がいます。土師氏の開祖は野見宿禰《のみのすくね》［※3］ですから、第1波か第2波で来たユダヤ系の子孫と考えられます。

茂木：古墳の建設においては、民が強制労働をさせられたという話もよくありますが、それはマルクス主義の歴史観、階級闘争史観からきている完全な俗説です。

エジプトのピラミッドは強制労働で建設されたと考えられてきましたが、近年の考古学調査では、ピラミッド労働者の住居跡から、ちゃんと給料が出ていた記録が出てきました。給料はワインやパンといった現物支給で、出欠簿もあって「○○さん、今日は二日酔いで休み」と書かれた石板も出てきました。二日酔いで休む奴隷がどこにいるでしょうか（笑）。

田中：クフ王を恨むどころか、仕事をもらえて感謝していたわけですね。主に農閑期に働いていたのでしょう。

茂木：ナイル河流域では、頻繁に洪水が起こりました。洪水がくると畑仕事はできなくなります。要するに失業対策ですね。日本の場合も同じです。

田中：決して強制労働でやらされていたのではなく、祖先信仰という自発的なものがあったと思いますね。祖先信仰は、神道の思想の基本です。いずれにせよ信仰に対する情熱こそが、古

※3 野見宿禰：土師氏の開祖。相撲の元祖。第十一代垂仁天皇が殉葬の習慣を嘆いた時、人間に代えて埴輪を埋めることを進言したという。これ以後、土師氏の氏族名を与えられ、代々天皇の葬儀を司った。『新撰姓氏録』では、アマテラスとスサノオの誓約で生まれた天之菩卑能命（アメノホヒ）の14世の子孫とされる。

墳をつくらせたと思います。そして、その情熱に火をつけたのが秦氏です。
それに彼らは毎日、コメであったり衣服であったり塩であったり、報酬をちゃんと提供していました。日本は7世紀後半から律令制度に入ったとされていますが、それ以前に秦氏は各地に派遣され、土木事業を通じてそれぞれの地域の統治者たちと結びついていたのです。のちの荘園なども彼らが開発したものでしょう。
お墓をつくるという行動には、やはり、信仰心の表れとしての意味が強く存在したと思います。それは結局我々の祖先、そして天皇に対する信仰と共にある。「祖先や死者を祀ることによって共同体を大事にする」ということは縄文から続く日本人の伝統心です。また、古墳づくりがあることで、その地域の経済と人々の生活が潤ったといえるでしょう。

茂木：古墳をつくることによって、日本の国土の形はずいぶん変わっていったでしょうね。

田中：農業あるいは、土木建築産業の基礎ができました。秦氏が持ち込んだ能力や技術力の背景には、大陸で培った経験というものがあります。また、武内宿禰に代表されるような、側近として天皇を支える存在が常にいました。近現代の西洋でも同じです。国王に代わって政治を執り行う、いわゆる摂政といった存在は、たいてい隠れユダヤ人であることが多い。

茂木：常に少数派だったユダヤ人が陰で権力を支えてきた、というところが世界史的にも面白いと思います。古代日本でも同じような存在があったのかもしれませんね。

田中：天皇はあくまでも血筋によって天皇になられているわけで、権力や財産を持っているということとは結びついていないわけです。ユダヤ人は決して天皇にはなれない、あくまで補佐役として天皇を支えてきた。武内宿禰や秦河勝の姿が、まさにそれなのです。

「四隅突出型墳丘墓」と出雲人の気風

田中：古墳といえば、弥生時代の出雲の古墳は独特の形状をしていましてね。「四隅《よすみ》突出《とっしゅつ》型《がた》墳《ふん》丘墓《きゅうぼ》（通称：よすみ）」といって実に面白い。方形の古墳ではあるのですが、その4隅が星型というかヒトデ型というか、ニョキッと突き出ていて石で装飾がしてあります。何やら実に古墳の概念を覆すような形をしていて……これが出雲族の特色だったと考えると面白いですよ。元々ローマの皇帝の墓なども四角形の石の建造物の上に建っています。それと同じ発想でしょうか。

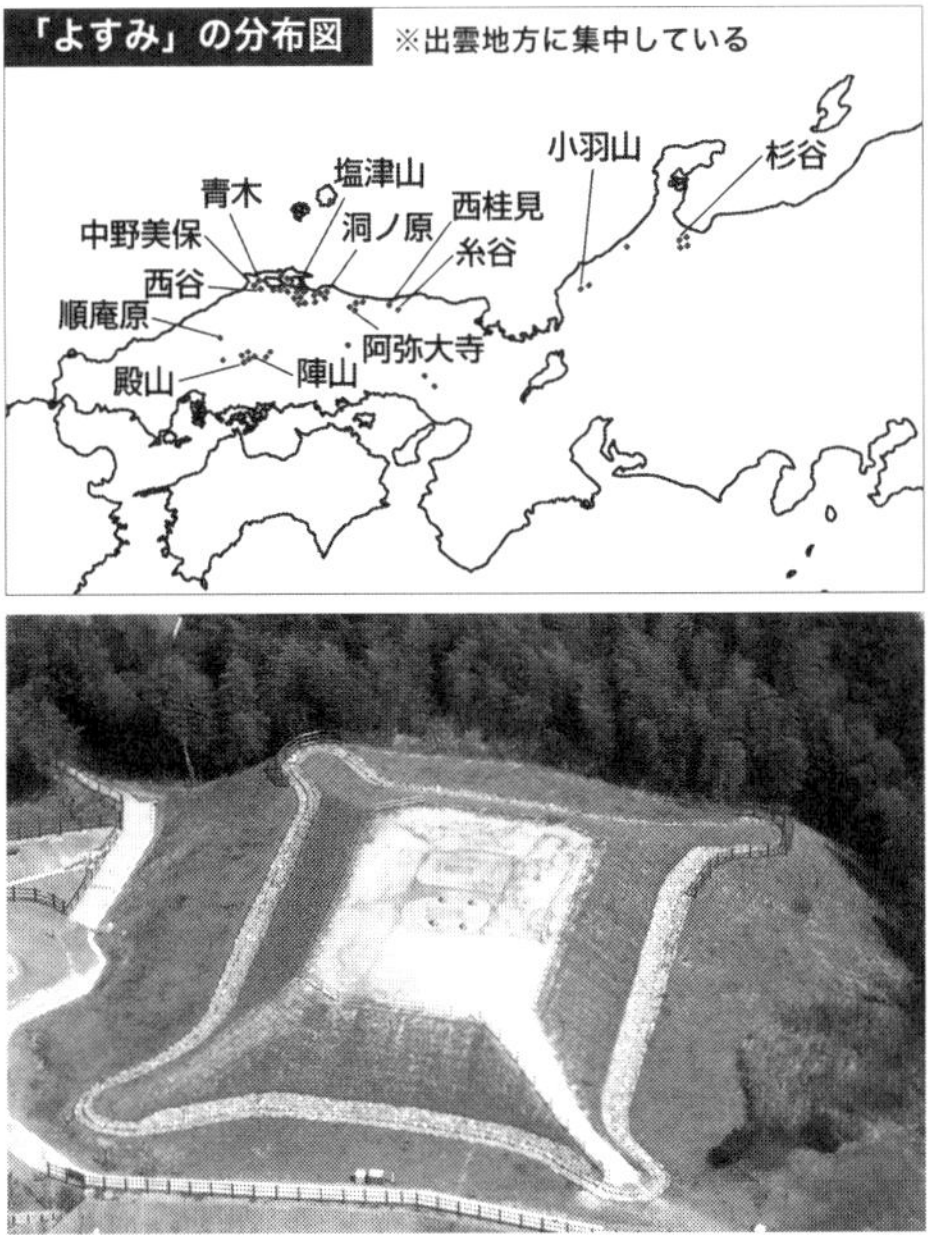

四隅突出型墳丘墓（島根県出雲市・西谷墳墓群）と分布図
画像提供：出雲弥生の森博物館

茂木：「古墳時代」の定義がそもそも曖昧なんですね。前方後円墳は古墳時代からですが、様々な形の大型墳丘墓はすでに弥生時代からつくられています。

代表的な弥生遺跡として有名な佐賀県の吉野ヶ里遺跡では、長さ46メートルの長方形の墳丘墓が発見されました。岡山県倉敷市の楯築《たてつき》墳丘墓は長さ80メートル、円墳の南北に出っ張りがある「双方円中墳」です。これ、どうみても「古墳」なんですが、まだ弥生時代だから考古学者さんは困ってしまって「弥生墳丘墓」と呼んでいます（笑）。

いずれにせよ、筑紫《つくし》（北九州）、吉備《きび》（岡山県）、そして出雲（島根県）……弥生時代はまだ日本列島の各地に独立した「くに」が割拠していたことが墳丘墓の形から想像できます。

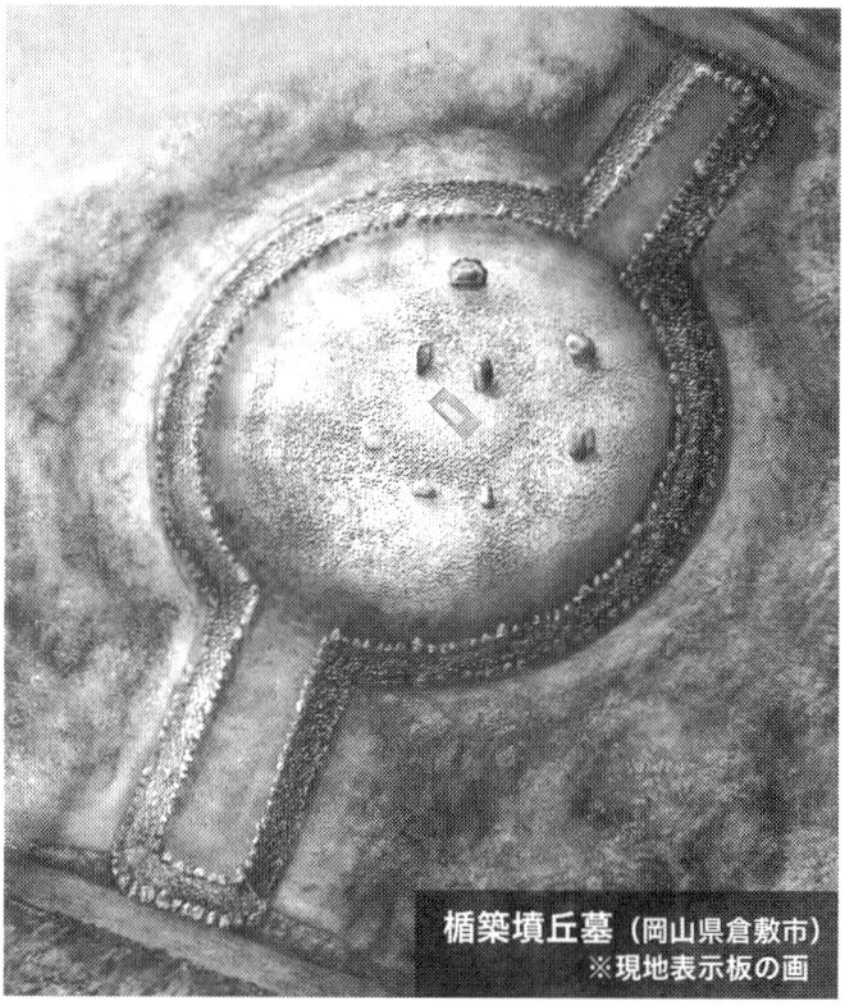
楯築墳丘墓（岡山県倉敷市）
※現地表示板の画

田中：出雲系の人々には独特の気風があったと考えてよいでしょう。スサノオ・大国主につながる人たちですね。これに対して大和・河内を拠点とした「くに」が、他の国々を従えていったことが神話からもわかります。その結果、応神天皇陵、仁徳天皇陵をはじめとする前方後円墳が古墳のスタンダードになっていくのですね。方墳部より円墳部の方が重要で前に位置するのだから、「前円《ぜんえん》後方墳《こうほうふん》」と呼ぶべきだというのが私の持論なんですが。

ともかく、いわゆる左翼の歴史家たちは、当時の日本は混乱していた、あるいは、空白の時代だ、とかいろいろなことをいうわけです。しかし、秦氏の力をもって、日本全体で少なくとも16万5000基という数の古墳がつくられました。その技術力と資金力には驚くべきものがあり、日本中のエネルギーが一気に注がれました。私は、この時代の日本の墓の建築は、アジアにおける中心的な存在として西洋と並ぶものと思っています。

古墳時代は「大建築の時代」

茂木：古墳がつくられていた時代は「大建築の時代である」ということができますね。

建設大手の大林組が1985年に仁徳天皇陵築造の試算をしたことがあります。それによると工期は15年8カ月、作業員数は一日あたり2000人、延べ680万7000人、総工費は試算当時の貨幣価値で約800億円というものでした。

田中：当時の世界最高、世界最大の建築物が日本でつくられていたということです。そこで、誰がつくったのか？　という問題があります。

古墳のような建築物は、縄文からの日本の伝統にはないものです。縄文の村落、例えば三内丸山遺跡などを見ると、墓は村の中にもあるのですが、それは死者と地域を共用するという形です。蘇《よみがえ》るから村の中にある、ということではありませんね。

ところが、古墳においてはがっちりとした石棺をつくり、遺体を保存する。これは肉体が蘇ることを意図しているわけで、縄文的な死生観ではないと思われます。秦氏、あるいは外から来た人たち、特にユダヤ系の人たちが相当な組織力と資金力を持ってやらなければできるものではありません。それが〝ヤマト王朝〟のはじまりの姿といってもいいだろうと私は思います。

茂木：遺体を保存するのは確かに中東系の文化ですね。古代エジプト人は輪廻転生を信じ、乾燥気候を利用してミイラをつくるわけですが、高温多湿の日本では難しい。そこで真っ赤な辰《しん》砂《しゃ》（硫化水銀・朱《しゅ》の原料となる鉱物）で遺体を包み、保存しようとしました。

田中：古墳のあの高い場所、円の部分の上の方に石棺を置いて、故人が天に上って蘇るという信仰でつくっているわけです。そういう信仰と技術が、我が国に同時に外から入ってきて、それを見た日本人が驚嘆し、積極的に協力・採用した。あの時代にあれだけの数の古墳がつくられたということは、つまりそういうことなのです。

外来思想を取り入れた古墳時代

茂木：明治維新以後、西洋文化を積極的に取り入れた日本人と似ている感じもしますね。

田中：そう。古墳をつくっていた時代は、うまく日本化して折衷《せっちゅう》はしていますけれども、実は特異な時代なのです。

日本は、湿気が多く雨の多い風土です。だから植物がよく育ち、豊かな自然環境が保たれます。西洋を礼讃した丹下健三から続く現代建築はたいてい雨漏りするのです（笑）。私は、上野の国立西洋美術館に勤務していたことがありますのでよく知っています。あの建物を設計したのは、ル・コルビュジエというフランスで活躍した近代建築家ですが、雨がひどいとすぐ雨漏りするわけです。美術館の雨漏りはたいへんな問題であるはずですが、関係者は機能より新しさを優先して受け入れてしまっていますよ。

茂木：なるほど（笑）。日本の風土に合わないわけですね。古墳がなくなってしまったのも、その辺に理由があるんでしょうか？

田中：7世紀に入ると、日本は仏教色がどんどん強くなっていきますね。法隆寺ができ、それに続いて立派な仏教的建造物がどんどんつくられると、とたんに古墳は消えるのです。

それはもう、見事に、一気に消えました。あんなものは自分たちに合わないということに気づいたのです。誰も古墳の文化を受け継いでいこうとはしませんでした。あれだけ立派なお墓であれば、埋葬されている人の子孫が代々そこを利用していくべきなのですが、一切していない。

茂木：結局、ただの森に戻ってしまった（笑）。

田中：森にもなれない、雑木林ですよ。周りに住む人も扱いに困っている。私は、京都などを歩いていて、神社仏閣がちゃんと生きていることに感動します。ところが、古墳についてはその姿が活かされていません。

茂木：戦後の高度成長期の土地開発では、団地や工場を建てるために破壊された古墳も沢山あったと聞きます。

田中：悲しいことです。古墳は日本の伝統には合わない思想によるものだったと認めることから始めて、なんとか古墳時代の人々の文化を再生してあげたいところですね。

古墳時代の日本人のファッション

田中：17世紀のオランダにフェルメールという画家がいました。日本でもたいへん人気がある画家ですが、こちら（左の写真）がフェルメールの「地理学者」という作品です。この人物が着ている青いガウンのようなもの、何だかわかりますか？

茂木：う〜ん……どこかで見たような、懐かしい感じがしますね。

田中：実はこれ、明らかに日本の着物なのです。東インド会社が日本から輸入したものでしょう。17世紀、江戸時代の日本の着物が、オランダ、そしてヨーロッパ各地に渡っていますよ。着物がガウンとして使われているのです。風俗というものはこういうものです。

茂木：なるほど！　どっちが上とか、近代的とかではないのですね。良いものは取り入れる。

田中：服装は重要です。弥生時代の服装は、どういうものでしたか？

『地理学者』フェルメール1668年

茂木：バスタオルみたいな四角い布に穴を開けて首を通し、腰で縛る貫頭衣《かんとうい》でした。
田中：ところが、古墳の周囲に並べられた埴輪のファッションは長袖・長ズボンなんです。
茂木：まさに洋服ですよね。これって服装革命だと思います。
田中：結局、建築がそうなると、服装もそうなるのです。今の私たちは下駄を履けないでしょう。音が響くし寒気もあたります。しかたなくこういう格好、つまり洋装をするようになりました。

その一方で、古墳については死生観の問題が出てくるわけです。死生観は民族にとってたいへん大事なことです。人を蘇らせるために古墳をつくるという発想は外から入ってきたものです。それまでの日本人は死生観を思想的に考える必要がなかったために、すぐ洗脳されてしまったのかもしれません。3世紀から6世紀までの間に、16万5000基もの古墳をつくりました。ところがその後、神社仏閣をつくり始めるようになる。秦氏たちが日本に同化したための変化です。

茂木：そう考えていくと面白いですね。死生観の変化が建築も変えていった……。

田中：面白いでしょう。しかし、神社というものは、本来はなくてよかったのです。日本人であれば太陽が拝めればいいわけだし、山や木や岩が拝めればいいわけです。結界をつくって、周りに縄を張るだけでよかった。今は、神社というと鳥居を含めた建造物だと多くの人は思っています。建物が古くなってみすぼらしくみえると、この神社は貧しいんだな、などと考えたりします。しかし神社の本質は、後ろにある山や木や岩なのです。簡単にいえば、建物自体はどうでもいいのです。

茂木：ところがある段階から、神社の社殿や鳥居をつくり始める……そして、ただ建物をつくるだけでなく、参拝やお布施をする習慣なども含めたシステムづくりですね。

田中：それが秦氏たちの仕業《しわざ》です。今となっては偉業といってもいいかもしれない。秦氏の提案は《モーセの幕屋》、つまり神に示されてモーセが荒野に建てた神殿のありかたとそっくりだといってもいいでしょう。そういったものは、文化の交流というか、ある種の総合的なサイクルを生むようになっていきます。

埴輪の起源と《ユダヤ人埴輪》の発見

田中：古墳の造築を担当した土師《はじ》氏はユダヤ系の渡来人と考えられます。そして重要なのは、彼らが「埴輪をつくりましょう」と提案したことです。日本書紀にもそのことが書かれています。

茂木：当時、「首長が死ぬと、臣下があとを追って殉死する」という習慣がありました。第十一代垂仁天皇の皇后が亡くなったとき、「殉死する人間の代わりに粘土で埴輪をつくり、これを埋めましょう」と野見宿禰が提案したところ、天皇が喜んで採用した」という埴輪起源説話があります。

田中：この、野見宿禰に代表される土師氏というのは、歴史上極めて重要な位置にある氏族です。「土の師」と書いて「ハジ」と読みます。土師氏がつくった素焼きの土器は「土師器《はじき》」とも呼ばれます。あまり知られていませんが、菅原道真の祖先ということでもあります。土師氏そして秦氏の活躍が、応神天皇の時代から始まるわけです。

所蔵＝芝山仁王尊 観音教寺
展示＝芝山町立芝山古墳・はにわ博物館

茂木：埴輪の話となったところで、いよいよ「ユダヤ人埴輪」のお話に入りましょう。「ユダヤ人埴輪論」は、田中史観の真骨頂だと思います。これを初めて読んだ時、私、本当に驚きました。

田中：埴輪は古墳の周囲あるいは上に並

べられるわけですが、発掘調査によって古墳から出てくる人物埴輪の多くが、「みずら」をつけています。「みずら」とは、耳のところに束ねられた髪のことです。漢字では「美豆良」あるいは「角髪」と書きます。

茂木：聖徳太子の肖像画の両脇に並ぶ子どもの髪型といえば、皆さんよくわかると思います。耳のところでくるっと巻いてますね。これも「みずら」でいいんですよね？

田中：従来の研究者の間で人物埴輪あるいは武人埴輪と呼ばれてきた、その「みずら」をつけた埴輪からわかることがあります。「みずら」というものは、どの民族もがやるわけではなく、割礼《かつれい》に加え、「みずら」がユダヤ人（ユダヤ教徒）の証ともいわれます。『旧約聖書』には、次のように書かれています。

あなたがたのびん（みずら）の毛を切ってはならない。ひげの両端をそこなってはならない。
（レビ記 19章27）

わたしが彼らを罰しないだろうか。わたしがこのような民にあだを返さないだろうか。……野にいて、髪の毛のすみずみをそる人々はそれ（＝異教徒）である。これらの国びとはみな割礼をうけていない者であり……
（エレミヤ記 9章26）

「びん（鬢）」とは髪の毛の左右両側のもみ上げの部分です。ユダヤ人の男たちは、びんと髭《ひげ》を切るな、男性器の表皮は切り取れと、異教徒と違うことを肉体的に表現しようとしました。ユダヤ人であるということをわかりやすく主張するには、もみあげを伸ばすということです。それを、埴輪がつくられていた時代の人たちはみんな知っていたのです。

三角帽子や長い髭も特徴的ですが、何より大事なのが、もみあげの長さなのです。

茂木：あの「みずら」風のもみあげは、ユダヤ人の間では「ペイオト」(ヘブライ語／PAYOT)と呼ばれています。「みずら」とは違って、そのままダランと垂らしていますね。パーマをかけているようにも見えます。衝撃的なのは、このペイオトをつけている埴輪が沢山見つかっていることです。

田中：女性の場合には、さらにそれを編んだりして、一つの装飾的なものとして着飾ることが多いわけです。「みずら」はユダヤ人の文化と考えていいでしょう。

茂木：なるほど。当時の日本人が「みずら」をつけるのは一種のお洒落というか、最先端の流行のスタイルでもあったのかもしれませんね。

田中：古事記の中では、スサノオが「みずら」をつけているとはっきり書いてあります。また、アマテラスとスサノオの誓約《うけい》の場面では、アマテラスが「みずら」を結うことによって闘う姿勢になる、いわば「武者」の姿として述べられています。スサノオの大蛇退治の物語にも「みずら」は登場します。戦いのシンボルとしての「みずら」があったに違いありません。

芝山古墳の埴輪（左　所蔵＝芝山仁王尊 観音教寺　展示＝芝山町立芝山古墳・はにわ博物館）、ユダヤ教徒（右）

茂木：オロチに狙われるクシナダヒメを櫛《くし》に変身させて、スサノオが「みずら」に刺して守るというお話ですね。

田中：《ユダヤ人埴輪》については、私は最初、関東だけにあったものかなと思って調べ始めたのですが、九州や関西にもユダヤ人埴輪があるということがわかりました。ただし、関西は人物埴輪というものが少なく、家の埴輪、馬の埴輪といった種類の埴輪が多い。

人物埴輪が多いのはやはり関東です。千葉、群馬、茨城に多い。先にも触れましたが、千葉の芝山古墳の人物埴輪の多くに「みずら」がつけられています。

茂木：私も学生時代にさんざんみていたはずなのですが、まったく気がつきませんでした（笑）。芝山古墳の人物埴輪は、全員がずらっと、「ペイオト」と帽子と髭というあの格好で……田中先生のご著書でこれを知ってから、私はあの埴輪はユダヤ人にしか見えなくなりました。田中先生の功績は、ユダヤ人埴輪を〝再発見〟

したことです……つまりそれまで誰も気づかなかったのです。

田中：日本人がユダヤ教や『旧約聖書』のことを知らないということも大きいと思います。ただ漫然と見ていたら、武人埴輪としかいいようがないでしょう。刀を持っているというだけのことでね。「みずら」のことには、気がつかないのです。

私は、最近では2018年「イスラエル日本学会」に呼ばれてイスラエルに行きました。また、ロンドンやニューヨークへ行っても、ああいう格好をした正統派ユダヤ教徒の姿をよく見かけますからね（巻頭のカラーページ参照）。

茂木：「みずら」の習慣はいつまで続いたのでしょう？

田中：第四十代天武天皇が「みずらはやめなさい」ということをはっきりおっしゃって、その後は誰ももうやらなくなったのです。『日本書紀』の天武11（681）年4月に《今後、男女ともみな髪を結い上げることとし、十二月三十日までにあげ終わるようにせよ》（前掲書『全現代語訳　日本書紀』）という勅を出されています。

茂木：ちょうど仏教が入ってきて、古墳の造営が終わる時代ですね。ここでまた大きな転換が起こっていますね。

それからあの三角形の帽子もなかなか特徴的です。帽子の歴史も面白そうですね。

田中：あれは儀式の時の格好、つまり正装だと思いますね。普段はあのような形の帽子は被っていなかったのではないか。古墳に並べられる埴輪のモデルは一家の代表みたいな人たちであり、立派な人たちなのです。刀を差し正装をして、実にちゃんとしているわけです。

茂木：そうですね。例えば、平安時代の貴族は烏帽子《えぼし》と呼ばれる帽子をつけていました。家の中でも取ってはならず、取ったら恥、無礼にあたりました。相手の烏帽子を払い落とすというのは、彼らにとっては最大の侮辱でした。

田中：「烏帽子」の起源は謎です。世界で最も古い帽子は、古代ギリシャの帽子「ベタソス」であるとされているようです。つばの広い日除け帽で、旅人が被っていたのでしょう。やはり旅人であるユダヤ人たちも帽子を愛用していたのではないでしょうか。

ユダヤ教の教会をシナゴーグといいますが、ユダヤ人たちは、シナゴーグでは必ずキッパをつけるのです。

茂木：キッパとは、丸い布製の小さな帽子のことですね。

田中：そうです。キリスト教徒は教会では「帽子は取るように」といわれます。ユダヤ人は逆で、神聖な場でキッパや帽子をつけることはとても大事なことなのです。日本の貴族はそれと同じ考え方を真似していたということも考えられるでしょう。

「芝山古墳へ行ってきました！」

茂木：この対談をやるにあたって田中先生にお会いした時、「芝山古墳には行ったの？」と尋

芝山古墳・はにわ博物館にはユダヤ人埴輪がいっぱい！（撮影：高谷賢治）

ねられ、「まだ行ってません」と答えたら「行かなきゃ話にならない」といわれたので、先日さっそく行ってまいりました（笑）。

田中：それはなによりです（笑）。

茂木：芝山という場所は、成田空港の側にあって、飛行機が数分おきにガンガン飛んできます。空港から車で20分ぐらいですかね。畑や林が広がるところです。

前方後円墳が森の中と畑の中に二つ、殿塚・姫塚という名で残っていて、姫塚の方から葬列をかたどった大量の埴輪が出土しています。その埴輪が実に多彩で、主にはツバの付いた三角帽子を被っていて、「ペイオト」があって、髭が長くて、長袖長ズボンを履いて、剣を持っている。

明らかに渡来人系だな、と実感しました。芝山町が一生懸命つくった「はにわ博物館」がありましてけっこう凄いです。しかも埴輪がかなり大きくて迫力がある（身長は１３０～１５０cmほど）。ぜひ皆さん、芝山古墳へ行って、埴輪を見てきてください！ と力説しておきます（笑）。

田中：私も何度も訪れていますが、けっこう、展示には熱が入っていて感心させられます。ただ、ユダヤ人埴輪という見方はあまりにも唐突だという反応を職員の方から受けています。日本人の多くはそうだろうと思いますが、朝鮮や中国からならともかく、もっと遠いところから突然ユダヤ人がやってくるなどというのは、すぐには想像できないようです。

茂木：そういうことはありえないもの、と思考を閉じてしまう。

田中：千葉県九十九里エリアの芝山町だけではありませんよ。ユダヤ人的な風貌の埴輪は主に関東全域、特に群馬に多く見つかっています。それから東北の仙台や岩手まで、広い地域で見つかっています。

茂木：インターネット番組で、「正統派ユダヤ教徒の服装はせいぜい17、18世紀以降。だからユダヤ人だという証拠にはならない」と、とあるユダヤ人が発言しているのも見ました。

田中：それは的《まと》の外れた意見です。古代ユダヤ人の服装についての記録は残っていません。それに一番重要なのは服装ではなく「みずら」（ペイオト）です。『レビ記』に書いてある通りです。

茂木：もみあげ（鬢《びん》）の毛を剃ってはいけない、ということですよね。

田中：それは彼らの鉄則ですし、彼らしかやっていないことです。これが重要なところです。もちろんユダヤ人すべてがやっているわけではなく、厳格なユダヤ教徒たちがやっていることですけども、そのユダヤ教徒たちと埴輪がそっくりである、ということをいかに考えるか。

茂木：先生のフォルモロジーの考え方が重要になってきますね。

田中：埴輪がつくられた当時、ユダヤ人埴輪にみられる格好はユダヤ人の正装であり、葬式のような正式なセレモニーに出るための、ある意味で習慣だったと思います。彼らには、日本を自分たちのカラーで染めたいという意識と、自分たちは日本に同化していくのだという、二つの相反する意識があったに違いありません。ああした姿に対するこだわりは「自分たちのようになってみないか」というメッセージが込められていたともいえるでしょう。

芝山古墳の姫塚と殿塚、この地域の領主はあくまで日本人です。埴輪になっているのは、自分たちこそが領主を守っているのだ、領主を助けているのだ、という立場、主人に仕えている人たちです。もし主人までもがユダヤ人であったとすると、古墳の構想が彼らから出たものだということがはっきりします。

古墳は大変に幾何学的で、円台形、石棺などの人工的な造形物です。ただ、そうした形態はユダヤのお墓には前例がありません。日本に来て、「天地」の概念を取り入れ、つくり出したものでしょう。この形にすべきだというのは日本人と共同で考えた結果である……と私は思います。

茂木：日本人は古来、自然やこの世界のことを「天地《あめつち》」と表現してきました。雨も「あめ」、天も「あめ」、海も「あめ」。これに対して、大地、地面、土が「つち」です。だから「天地《あめつち》」という対になる概念を形にすると、古墳の形になるということですね。芸術的な造形のテーマ、メッセージ性がきちんとあるということに納得です。

田中：そこに「死者は蘇る」という一つの信仰が入れられた。そのために、円形の山の頂《いただき》に石棺を置き、そこに死者の死体をそのままに安置しました。エジプトの信仰と同じように「蘇る死者」あるいは「死者の国」という……そういった思想の存在を想起させます。

茂木：古墳は前期と中期以降とでは、〝つくり〟が違っています。前期は頂上部の上から石棺を埋めます。これは弥生墳丘墓と同じです。ところが古墳が巨大化した中期以降は横穴式のお墓になってきます。がっちりした石材を組んでお墓をつくるもので、これは弥生時代以来のお墓のつくり方とは明らかに違います。

当然、石づくりの技術を持つ「石工《いしく》」が登場します。千葉県は石が豊富な地域で、房州石《ぼうしゅういし》という石が採れます。大谷石《おおやいし》と同じで加工しやすい凝灰岩です。埼玉県行田市には、文字の書かれた鉄剣が出たことで有名な「さきたま古墳群」がありますが、そこの石室も、わざわざ房州石を持ってきてつくられています。渡来人系の人たちが、そういう石造技術を持っていたと考えられます。

田中：西洋では石工をメイソンといい、ユダヤ人が多かった。

茂木：口伝《くでん》技術を守るため強固な組織をつくり、中世になると「自由な石工」を名乗る秘密結社も現れました。「フリーメイソン」の原義です。

田中：それがフランス革命前後から活躍したとされる、フリーメイソンとなる。

「古墳＝石の文化」は最新テクノロジーだった

茂木：古墳は、土をうず高く盛った上にこんもり木が生えているイメージですが、建設当時は全然違っていました。実際には表面に石を敷き詰めた「石の建築物」だったんですよね。

田中：神戸の五色塚古墳など、円筒埴輪を綺麗に復元して観光客を呼んでいる古墳もありますが、他の古墳ももっと復元すべきだと思いますね。これだけの構築物をつくる文化が日本にあったのだ、ということを内外に伝えることができるからです。

前円後方墳（〝前方後円墳〟の呼称は誤り）というものは、天皇のお墓を中心としてつくられたわけです。したがって、ユダヤ系の渡来人たちは「天皇というものを第一に尊敬する」あるいは、「天皇を中心に置く」という考え方を遵守したことは確かです。その理由の一つに、ユダヤ系の人々を最も優遇したという功績があったと思われます。また、だからこそ日本人は彼らを受け入れたわけです。

なお、日本最大の古墳である仁徳天皇陵ですが、実は未だに誰がそこに埋葬されているかが、はっきりしていません。

茂木：古墳の被葬者については、何も書かれていません。「○○天皇の墓」という看板は出てこないのです。明治維新後に国家神道を国教化する必要から、宮内省が歴代天皇の陵墓を認定しました。ところがそもそも陵墓は発掘ができないので、記紀の記録された陵墓の場所や現地

復元された五色塚古墳（神戸市垂水区）

の言い伝えなどから、これじゃないのか、と推定しているだけです。

将来、発掘調査が許可されれば、「実は違っていた」という古墳が続出すると思います。

田中：確かに、仁徳天皇陵は世界遺産にもなり注目されている巨大遺跡ですが、内部調査がほとんど進んでいないのは問題です。ただ、その功績が『記紀』に記されており、古墳の大きさから仁徳天皇だろうと推定されているのですが、まぁ、ほぼ確かだと思います。ちなみに、敗戦直後にＧＨＱが米国人考古学者を呼んで調査し、出土品が米国に送られたという噂もあります。日本人学者には調査する能力がないと思われたのかもしれません。

茂木：それが本当なら由々しき問題ですね。

田中：いずれにせよ、古墳時代はある意味、日本列島が極めてインターナショナルな時代だったといっていいでしょう。秦氏の他にもかなりの外来文化を受け入れたと思います。

茂木：古墳は、自然の山や木を祀って御神体としていた縄文以来の宗教観とは完全に異質。何といっても人工の山をつくってしまったのですから。つくられた当時は、まさに最新の近代文明の象徴だったわけです。今の時代の高層建築のようなものですね。

田中：《石の文化》が日本に入ってきたわけですね。自然そのものを神とする人々の中に、人工的な神をつくる文化が入ってきた。ところが、日本においては、結局、祖先信仰と結びついてしまった。日本人というのは、何か異質の文化がやって来た時には、自分たちの社会が脅《おびや》かされない限り、好奇心を持って迎え入れるのです。「これはちょっと面白いじゃないか」という感じで、受け入れるのです。ちょうど明治期に西洋文化を喜んで取り入れたように、16万基という古墳の数からして、日本人はみな熱中して協力したに違いありません。

巨大な古墳は、天皇がおられた大阪や兵庫などの関西に目立ちますが、千葉や群馬などの関東の古墳の方が、数は多いのです。また、関東・東北ではユダヤ人埴輪というべき武人埴輪が非常に多く見つかっています。ユダヤ人埴輪に人々が気がつかなかったのは、関西や九州に武人埴輪が少なかった、ということも背景にあるでしょう。

茂木：ただし、彼らがユダヤ教徒だったかどうかはまた別問題ですよね。ユダヤ教では偶像をつくり、祀ることは一切NGです。祖先がユダヤの血を引いていたとしても、おそらくもうユダヤ教を捨てていた。

田中：ええ、捨てざるをえなかった……というか、日本にくると決意した時に、もう半ば捨てているのです。逆に、捨てているから日本に定着する覚悟を決めることができた……といえるかもしれません。そして同化した日本に協力しようとする方向に向かっていく。そこには天皇がいた。我々も天皇を中心に盛り立てていこうではないか。そういう判断に至ったのでしょう。

茂木：古墳の時代は、元々あった神道的信仰と巨大古墳という二つのお祀りのシステムが並存していたといえます。その後、仏教が入ってくると神社は残ったのに、古墳だけがサッとなくなっていく。この点が、実に面白いですね。

古墳は結局外来の文化であったので日本人には馴染まなかった。古墳で祖先をお祀りしようという気持ちはあったけれども、その役割を仏教が全部取ってしまった。そして古墳は廃れて放置され、誰のお墓かもわからなくなり、町の片隅に佇む森になってしまった……。

田中：古墳については、ユダヤ資本がお金を出し責任を持って、しっかり再調査、再建してくれといいたいところです（笑）。

茂木：私はけっこう、今の森のままがいいなって思っています。縄文的で（笑）。

田中：仁徳天皇陵などはいいのですけれども、岡山県の吉備の古墳へ行ったところ、荒れてしまっていて、見ていて可哀想になってくるのですよ。文化庁の日本遺産に認定された地域でもありますから、残っている古墳はしっかりと再建すべきだと私は思います。そうすることで、古墳は我々とは異質な文化だということが、おのずとわかるわけです。同時に、そういう異質なものを取り込んだ日本人の懐《ふところ》の大きさがわかります。これは現代日本にも共通していて、これほどの西洋化は、文化の懐が大きくなければできないことなんですね。

茂木：先日、東京の西の高尾にある武蔵陵墓地に行ってまいりました。明治天皇は京都の伏見に陵墓がありますが、大正天皇以降の天皇皇后両陛下は、武蔵野陵にお眠りです。

ここ武蔵陵墓地は、大正以降の新しいものですが、古代の古墳形式でお墓を建てようということでつくられました。この御陵を見ていると、「古墳ってこういうものだったんだな」ということがわかりました。見事な敷石が施されていて、落ち葉一つない、もの凄く綺麗な場所なのです。

昭和天皇・武蔵野陵《むさしののみささぎ》（撮影：高谷賢治）

田中：あれは円形古墳ですね（上円《じょうえん》下《か》方墳《ほうふん》）。古墳といえば、法隆寺よりも仁徳天皇陵の方をはるかに早く世界文化遺産にできたはずです。しかし、そうした提案が一切なかったのは、古墳は自分たちの文化ではないという認識がどこかにあったからではないでしょうか。だから、荒れ放題になっても平気だったわけです。

ユダヤ的文化、あるいは西洋文明を取り入れながらも、天皇陛下というご存在は長く続いてきた。様々な外圧はあったけれども、日本人の感性や文化を、天皇が保持しているということが重要なのです。

別のいい方をすれば、いかに「風土」というものが大事か、ということです。「風土が人間をつくる」と考えたのは哲学者の和辻哲郎ですが、日本の場合はその通りでしょう。人をつくり思想をつくるということにおいては、言葉などよりもはるかに自然や風土の力の方が影響力が大きい。

ところがヨーロッパでは、ユダヤ的思想、つまり言葉でつくる唯物思想が跋扈《ばっこ》しました。それがマルクス主義となり、共産主義が現実をつくることはなかった。単なる言葉のイデオロギーにすぎなかった。今こそ、これらのことを我々日本人がしっかりと自覚すべき段階にきたと思っています。

茂木：仁徳天皇陵を、もし建設当時の姿に美しく復元するとすれば、労働奉仕に行きたいという人たちも沢山いることでしょう。奈良時代に貴族から農民まで協力して東大寺大仏殿を完成したような、国家事業になりますね。

田中：盗まれたものもあるようですが、仁徳天皇陵や応神天皇陵には、副葬品が沢山残っているはずです。それを一つひとつ積み上げて復元すれば、オリジナルのものとして認められますから、ぜひやるべきだと思います。

茂木：埴輪は本当に面白いですから、ぜひ生の古墳と隣接する博物館を観に行かれることをおすすめしたいですね。皆さんの家の意外と近所にもあるはずです。ネットで調べてみてください。

第5章

蘇我氏とは、いったい何者だったのか？

（400年〜）

聖徳太子像（唐本御影）

【第5波】キリスト教ネストリウス派と蘇我氏

茂木：古墳時代は仏教の普及と共に終わりました。次は聖徳太子が活躍した飛鳥時代ですね。この時代に隆盛を誇ったのが、蘇我氏です。小学校の教科書にも載っていますから誰もがその名を知っていることと思います。「大和政権で最も勢いがあった豪族」「仏教などの大陸文化の移入につとめた」「蘇我氏四代」などと教科書には書かれてあります。

田中：この蘇我氏が第5波のユダヤ人だったと私はみています。その根拠をお話ししましょう。4世紀初頭、ローマ皇帝コンスタンティヌス帝が出したミラノ勅令（313年）によって、キリスト教はようやくローマ帝国公認の宗教になりました。

その100年あまり後の431年に、「エフェソス公会議」と呼ばれるキリスト教の重要な会議が開かれます。少し前の395年にローマ帝国は東西に分裂しており、この公会議は東ローマ帝国のエフェソス（エーゲ海に面する都市）において、皇帝テオドシウス2世が招集したものです。

このエフェソス公会議は日本にとっても、きわめて重要です。第3章でも少し触れましたが、「ネストリウス派は異端である」と公式に認定された会議だったからです。異端とみなされたネストリウス派は国を追われ、東へ旅立ちます。そして、シルクロード、または草原の道（ステップロード）をたどり、弓月国、支那、満洲、朝鮮半島を経て、日本までやってくるのです（巻頭カラーページの地図を参照）。蘇我氏は「我《われ》、蘇《よみがえ》り」と名をつけています。それは自らネストリウス派を名乗っているようなものです。彼らこそが蘇我氏の始祖だ、と私は考えます。蘇我氏は日本でも力を得てくると、すでに政権に入り込んでいた葛城氏をはじめとする渡来系豪族の権力を奪いました。天皇に巧みに接近し、自分の娘を天皇家に嫁がせ、政治を支配するようになりました。それが、蘇我稲目《いなめ》、馬子《うまこ》、蝦夷《えみし》、入鹿《いるか》と続く蘇我氏四代の時代であり、ユダヤの日本渡来第5波であると、私はみています。

茂木：お話を整理させてください。まず、ネストリウス派はキリスト教徒の一派であって、ユダヤ教徒ではないですよね。ユダヤ教徒は2世紀にユダヤ戦争を起こしてローマ帝国に弾圧され、すでに離散してしまいました。

田中：その離散ユダヤ人の一部が東方へ広がる過程でキリスト教に改宗していた、と考えられます。ちなみに、弓月君がネストリウス派であるという説を、この分野の権威である佐伯好郎《さえきよしろう》先生［※1］は述べています。

茂木：次の疑問点ですが、秦氏の祖先である弓月君の一族が日本列島にやって来たとされる「応神天皇の年代がいつか？」という問題です。

『古事記』では応神天皇の没年は394年で4世紀の末。応神天皇陵に比定される誉田山《こんだやま》古墳

※1　佐伯好郎：1871〜1965年、広島出身。東京高等工業学校（現東工大）、明治大学講師。英語教育から言語学・法学・歴史学など複数分野にまたがる西洋古典学の研究・教育で大きな業績を残す。特にキリスト教ネストリウス派に関する研究で有名になり「景教博士」と称された。秦氏＝ユダヤ人説を唱え、「日ユ同祖論」の初期の論者としても知られる。

の築造年代が5世紀初頭ですので、応神天皇の治世はだいたい西暦300年代の終わりとなります。その時すでに弓月君は来ていた。とすれば彼らは、431年のエフェソス公会議で追われたネストリウス派ではないということになりませんか?

田中:おっしゃる通りで、それについては佐伯先生が間違えてしまったのだと思いますね。弓月君の一派はそれ以前の《原始キリスト教》でしょう。彼らは「第2次ユダヤ戦争」(135年)に敗れ、ハドリアヌス帝によってエルサレムを追われたユダヤの民です。その後、弓月国を経て、日本にやって来た人たちなのです。同時に秦の始皇帝の系統の秦氏もまた弓月国に逃れ、そこからまた日本に来て……という流れもありますね。

茂木:なるほど。一回ではなくて、何度か波状の移動があった、とお考えなんですね。

田中:そうです。そうして最後に431年のネストリウス派追放の流れでやって来た一族が蘇我氏となるのです。蘇我氏はいわば「新しい秦氏」であり、天皇家に食い込むような力をつけてくるのです。

ネストリウス派たる蘇我氏は、日本で〝自らの宗派のキリスト教〟を広めようとしました。しかし結論からいうと失敗し、蘇我氏は滅亡してしまいます。そこには隠された歴史があります。隠された歴史を紐解いていくことが歴史家の使命ともいえますが……そんな隠された蘇我氏の謎を解く鍵の一つに《聖徳太子はなぜ「厩戸皇子《うまやどのおうじ》」と呼ばれたのか?》という問題があります。

茂木:『日本書紀』に書かれていますね。お母様である穴穂部間人皇女《あなほべのはしひとのひめみこ》が磐余池辺双槻宮《いわれのいけべのなみつきのみや》の庭の《厩・うまや》、つまり馬小屋の前で産気づいて生まれた皇子という逸話ですが、これは福音書のイエス・キリストの出生エピソードとそっくりです。

田中：そうです。蘇我氏はつまり、《聖徳太子を日本のキリストにしたかった》のです。しかし聖徳太子は、拒否しました。拒否したというより、元々彼は天皇の皇太子です。心は神道なのです。十七条憲法の冒頭は「和をもって貴しとなす」ですが、日本の伝統的な思想も十分に心得ており、そういった日本人の心を見事に文字化しました。

茂木：元々やまと言葉にはなかった抽象概念を文字化できたのは、仏教の言葉を学んだからともいえそうですね。聖徳太子は仏教を深く学び、法隆寺や四天王寺を建てました。

田中：その通りです。そんな中で、聖徳太子が政治家として経験を積み成長していく中で、蘇我馬子の太子に対するコントロールはどんどん効かなくなっていきました。

聖徳太子の享年は若く48歳です。奈良県斑鳩の中宮寺に伝わる『天寿国繍帳《てんじゅこくしゅうちょう》』［※2］と、法隆寺金堂「釈迦三尊像」の光背銘には、推古30（622）年2月22日に病で薨去《こうきょ》し、その前日に亡くなった妃・膳部菩岐々美郎女《かしわでのほききみのいらつめ》と共に埋葬されたと記されています。

茂木：一日違いで両殿下がお亡くなりに……。

※2　天寿国繍帳：奈良県斑鳩町の中宮寺が所蔵する飛鳥時代の染織工芸品。聖徳太子の死去を悼んで妃の橘大郎女がつくらせたという。その名は「聖徳太子が往生した天寿国のありさまを刺繍で表した帳《とばり》」の意。制作当初は縦2メートル、横4メートルほどの大きさだったといわれる（一部のみ現存）。

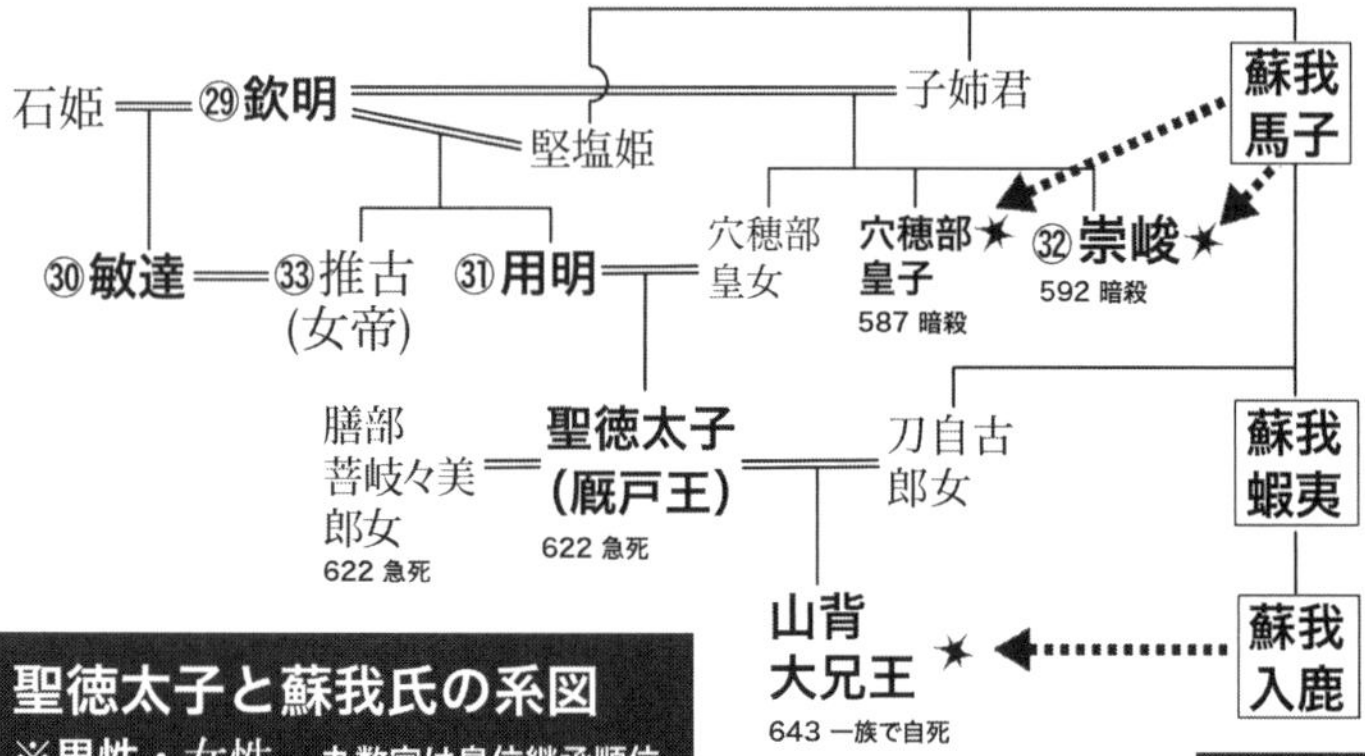

聖徳太子と蘇我氏の系図
※男性・女性　丸数字は皇位継承順位

作図：茂木誠

田中：太子の死とは、いよいよ邪魔者となったと判断した蘇我氏が后《きさき》もども暗殺したものである……と私は推定しています。詳しくは拙著『聖徳太子は暗殺されたユダヤ系蘇我氏の挫折』（扶桑社・2023年2月）でも論じました。

茂木：蘇我馬子は聖徳太子の叔父にあたる崇峻《すしゅん》天皇と穴穂部皇子《あなほべのおうじ》も殺していますね［※3］。このお二人は物部氏との抗争の中で蘇我馬子に擁立されながら、結局は「使い捨て」にされました。

田中：蘇我馬子は、天皇も皇太子も殺している日本史上最大級のテロリストといっていいでしょう。

茂木：確かに日本史上、天皇、そして皇太子を殺害した人物は他にはいません。馬子の孫の蘇我入鹿は、聖徳太子の御子息である山背大兄王《やましろのおおえのおう》をも攻め、斑鳩寺《いかるがでら》（のちの法隆寺）に逃げ込んだところを包囲して、一族もろとも自死に追いやっていますよね。ひどい話です。

田中：ですからその時代の心ある忠臣だった中臣鎌足《なかとみのかまたり》

などの新しい勢力が、中大兄皇子《なかのおおえのおうじ》を立てて蘇我入鹿を斬るという「乙巳《いっし》の変」（645年）を起こし、蘇我本宗家《ほんそうけ》を滅亡させ、「大化の改新」を成し遂げるのです。

蘇我本宗家の滅亡以降は、有力豪族が皇室に対してテロを企てるなどという物騒な事件はなくなります。中大兄皇子が即位して天智天皇となり、その後に続く天武天皇の御代となり、「正しい」政治全盛の時代となるのです。この時の日本はまさに「日本を取り戻す」という危機的状況にあった時代でした。

茂木：〝聖徳太子暗殺説〟では梅原猛さんの『隠された十字架』が有名ですが、こちらは中臣氏＝藤原氏が黒幕説ですし、タイトルに反してキリスト教の話は出てきません。

これに対して田中先生の新説は蘇我氏黒幕説であり、キリスト教がらみということですね。「蘇我氏が聖徳太子を暗殺した」とすれば、動機は何だったと推理されますか？

聖徳太子は「キリスト」として祭り上げられようとしていた

田中：《我《われ》、蘇《よみがえ》り》……蘇我氏のこの名前の意味を、多くの日本人はおそらく理解できていま

※3 第三十二代崇峻天皇を殺《あや》めた実行犯は東漢駒《やまとのあやのこま》だが、指示をしたのは蘇我馬子。穴穂部皇子は崇峻天皇の兄。馬子は同時期に物部守屋も殺害し滅ぼしている。（丁未《ていび》の乱／587年）

せん。聖徳太子につけられていた「厩戸皇子」という名前はイエス・キリストを意味するものだということも、誰も本気で理解しようとしていないでしょう。歴史家でさえも、未だにそれが何を示しているのかをわかっていません。

蘇我氏は明らかに自分たちの目的を語っているわけです。つまり、蘇我氏は日本をキリスト教が支配する国にしようとした……。仏教はすでに入ってきていましたから、そこにキリスト教を上乗せしていこうと考えました。それが蘇我氏のやり方といってよいでしょう。

ところが、幼い頃から蘇我氏の教育下にいた太子は、それはおかしいと考え、蘇我氏の野望を見抜き、自分の仏教への考えを変えようとはしなかった。太子は元々神道の祭祀をやってこられた方ですから、仏教も取り入れましたが、その思想の根本は〝皇統を守る神道〟です。蘇我氏はそんな太子に理解を示さず、自分の考えも曲げられませんでした。蘇我氏は蘇我稲目から少なくとも5代ほど続いていますが、代々伝えられてきた「強い信仰」があったはずです。

茂木：聖徳太子は公式には病死となっています。暗殺説の証拠のようなものはありますか？

田中：例えば、国宝に指定されている法隆寺の釈迦三尊像があります。この仏像は聖徳太子の死から1年後の623年に完成したもので、その像の背面にある光背銘には、「なぜこの釈迦三尊像がつくられたのか」という理由がびっしりと書かれています。

推古天皇30（622）年2月21日に太子の妃が亡くなられ、翌22日に法王すなわち聖徳太子が亡くなられた……といったことが非常に細かく書き残されています。太子が先に死に、それ

法隆寺金堂釈迦三尊像

に殉じる形で奥様が死ぬということならまだわかりますが、夫人が亡くなり、その翌日に太子が亡くなるというのは少々不自然なことです。つまり、聖徳太子は奥様もろとも暗殺（毒殺？）されたのではないか。そういった物語、政治的な意図を、私は釈迦三尊像の光背銘から読み取りました。

また、太子の死後に「殯《もがり》」が行われなかったという事実も見逃せません。殯とは、本葬まで遺体を棺に納め、殯宮《もがりのみや》と呼ばれる臨時に仮設した宮に安置し、死者の復活を期待しながらも別れを惜しむ貴人の風習のことです。皇族が亡くなれば長い日数で殯を行うのが通例のことでしたが、太子はその死の翌日に埋葬されたといいます。異常な死であり、隠したいことがあったのではないか、ということさえも考えられます。

茂木：蘇我馬子に暗殺された崇峻天皇の場合も、殯を許されずに即日、埋葬されています。まるで証拠隠滅ですね。そういえば最近、令和4年においても似たようなことがありました。

田中：それから、太子には妻が四人いて、前日に亡くなり共に埋葬されたのはそのうちの一人である膳部菩岐々美郎女《かしわでのほききみのいらつめ》です。四男四女の子どもにも恵まれ、太子から最も愛されていたといわれます。太子は蘇我馬子の娘、刀自古郎女《とじこのいらつめ》も娶《めと》っていましたが、それほど大事にしなかったらしく、それも馬子に恨まれた一因であろうと思います。

茂木：そして馬子の孫である蘇我入鹿は、皇極天皇の目の前で中大兄皇子に斬られるという「乙巳の変」で蘇我氏の野望はドラマチックに潰《つい》えました。このクーデターに協力した蘇我石川麻呂の一族だけが蘇我氏の血脈を保ちますが、政治の表舞台からは消えていきます。

田中：これは完全に公的な復讐の形となりました。中臣＝藤原氏という高天原系と、中大兄皇子という天皇家が組んだのです。その後、もはやネストリウス派の人たちが持ってきた一神教の布教の野心は、跡形もなく消えてなくなり、スサノオの系統である出雲渡来系の力が弱まっていくのです。

茂木：ちょっとまだ理解できてないのですが、こういうことでしょうか？

縄文時代の東日本に起源を持つ高天原（日高見国）系の皇族及び中臣＝藤原氏に対して、ユダヤ起源と思われる大陸から渡来したスサノオ系、秦氏系に続いて蘇我氏系があった。この蘇我氏系がネストリウス派キリスト教徒だった……これでよろしいですか？

田中：そうです。古墳時代から秦氏の勢力が強くなりましたが、彼らは決して皇統を脅かさず、完全に日本人に同化しました。彼らが広めたのが、穏やかな八幡信仰や稲荷信仰です。

ところが蘇我氏はその一線を踏み越えようとした。それは彼らが一神教徒だったからです。

蘇我氏がユダヤ的であるとする理由

茂木：田中先生が「蘇我氏はユダヤ的である」と考える、その論拠はどの辺にあるのでしょうか。蘇我氏は朝鮮半島出身とする説もよく目にします。

田中：一つはやはり、日本人にはない暴力性と排他性ですね。『旧約聖書』を読むとわかりますが、ユダヤ人というのは非常に積極的に戦争支援を行うという性質を持っています。そして、砂漠の民あるいはノマド、つまり遊牧民の必然ですけれども、日本と比べると異質なほど暗殺が多いのです。

茂木：これはもう、ユーラシア大陸メンタリティーですね。アラブ人や中国人の歴史を読んでも、日本人とは異質な暴力性、残虐性を帯びています。

田中：蘇我馬子は崇峻天皇を暗殺しましたが、馬子に命令されて殺害を実行したのは東漢駒《やまとのあやのこま》という男です。「漢《あや》」という氏からわかるように、漢民族系渡来人です。事後には証拠隠滅というう感じで、その男は蘇我氏に殺されてしまいます。確かに中国人も暴力的なのだけれども、ある意味使われているわけです。

ユダヤ的な暴力性はもう少し知性的に、頭を使い策略を巡らすものです。国家を転覆させるような思考は、基本的に中国人は持っていません。例えばマルクスを使って社会主義をつくり革命を起こす。そういうことが、いわゆるユダヤの暴力性の特徴です。ユダヤの戦争史を見ると、常に負けてはいるのだけれども、暴力的なものに臆さず戦う強い精神と組織力があることがわかります。そして、秦氏や土師氏に見られるような商人的な能力、あるいは石工たるフリーメイソンの歴史で語られるような積極的な技術力やアイディアがあります。こうしたダイナミックな能力は、中国や韓国・朝鮮にはあまり見られません。

蘇我氏は飛鳥寺をつくりました。法隆寺も彼らが金を出しているはずです。秦氏だけではなく蘇我氏も建築を率先してやっている。そうしたことができるのは、まずユダヤ人以外には考えられないということがあるのです。

ただ、蘇我氏は自らの一神教を強引に押しつけるということまでは必ずしもしていません。そこに彼らの頭の良さがあるのだろうと思います。日本人には向かないということをちゃんと計算してやっている。そういう判断力もまた中国人や朝鮮人には見られないところですね。

茂木：聖徳太子の側近だった秦河勝《はたのかわかつ》が気になります。聖徳太子亡きあと、彼はどうなってしまったのでしょうか。蘇我馬子とは、太子を中心に同時代で活躍していましたよね。二人は結託しているようですが、実は敵対していたとみてよいでしょうか？

田中：さきほども話が出ましたが、太子が殺されたのちに、太子の息子である山背大兄王を、蘇我入鹿が包囲して自死させます。その時に秦河勝は政権の中央から、赤穂《あこう》へ逃げました。兵庫県の赤穂市ですね。自分たちも殺されるのではないかという思いがあったのではないでしょうか。赤穂にある大避《おおさけ》神社［※4］には、秦河勝が祀られています。

茂木：まあ、内部分裂と派閥抗争はユダヤ人のお家芸ですから、秦氏と蘇我氏の内紛もその一端とみれば興味深いですね。結局、秦氏の方が利口で、うまく生き残りました。

田中：なお蘇我氏が、ウマコ、エミシ、イルカといった不思議な名前をつけるということも、彼らが意図的にやっていたことです。蘇我氏は中国系や朝鮮半島系だという説もありますが、「いかに日本をキリスト教的国家にさせるか」ということを一生懸命やったかということから、その違いがわかります。当時の日本人はキリスト教のことなどはよくわからないわけですから、彼らの主張に染まる人々が主流になっていたら、おそらく日本という国はそれ以後大きく変わったことでしょう。

そこに気づいて蘇我氏の首を切ったのが、中大兄皇子と中臣鎌足です。つまり聖徳太子の意志を引き継いだ人たちが日本を統治することとなり、聖徳太子信仰はずっと残っていくのです。

蘇我氏なきあとの秦氏〜土師氏と菅原道真〜

茂木：田中先生は埴輪や仏像、雅楽の面などについても独特の考察をされていますね。

※4　大避神社：兵庫県赤穂市坂越《さこし》にある神社。秦河勝（大避大神）を祀る。瀬戸内海三大船祭りの一つ「坂越の船祭り」でも知られる。京都太秦、広隆寺の隣にある大酒神社（祭神：秦始皇帝・弓月王・秦酒公）から分社した神社。

田中：今、新しい事実として、DNA鑑定において日本人のD2遺伝子がユダヤ人に近いといわれています。これが、中国人や韓国・朝鮮人のDNAとの大きな違いですね。

茂木：父方をたどれるY染色体遺伝子のお話ですね。D2系統は古いモンゴロイドの遺伝子で縄文人やチベット人に強く発現します。

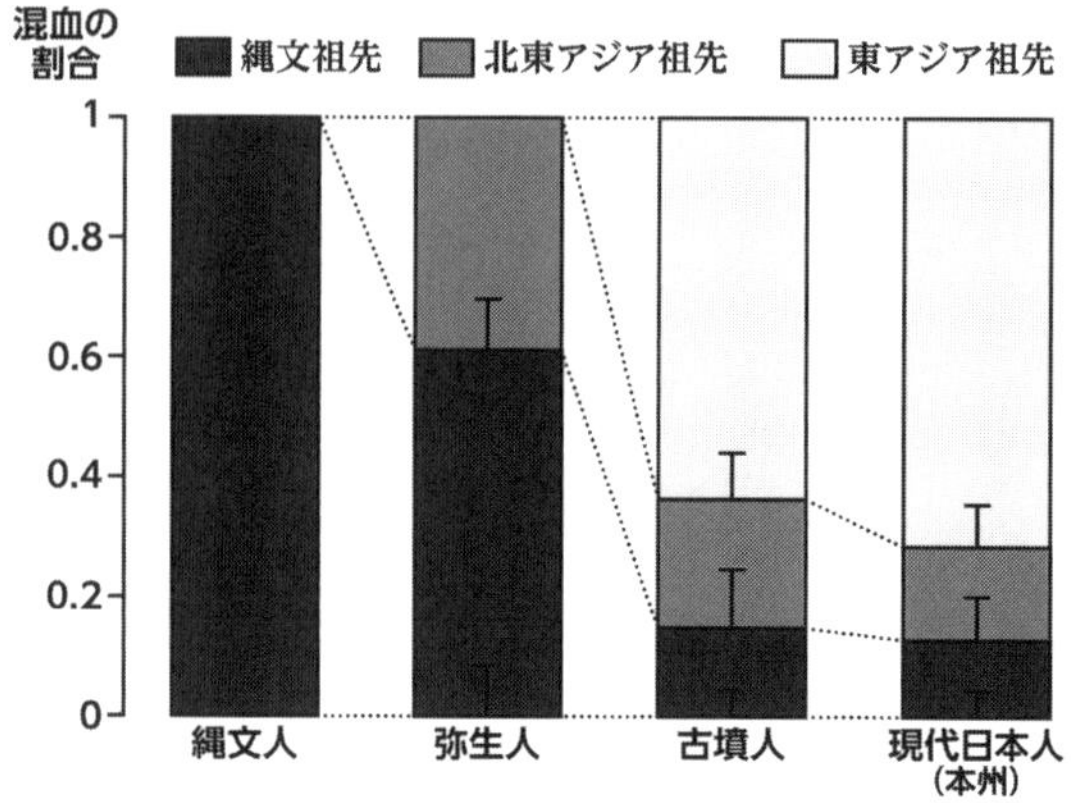

©金沢大学「縄文時代から現代に至るまでの日本人ゲノムの変遷」図
Cooke et al. (2021) Science Advancesにおける解析結果より

これに対して中国人や韓国・朝鮮人は新しいモンゴロイドで、O2系統という遺伝子です。

ユダヤ人を含む中東の諸民族はE系統に属します。このE系統と縄文のD2系統の起源をたどると、約7万年前に東アフリカに住んでいた男性に起こった遺伝子の突然変異に行き着きます。この変異をYAP《ヤップ》遺伝子と申しまして、日本人とユダヤ人がこれを共有しているのは事実です。アラブ人やチベット人もこれを共有していますが。

田中：《ユダヤ人埴輪》と《DNA》の二つが、日本人とユダヤ人が古代から関わりがある決定的な証拠といえるでしょう。ただ、蘇我氏の時代、7世紀頃の人々がユダヤ系の顔をしていたかといえば、必ずしもそうではなかったでしょう。世代が3代経てば、顔貌も変わります。日本人的な顔になったりするわけです。

茂木：渡来人も結婚相手が土着日本人となればミックスされていきます。もはや日本人全員が混血であることも、DNA鑑定で明らかですね。最新の核ゲノム［※5］の分析では、弥生時代には縄文系が60％で大陸系が40％でしたが、古墳時代には縄文系が20％を切ります［※6］。古墳時代に大陸から日本列島へ大規模な人の移動が起こったことがわかります。

東大寺所蔵の伎楽面「酔胡従《すいこじゅう》」

田中：ところが「西洋人あるいは中東人的風貌が残されている顔」が伎《ぎ》楽《がく》のお面や、仏像の中の男性的な脇《きょう》侍《じ》像の姿になっていたりするのです。鼻が異様に高いなど、日本人離れしている顔のお面が、法隆寺や東大寺などには沢山残されています。それは中央の釈迦像、菩薩像の平面的な顔立ちとは対照的です。

また、室町時代の能楽師・世阿弥は代表作である『風姿花伝』で、〝能の始祖は秦河勝である〟と記してい

※5　核ゲノム：細胞核に含まれる最小単位の遺伝子情報。Y染色体が父系祖先、ミトコンドリアDNAが母系祖先だけをたどれるのに対し、核ゲノムはすべての祖先の情報を含む。

※6　掲載した前のページの図は、金沢大学人間社会研究域附属古代文明・文化資源学研究センターの覚張隆史助教らによる「パレオゲノミクスで解明された日本人の三重構造」より引用。遺跡から出土した人骨からゲノムデータを採取している。

ます。京都最古の寺として知られる広隆《こうりゅう》寺は秦河勝が建てたものです。

茂木：鬼の面、天狗の面も平均的日本人の顔と比べれば「異形《いぎょう》」ですよね。「歌舞伎顔」といわれる顔立ちも、何かしらの外来の遺伝子が入っているといわれても不思議ではありません。

田中：そうですね、日本には古代の頃より、外国の血が入ってきているのです。しかし、今でも変わらないと思いますが、日本人は、あまり容姿で差別をしません。鼻が異様に高かったり、体格が大きかったり、目の色や肌の色が違ったりといった人たちが日本にいても、皆、同化させてしまいます。特に海沿いの人々などは、旅人には寛大なのです。秦氏や蘇我氏は娘を天皇に嫁がせたりなどして何とか国を変えようと試みましたが、結局、大きな変化にはなりませんでした。

茂木：先生は《日本の同化力》を見くびるなといつもおっしゃっていますね。今の日本人の顔を見比べると、非常にバラエティーに富んでいることがわかります。日本人形みたいな「典型的日本人」の顔って、むしろ少ないですよね。

田中：外国人も3代も経てば同化していくのですよ(笑)。要するに大人しくなっていくのです。蘇我氏を滅ぼした中臣氏＝藤原氏が興隆を極める一方で、秦氏の系統は政治の表舞台から徐々に消えていきました。ただし彼らの性格は、日本人の中に残されていると思います。

例えば、菅原道真［※7］という学者で政治家がいます。第六十代醍醐天皇の御世ですが、道真は天皇に認められて右大臣となります。左大臣の藤原時平と拮抗しました。醍醐天皇は菅原道真の能力を高く認めていましたが、結局は周囲に妬まれ、謀反《むほん》の罪で太宰府に追放となります。

菅原道真は土師氏《はじし》の出でした。彼自身、祖先は天穂日命《あめのほひのみこと》であり、野見宿禰《のみのすくね》であることを自覚していました。スサノオ以来の古い系統の秦氏ですね。

茂木：土師氏と秦氏はどういう関係とみればよろしいでしょうか。

田中：同族ですね。先に、土師氏は古墳の造営で活躍したとお話ししましたが、土を扱う人々という意味で土師氏という名前をつけられるわけです。「土師器《はじき》」という名前の素焼きの土器は、弥生時代から平安時代まで日常的に使われましたし、土を扱う技術力と資力は、灌漑事業に活かされました。

7世紀から日本の芸術文化が一気に栄えるのですが、彼らの財力で仏像などもつくられたのです。仏像の姿形は全部違っていて、実はたいへん作家性が高い芸術性を持っている作品群であるということは、残念なことに一般的にあまり理解されていません。

茂木：田中先生は美術史家として、日本の仏像美術もご専門にされていますね。

田中：聖徳太子や蘇我氏に重用された作家に止利仏師《とりぶっし》［※8］という人がいましてね、中国系

※7 菅原道真：845〜903年。太宰府天満宮（福岡県太宰府市。全国に約1万2000社ある天満宮・天神社の総本社）の主祭神。天神様、学問の神さまとして有名。左大臣藤原時平らの陰謀によって太宰府に左遷されその地で死去した。その直後に起こった時平の急死や皇居落雷事件は、「道真の祟り」と見なされ、その鎮魂のため京都に北野天満宮が建てられた。

※8 止利仏師：鞍作止利《くらつくりのとり》。飛鳥時代を代表する仏師で彫刻界のパイオニア、聖徳太子や蘇我氏とのつながりが深い。代表作は釈迦三尊像（法隆寺）、飛鳥大仏（飛鳥寺）など。

の渡来人といわれていますが、こちらも秦氏系と思われます。
　秦氏はその後、政治の世界での出世は望めなかったものの、絹織物や農耕、鉱物資源、温泉の開発といった分野で、全国にわたって活躍します、そうした力をつけ、各地の商業活動に進出していくのです。
茂木：つまり秦氏は藤原氏に押されて政治からは手を引き、芸術や実業の世界に活躍の場を見出したのですね。
田中：秦氏の系統においては、時々、特殊な能力に際立った人も出てきますね。私の考えるところでは、源義経もそうではないかと。京都の北の鞍馬寺で修行した義経のもとには「天狗」たちがいました。その容貌という単純な視点からいっても、天狗と秦氏系、ユダヤ系渡来人との関係性は見逃せません。私はまた、義経のお母さんである常盤御前《ときわごぜん》が秦氏系であったとみています。敵方の平清盛に見初められるほどの美貌の持ち主でした。
　芸能者にも秦氏系は多い。その基本的性質としてノマド的、流浪が好きな人たちです。そういう人たちが神社で伎楽をやったり、能をやったりして芸を奉納する。能の世阿弥がまさにそうでした。後の歌舞伎役者も秦氏系といえるでしょう。織田信長なども秦氏的だと私は思います。革新的で商才がある。
茂木：ヨーロッパでも、もしユダヤ人がいなかったら、音楽も美術も学問も成り立たなかったといわれますね。

田中：私はルネサンス美術を専門の一つとしていますが、研究を通してわかるのは、メディチ家というユダヤ人資本家が大金を出すことで宮殿や教会が建立され、そのおかげで美術家の活躍の場が生まれた、ということです。ユダヤ商人が教会に献金することによって文化が生まれます。実用ではない部分、新しい潮流に資金が投入されることが多くなるのです。

その一方、彼らユダヤ自身からは文化は生まれない、ということもいえます。作家を助ける形でしかない。ユダヤ人の芸術家ももちろんいますが、私のみたところ、大芸術家はいません。興味深いことに、否定や破壊のコンセプトが流行する近代以降に、ユダヤ人芸術家あるいは言論人というものが出てくるのです。共産主義を編み出したマルクスも伝統や文化に否定的です。彼らは否定は巧みだけれども、自分では創造できない、生み出せない、という特性もあると思います。

日本人とユダヤ人の「化学反応」の歴史

茂木：ヨーロッパと同じことが日本でも起こった、とお考えですか？

田中：あくまで、日本人につくろうとする意志があったからこそ、彼らが金を出して何かをつくることができたわけです。前円後方墳なども、日本人がその形にアイディアを出したと私は思っています。

秦氏は、さらに言葉もよくできるから、日本語の文字形成にも力を発揮しました。『古事記』や『日本書紀』が生まれたのも彼らのおかげでしょう。私は、『古事記』を編纂した稗田阿礼《ひえだのあれ》や太安万侶《おおのやすまろ》といった人たちも、やはり秦氏系だとみています。

茂木：日本神話の物語の中に、ギリシア神話や『旧約聖書』の神話が混ざっているようなところも、その影響といえそうです。文化の仲介、言語的な橋渡しとしての役割を、ユダヤ人は昔から世界中でやっているのですね。

田中：彼らの役割はまさにそれですね。私の知っているユダヤ人で9カ国語を使うという人もいました。言語の才能は、国と国、文化と文化の橋渡しをするということに適しているわけです。今も、そういう仕事に就いているユダヤ人は多い。

日本人がつくり続ける物語というものは、《皇統を守り続ける精神》と通じています。そして、日本人がその感覚をしっかりと保持している間は、彼らは一貫して日本人を助けるという形で存在する……という伝統があるようです。いろいろなことが、まだまだこれからわかってくると思いますね。

日本に帰化した秦氏は、神社をつくった

田中：先日、とあるユダヤ人ジャーナリストが私のインタビューを撮ってくれました。その動

画に英語字幕をつけて、イスラエルの人たちに見てもらったら非常に人気で、日本に行きたいという人が増えた、といっていました（笑）〔※9〕。日本という場所は彼らにとって、住むのに適しているんですね。日本の自然には、彼らの土地にはない豊かさがある。

私は『京都はユダヤ人秦氏がつくった』（育鵬社／2021年）という本を書きました。タイトル通り、「京都の神社と町は秦氏が貢献している部分が多い」ということを論じた本です。京都に神社が盛んに立てられるようになる7世紀あたりから、秦氏の活動は急激に形式化していきます。日本化というべきでしょうか。彼らに一神教を捨てさせる力が日本にあったということです。

茂木：「唯一の神」を捨てるというのは、相当な覚悟が必要ではないでしょうか。

田中：彼らはヤハウェの神を捨てました。故国の人にいわせれば、相当な裏切り者ともいえます。しかし、実際に日本に来た人々には、日本は十分すぎるくらいに福音する価値のある土地だということがわかったわけです。

茂木：日本の自然の神々と、彼らの「父なる神」には重なるものがあったのでしょうか。

田中：彼らは、基本的には砂漠の民です。自然は苛酷ですから。

彼らの神は、自然から生まれるものではなく、観念の中から生まれます。それは言葉の神と

※9 ユーチューブチャンネル My Jewish Japan《田中英道―文学博士 東北大学名誉教授「秦氏ユダヤ人は日本に同化した」》2022年8月20日公開の動画。20万再生を超える視聴数。

いってもよいでしょう。対して日本は《目の前にある自然がすべて神》となりますから、どうしたって考え方が異なりますよね。その違いは、これからもずっと続くでしょうから、我々はこのことをもっと意識すべきです。

それに加え肝心なことは、我々が西洋思想と呼んでいるもののほとんどはユダヤ思想である、ということとです。

茂木：考えてみれば本当に真逆ですね。ギリシア・ローマ時代は日本と同じ多神教の世界でした。そこにユダヤ教の分派であるキリスト教が流れ込み、ヨーロッパの多神教世界を一神教化していったわけです。その際にも、キリスト教の側が多神教への妥協をせざるをえなかったのです。マリア崇拝や聖者崇拝は、その典型ですね。

田中：原始キリスト教徒は、実は多神教とも親和性がありました。神道にも帰化しやすかったと思いますよ。エジプトがそうであったように、ユダヤ教の前は太陽信仰だったわけです。彼らには元々、太陽信仰でいいのだ、ということがあったのだろうと思います。だからこそ自然に、日本に同化していくことができたわけです。

現在は、環境問題が大きくクローズアップされていますが、自然が大事だと考えることは、彼らも我々も同じです。

茂木：人間として、元々の自然観は同じはずであると。

田中：ところが、あとからやって来た秦氏系の人たちの信仰のスタイルは、どちらかというと、

イラスト：Kinako

山にこもったりなどして、個人を深く探究するという形になっていきます。聖徳太子が目指した、街の中で一般の人々がゆるやかな共同体をつくる信仰というより、山伏や天狗、鬼という特異な方向の信仰に発展していきます。これはまたこれで興味深いのですけれども。

茂木：山岳信仰の山伏や天狗の格好は、ユダヤ教の祭司の格好と瓜二つですよね。

田中：山伏は兜巾《ときん》（頭襟）と呼ばれる黒い小さな箱を頭に乗せていますが、これはユダヤ教徒がお祈りの時に頭につけるテフィリン（ヒラクティリー）という黒い箱とよく似ています。

　山伏のほら貝とユダヤ教徒のショーファーという雄羊の角《つの》笛もそっくりです。ショーファーは『旧約聖書』にも出てくるラッパで、ユダヤのお正月（9〜10月頃）の時には盛大に鳴らされます。

高天原系神社と秦氏系神社の見分け方

茂木：平安京の建設用地を提供した秦氏は、彼らの地元である太秦《うずまさ》を中心に八坂神社、伏見稲荷大社、松尾大社などを創建していきました。この時代は仏教界で最澄と空海が密教という新たな思想をもたらしましたが、神道界でも秦氏が新たな運動を起こしていますね。

田中：先に触れた八幡神社と、赤い鳥居の稲荷神社をどんどんつくっていったということですよね。いま全国におよそ8～11万社ある神社のうち、八幡神社は4万社、稲荷神社は3万社もあるそうです［※10］。

　神社の鳥居の形もよく見ると面白いですよ。日本古来のスタイルである《高天原系の神明《しんめい》鳥居》と、7、8世紀以降の《秦氏系の明神《みょうじん》鳥居》でしっかり分かれているのです。

伊勢神宮の鳥居（神明鳥居）©mklgan/PIXTA

茂木：伊勢神宮などの素朴でシンプルなスタイルが〝高天原系〟、八幡神社や稲荷神社に見られる赤くてゴージャスな鳥居が〝秦氏系〟、ということですね。

田中：大雑把にいえば、そういうことです。丸太でつくった自然形と、屋根をつけた人工形の違いといっていいかもしれません。他にも例えば、鹿島神宮では、神社の入り口にある大きな鳥居と、拝殿の前にある小型の鳥居とではまったく形が違っていて、入り口の大鳥居は《神明鳥居》でシンプルなつくりの直線形をしています。ところが拝殿の前にある鳥居は屋根がついているような形で少し婉曲を描いており《明神鳥居》なのです。

茂木：それはまた不思議ですね、つくられた時代が違うのでしょうか？

田中：鹿島神宮は日高見国の象徴なので高天原系ですが、そこにあとから、出雲系・秦氏系が入ってきたということが、そんなところからもわかりますね。先にあるものをきちんと残しておくところが日本人らしいと思いませんか。

伏見稲荷大社の鳥居（明神鳥居）©tomcat/PIXTA

稲荷神社とキリスト教を結ぶ「ＩＮＲＩ」

茂木：京都の伏見稲荷大社の朱色の鳥居のトンネルなどは、インスタ映えすることで外国人観

※10　八幡神社…「全国約11万の神社のうち、八幡さまが最も多く、４万６００社あまりのお社がある」（宇佐神宮公式ＨＰより）
稲荷神社…「全国に３万社」（伏見稲荷公式ＨＰより）

光客にも大人気です。秦氏のプレゼン勝ちでしょうか（笑）。

田中：まぁあれは、ユダヤ人にいわせれば、血の赤なのですが（苦笑）……鳥居の朱色（赤色）は、ユダヤのお祭りである「過越《すぎこし》の祭」（ペサハ）という行事に由来しているという説があります。

茂木：「過越」について解説させてください。古代エジプトで奴隷労働に苦しむイスラエル（ユダヤ）人を救出するため、エジプトに対して神が「十の災い」をもたらしました。その十番目に、「エジプト中の初子《ういご》、初めて生まれた赤ちゃんを殺す」という災いがあったんですね。

しかしそのとき神が、イスラエル人だけを救うために「〝門柱〟と〝鴨居〟に子羊の血のついた家の前は神が〝過ぎ越し〟、災いを免れた」という話です。

赤い鳥居の由来がこれだとなると、赤は子羊の血であり、彼らにとってみれば、厄災から逃れるためのしきたりなのかもしれませんね（巻頭カラーページ参照）。

それから、稲荷神社のシンボルがキツネになるのは神仏習合以降のことで、それ以前の「イナリ神」の正体は穀物神のウカノミタマ（稲魂）でした。

田中：「稲荷」は『山城国風土記』によれば、元々「伊奈利」だったようですが、これはいわゆる万葉仮名として漢字があてら

れたものです。ということは外来語ということになります。そして、「イナリ」というのは「INRI」だという説もあります。

「INRI」とは、イエス・キリストが磔刑《たっけい》に処せられた時、その十字架の上に掲げられた罪状書きの頭字を並べたものです。ラテン語「IESVS NAZARENVS REX IVDAEORVM」のI、N、R、I、で、意味は「ユダヤ人の王、ナザレのイエス」です。

「イナリ」は、この「INRI」からきたものである、というのですね。一方では「異なり」であって、異なる人たちということだ、という解釈もあるようです。いずれにしても、赤のイメージは、キリストの血であるという説まであるわけです。

茂木：もしそれが事実なら、大変なことですよね。全国の稲荷神社は実はイエスさまを祀っていたという……。

田中：秦氏の末裔は、神をすてきれずに、神を隠そうとしたのかもしれませんね。

茂木：全国の稲荷神社の総本社である京都の伏見稲荷神社の祝詞《のりと》には、衝撃的なことが書いてあります。「それ神は、唯一にして御形《みかた》なし、虚《きょ》にして霊有り」。稲荷神は唯一の神であり、形がない、と。これって『旧約聖書』のヤハウェ神と同じじゃないですか。

田中：祇園祭〔※11〕で有名な八坂神社はスサノオを祭神とする神社ですが、八坂神社もまた別の、ユダヤ系渡来人に伝わる物語を持っています。彼らは日本の神々を借り、ユダヤ人が本

※11 「祇園祭」は「ノアの方舟」を模しているお祭りであることを第2章でお話ししました。

来持っている様々な物語をそこに当てはめていきました。また、京都の広隆寺近くにある木嶋《このしま》神社（通称：蚕の社《やしろ》／京都市右京区太秦）の「三柱《みはしら》鳥居」はキリスト教主流派の「三位一体《さんみいったい》」を表しているともいわれますね。

茂木：あの三柱鳥居も不思議ですね……。でも三位一体説はネストリウス派を追放した正統派（アタナシウス派）の教義ですから、秦氏の中もネストリウス派とアタナシウス派とに分裂していたのでしょうか……。

田中：いずれにせよ彼らは、決して自分たちの信仰を強要することをせず、神道の中にまぎれこませた。それが非常にうまくいったわけです。

　彼らは日本に合うようなやり方を模索しました。また、地元の人たちは、彼らの考えに、ある種の神秘的な意味を感じ、かえって尊敬を集めるということになりました。

「三柱鳥居」木嶋坐天照御魂神社《このしまにますあまてるみたま》

　それ以前の日本の信仰はあまりにも素朴すぎたのです。日本人は、太陽や山や岩や木を拝めばそれでいいのですから。

茂木：伊勢神宮もたいへんシンプルです。モノや色で溢れる現代人にとっては、逆に新鮮ですが。「シンプルライフ」とか「ミニマリスト」と近しいものがあるかもしれません。
田中：実体を信仰するのですから、太陽や山は別として、それが焼けてなくなるとか朽ち果ててしまう場合がある。秦氏たちはそれらの前に「ほこら」や「やしろ」をつくって継続化しようとしたといっていいでしょう。それが「神社」なのです。
茂木：弓月君の一族が大量に渡ってきた応神天皇の時代には、まだ仏教は入っていませんでした。自然崇拝的な、本当の古神道みたいなものしかなかったのでしょう。そこにユダヤのような、かなり体系化された宗教が入ってきました。これは衝撃だったでしょうね。
田中：〝神社〟いうスタイルを採用することで宮司や神職という役割が必要となり、祭祀というものが永続的に続けられていくということになります。彼らの組織力というかシステムをつくる能力はまったく巧みだなと思いますよ。
茂木：前方後円墳の形の謎解きとして、本来は円墳だったところに祭壇ができて、それがだんだんと大きくなっていったのだ、という説があります。これは神社の成り立ちと似ているな、と思いました。元々拝むだけのところだったのが、建物や敷地が徐々に大きくなっていきます。でも御神体の方には踏み込まない、というのが実に面白いですね。
田中：自然というものに、左右対称はありません。縄文土器を見ても、左右対象な幾何学的な模様はないのです。しかし彼らは、前円後方墳に左右対象形を持ってきました。
それはつまり、神道的精神である《天地《あめつち》》の精神を〝シンボル化〟したということです。円の部分が天であり、そこに埋葬されている領主は天へ行く。そういう思いでつくられていることがわかります。

彼らが最新技術を持ち込んだのです。逆にいえば、彼らの技術とセンスを理解する能力が、日本人にはあった。古墳時代の日本人は異質のものに触れて興奮したことでしょう。当時の日本人にとっては脅威のテクノロジーであり、憧れの対象だったに違いありません。

多胡羊太夫《たごひつじだゆう》の挑戦と和同開珎の登場

茂木：ところで群馬県の高崎駅へ行くと、駅の改札を出たところに「多胡羊太夫《たごひつじだゆう》の碑」[※12]といった看板があるんです。高崎市には「上野三碑《こうづけさんぴ》」と呼ばれる、飛鳥時代末期から奈良時代初期にかけて建てられた「山上碑《やまのうえひ》」「多胡碑《たごひ》」「金井沢碑《かないざわひ》」という大きな石碑がありまして、2020年にユネスコの「世界記憶遺産」に登録されたのですが、地元の名所として盛り上がりをみせているようです。羊太夫っていう名前がまず面白いですね。

田中：多胡羊太夫は天武天皇の時代の当地の豪族ですが、その名前にある「胡」というのは「中国の西の人」という意味です[※13]。だからといって、アフガニスタンやペルシヤの人ではありません。

茂木：シルクロードの民、まさに弓月国があった場所ですよね。

「多胡碑」 画像提供：高崎市教育委員会

田中：まさにそういうことでしょう。多胡氏というのも、そのルーツは秦氏系の人たちです。

彼らは日本に来て、まず資源探しをしました。そうすると、群馬と埼玉の秩父あたりに銅が見つかったわけです。極めて純度の高い精錬不要の自然銅「和銅《にぎあかね》（熟銅）」でした。そこで彼らは、ヤマト政権の大納言の地位にあった藤原不比等に「これで貨幣をつくりましょう」と提案します。それが受け入れられたのです。

茂木：日本初の貨幣「和同開珎《わどうかいちん》」ですね。日銀本店に併設されている貨幣博物館に行くと、実物を見ることができます。日本の貨幣は天武天皇時代の「富本銭《ふほんせん》」が最初で、「和同開珎」は二番目です。元明天皇（第四十三代・女帝）は銅の発見をお喜びになり、年号を「和銅」にあ

※12 多胡羊太夫：7世紀後半、群馬県（上毛野国）で郡司として活躍。渡来の焼き物や養蚕、羊、馬など新しい技術を導入。銅山を発見し和同開珎をつくった、ユダヤ系秦氏。
多胡碑：「上野三碑」の一つ。建立が和銅4（711）年頃。高さ125センチ、幅60センチの四角柱で前面に6行80文字が刻まれる。詳細はあとのページにて。

※13 【胡】：古代中国の北方・西方に住む異民族のこと。胡桃《くるみ》、胡麻《ごま》、胡椒《こしょう》、胡瓜《きゅうり》、二胡《にこ》（胡弓）などの「胡」は中央アジア方面からもたらされたものという意味がある。

らためました（708年）。

田中：「富本銭」はまったく普及しませんでしたが、「和同開珎」は初めて全国流通を目指した貨幣でした。そのシステムを法律も含めて大々的につくろうとしたわけです。「積極的にお金を使う人には貴族の位を与える」という政策（蓄銭叙位令）まで行い、盛り上げようと頑張ったのですが、和同開珎はほとんど流通しませんでした。

茂木：貨幣は信用。交換できてなんぼですから、当時の人々は「銅のおもちゃ」なんかより実物のコメや布をくれ、と思ったのでしょうね。

田中：「一石《いっこく》」という単位があります。一年で食べるコメの量を基準としているわけですけれども、当時は一石という単位を元に、コメあるいは絹、塩などの生活必需品の価格が定められていました。しかし、どうみても和同開珎という名前の銅の玉は、モノよりも価値が低いという感覚を人々は持ったのですね。つまり、銅銭とモノを交換する気持ちが生まれなかったわけです。

2017年頃にずいぶん話題になった『サピエンス全史』の著者、ユダヤ人のユヴァル・ノア・ハラリ氏などもいうように、貨幣は貨幣として独立した一つのフィクションです。例えば銅銭百貫分は百貫のお米と同じ価値があるのだという、そういう感覚を日本人は持てなかった。抽象的な金銭感覚になかなか魅力を持てなかったわけです。

ただ、これは決して日本人の考え方が遅れていたということではありません。むしろ非常に重要な日本人の価値観であり、ある意味でユダヤ的価値を簡単に認めないということの一つの大きな証拠だと思うのです。こういった感覚は、今の日本人も保持していると思います。

例えば、投資で資産運用する割合も欧米に比べ圧倒的に低い。こういったことは昔から変わらない日本人の一貫性といっていいでしょう。現代のように西洋化あるいはアメリカ化してマネー全盛の世界になったといいながらも、変わらない日本文化がしっかりと保持されている。これはもう本当に凄いことであると同時に、たいへん興味深いことです。

茂木：日本人の投資リテラシーの低さを嘆く人もいますが、現物・現金しか信じないというのは強みでもあります。ウクライナ戦争でロシアが厳しい経済制裁を受けてもへこたれないのは、石油や天然ガスを持っているからですね。私もマネー経済に毒されず、コメの備蓄をしたいと決意しています（笑）。

田中：いいですね。ちなみに、ハラリの『サピエンス全史』は物事の一面、ユダヤ的世界から見た歴史の一面しか描いていないと思っています。いずれ『日本から見たサピエンス全史』を書いてみたいところですね（笑）。

日本人は金銭より「土地」を信じてきた

茂木：日本人が一貫して保持してきたものとは何でしょうか？

田中：いろいろありますが、今の話の流れから一つ挙げれば「土地」です。

茂木：日本の自然豊かな国土は、日本人の誇りといっていいですよね。

田中：それと同時に、土地を個人所有することの素晴らしさというものもあります。

和同開珎ができた世紀には、聖武天皇によって「墾田永年私財法《こんでんえいねんしざいほう》」も制定され（743年）、土地所有が可能になったわけです。これを機に、人々は財産としての土地を持ち始め、荘園も登場します。農民は土地を持たないにしても、そこで働くことによって収入を得ます。土地というものが所有されることによって日本の国家は安定していくのです。金銭の流通よりも、土地を耕したり、木材や生物などの資源を活用したりすることの方が大事である……というわけです。

例えば中国にはこうしたことはありえません。中国では皇帝がすべての土地を完全に所有していました。ですから、一見広大な土地を持っているような人がいたとしても、政権が変わればすべて取り上げられてしまうのです。

土地を持っているということによって、どんなことがあっても自分は生きられる、という確信があるからこそ世の中が安定する。それが日本という国家です。安定しているから革命も起きません。確固たる伝統があるからこそ、日本では革命が起きないのです。

茂木：中国は王朝が易姓革命で交代し、ガラガラポンで所有権がリセットされてきました。ロシア革命などヨーロッパの王朝が倒れたのも、ユダヤ資本の革命家への支援があったといわれます。ユダヤ人たちはあらゆる国で貨幣流通を推奨し、利息を取ることを商いとしていました。『旧約聖書』には以下の一節があります。

外国人には利息を取って貸してもよいが、同胞からは利息を取ってはならない。

（申命記23章21節）

利息という概念が古代の頃より普通にあり、ユダヤ人が金融業で財を成すことは必然なのだなと思いますね。ユダヤ教を受け継ぐイスラム教では、今でも金利は違法です。

田中：多胡羊太夫は金融業で日本に革命を起こそうとしたのかもしれませんが、失敗に終わりました。ただし、羊太夫は他にも様々な事業を開発しました。群馬を馬の大産地として整備し、日本を馬の国にしたのもおそらく羊太夫の功績でしょう。

茂木："群馬"という地名は元々"くるま"とも呼ばれ「車持氏《くるまもち》」という豪族からきていますが、「馬が群れる」という字を当てたのは馬の産地でもあったからですね。養蚕《ようさん》の産業も群馬に根付かせ、のちに富岡製糸場となり、全国一の養蚕県となりました。羊太夫さんは、のちの渋沢栄一みたいな人だったのかもしれませんね。その偉業を称えて群馬県安中市には、羊太夫を祀る「羊神社」まであります。

田中：日本人は自然に従って生きる人々です。自然というものの対価を基準にしていますから、西洋的にならない、つまりユダヤ的にならないのです。このことを、多胡氏や秦氏たちは高く評価し、「日本人のあり方は素晴らしい」という考え方を持ち始めていくのです。

古墳時代の群馬は「毛」で溢れていた

茂木：実は群馬は古墳時代、もの凄い数の古墳がつくられた場所でした。当時、古墳が沢山つくられた地域は全国に7カ所あります。西からいうと、日向、筑紫、出雲、吉備、大和、尾張、そして北関東の群馬・栃木エリアです。

群馬・栃木を「毛野《けの》」といいます。「けの」あるいは「けぬ」と読みました。面白いのは、毛野に関する神話は全然なく、いきなり巨大古墳がドカンと出てくるというところです。『日本書紀』には、崇神天皇（第十代）の皇子である豊城入彦《とよきいりひこ》がこの地を最初に平定したとあり、宇都宮の二荒山《ふたあらやま》神社に祀られているのがこの豊城入彦です。

これは私の想像ですが、この地は浅間山の噴火が激しくて、しばらくほとんど人が住んでいなかったのではないかと思うんですね。古墳時代以降になってようやく、秦氏系の渡来人の入植があり拓かれていった土地なのではないか……ということです。

ちなみに、火山灰というのは酸性土壌なので牧草地に向いており、馬を飼うのに適していて、まさに「群馬」になったのではないでしょうか。

田中：弥生時代以降、浅間山が3回、榛名山が2回の大きな噴火があったようですね。紀元前の噴火の時期もわかると、日高見国の時代からヤマト政権の時代へ移っていく歴史が、より明らかになりそうです。

茂木：『日本書紀』ではヤマト政権に服属してない東北の諸部族をまとめて「蝦夷《えみし》」と呼んでいますけれども、蝦夷に対する防衛ラインということで、「毛野」と呼ばれた地域は非常に軍事的な性格を持った地方政権、出先機関の設置場所になったと思われます。

唐・新羅の連合軍と戦って敗北した663年の白村江《はくすきのえ》の戦い以降、九州の防衛隊として「防人《さきもり》」が関東から大量に派遣されますが、このあたりに住む軍事的訓練を受けた人々も多かったことでしょう。

ならば当然、それは埴輪にも反映されたのだろうということですね。群馬県には、たいへん立派な武人埴輪がいくつも出土しています。

田中：次のページの写真をよくご覧になってください。立派な「みずら」（ペイオト）をつけています。見事なユダヤ人埴輪です。紐の装飾なども、非常に特徴的ですね。彼らは日本にこういう風俗を持ってきました。しかし天武天皇は「みずら」はもうやめよう、日本らしさを取り戻そう、ということを人々に提案したのです。

また、その「蝦夷」という人々も、ユダヤ人系ではなかったかと考えています。のちの蘇我蝦夷がユダヤ系であると考えられるからです。

「埴輪 盛装の男子」
出典：国立文化財機構所蔵品統合検索システム
群馬県太田市「四ツ塚古墳」出土

今の群馬県にあたる地域を「上毛野《かみつけの》」、栃木県にあたる地域を「下毛野《しもつけの》」といいました。都に近い方が「上」で、「毛」という文字がつくわけですが、これは、渡来人の剛毛あるいは体毛が多いところを見て「毛」という言葉で表現した可能性もあると思いますね。「毛野」の名もユダヤ人系であり、「蝦夷」との関係があるのではないでしょうか。

例えば、神武天皇に敗れた「長髄彦《ながすねひこ》」など、身体的特色が名前になっていることが昔は多かった。「土蜘蛛《つちぐも》族」などもそうです。蜘蛛のように手や足が異様に長かった人たちのことを指したのだろうと思います。「長い」というのは、もちろん縄文人と比べて、ということです。手長族、足長族、などといわれた人々もいます。そういう変わった言葉の中に、渡来人を予想させる鍵があります。神秘化する必要はなく、極めて現実的な表現だと思えばよいと思います。

江戸時代に囁かれた「多胡碑」の十字架

茂木：「多胡碑」には、大和朝廷が多胡羊太夫に「新しい郡をつくれ」と命じたことが漢文で記されています。「300戸の家で新しい郡をつくって、そこの郡司（長官）に多胡羊太夫を任命する、名前は〝多胡郡〟としなさい」と書かれています。

田中：こんな立派な石碑をわざわざつくるのですから、土地をもらって、彼らは本当に大喜びをしたのでしょう。この喜びが、日本に定着する要因なのです。外国人が土地をもらうなどということは他の国ではありえません。

ちなみに、現代の日本では、月給の額だけが人々の経済レベルを表しますが、土地を持っているということこそ財産であり、そしてそれは、たいてい隠されています。税のことも人は他人にいいません。数字には上がらない経済的な価値というものは必ずしも表には出てこないのです。日本人の豊かさの秘密がそういうところにありますし、逆にいえば、土地を持っている人は伝統を守っていかなければならないということです。

茂木：実は、こちらの「多胡碑」に関する伝承が、江戸時代の中期、1821年の文政年間に書かれた「甲子夜話《かっしやわ》」という随筆に載っており、注目に値します。書いたのは平戸藩主の松浦静山という方なんですけれども、少しご紹介しますと……

「JNRI」

この蛮文、上野国なる多胡羊太夫の碑の傍より先年石槨《せっかく》を掘出す。其内に古銅券あり。その標題の字この如し。其後或人、蛮書『コルネーキ』を閲するに、邪蘇刑に就の図ある処の、像の上に横架を画き、亦この四字を題す。因て蛮文通達の人に憑て彼邦の語を糺すに、其義更に審にせずと。

（甲子夜話・巻73）

《現代語訳》

先年上野の国・多胡羊太夫の碑の傍から石室を掘り出したが、その中から古銅券（銅板）が出た。その表題の字が「JNRI」となっている。ある人がのちオランダ書『コルネーキ』で調べた。するとイエス処刑の図の十字架の上部に、この四字が書かれているのがわかった。

しかし、その意味について蛮学に通じた人に尋ねてみたのだかよくわからなかった。

（平凡社東洋文庫『甲子夜話続編6』巻73から現代語訳）

茂木：松浦静山〔※14〕の話は、あくまでも伝聞として書いてあるものですが、もし本当のことであれば、羊太夫はまさにキリスト教徒、名前も迷える子羊からとったに違いないです。さらに静山は「羊太夫の墓から十字架も見つかった」と書いています。

田中：その銅券の詳細を調べれば、古代の年代においてもキリスト教徒が日本に来たということが明らかになりますね。多胡氏はネストリウス派の蘇我氏とのつながりがあるでしょう。キリストのことを「邪蘇」「耶蘇」とも書きますが、「蘇」という文字とネストリウス派は非常によく対応するのです。

「JNRI」というのは、先にもお話しした「INRI」のことでしょう。江戸時代にこういったことが話題となり文献にもなっているというのは大変興味深いですね。特に古墳大国の群馬にこれがあったということは、むべなるかなという感じです。

茂木：日本では古来、十字架は「ハタモノ」と呼ばれていました。秦氏の物だから「秦物」だったのでしょうか。家紋に十字架が現れている例も少なくないですね。

田中：鹿児島の島津家の家紋「丸に十字」はまさに十字架です。また、芝山遺跡周辺の埴輪には十字架がついている埴輪が複数見つかっています。それらは、ネストリウス派の証拠であるとみています。

島津家家紋「丸に十の字」

※14　松浦静山：本名、松浦清（1760〜1841年）。肥前国平戸藩九代藩主。隠居後に執筆した随筆集『甲子夜話』は、江戸後期（田沼時代から寛政の改革期）の重要資料。

馬の埴輪に丸十字
展示：芝山町立芝山古墳・はにわ博物館
所蔵：芝山仁王尊観音教寺

しかし、十字架やキリスト教の痕跡は日本各地にいろいろとありますが、信仰の方は残っていません。
16世紀にヨーロッパから宣教師がやって来た時、宣教師の中に「実は日本にはすでにキリスト教が来ていたのではないか」と疑問を持つ人がいたそうです。ザビエルも島津家の家紋を見て「白い十字架だ」と驚いたといいます。彼らにはキリスト教しか見えていないという傲慢で浅はかな面もあるのですが、「これほど国内に秩序があって、しかも好奇心が強く責任感がある立派な人が多い国の道徳や教育が、キリスト教なしに成立するのか」という疑問を持ったわけです。

ユダヤ系渡来人たちは、様々な外来の文化を日本にもたらしました。しかし日本人はそれらをより洗練されたものにし、逆に、そういった人たちの存在をある意味で消していきました。日本古来の神道的な自然道が、あの時代の秦氏、蘇我氏のネストリウス派や原始キリスト教、ユダヤ教の考え方をすべて骨抜きにしたのです。神道的にいえば「祓われた」といってもいいでしょう。結局、彼らの思想は日本には根付かなかった。それが現代日本の、キリスト教徒が1％以下、マルクス主義者も1％以下ということに通じているのです。

第6章

中世以降のユダヤ人と世界史

（1400年〜）

「ユダヤ人」は一枚岩ではない

茂木：これまでユダヤのことをさんざん語ってまいりましたが、ユダヤ人も多種多様。厳格なユダヤ教徒もいれば、戒律にゆるゆるだったり、無宗教の人も多いようですね。

田中：ユダヤ人をこのようにいい表した人もいます。

「ユダヤ人が二人集まると三つの党ができる」

茂木：面白いですね（笑）。〝ユダヤ人〟と聞くと何か陰謀を企んでいる……というイメージを持つ方も少なくないようです。ところが実際のユダヤ人ときたら……。

田中：自分一人で二つの政党がつくれるとはどういうことなのか。彼らの処世術、頭の良さ、日本人にはない狡猾さがうまく表現されていますね。

茂木：国際的に活動する人、世界史を学ぶ人の常識にしておきたいのが、ユダヤ人の種類ですね。本来のユダヤ人、例えばモーセや、イエス・キリストは、黒髪で褐色の肌をした中東人らしい顔立ちといわれます。カトリック教会に祀られているイエス像はいわゆる白人顔ですが、あれはヨーロッパ人の空想の産物ともいえますよね。1世紀、イエスが生きていた時代のユダヤ人の人骨から再現された顔が「ナショナル・ジオグラフィック」誌に載っていました（左の写真参照）。つまり、イエス様もだいたいこんな感じのお顔だったのではと思われます。

田中：古代の日本にやって来た人々……例えば秦氏系のユダヤ人などもこういう容姿だったと

ユダヤ人の地域的分類

＊ アシュケナージ（西欧➡ロシア、白人と混血）
＊ スファラディ（スペイン➡地中海沿岸、英・蘭）
＊ オリエント・ユダヤ（中東諸国、アラブ人と混血）
＊ ファラシャ/ベタ・イスラエル（エチオピア人と混血）

（1976年）という本を書いたのです（カザールとハザールは同義）。

「失われた10支族」を含めユダヤ人は12支族に分かれていますが、実はユダヤの血統ではないハザール人がユダヤ教に改宗して「第13支族」になったのだ、という内容です。この本を日本語に訳した宇野正美さんが日本でこの「偽ユダヤ説」を広めています。私もこの本を読んだ時には衝撃を受けましたが、今は批判的にみています。

田中：「ハザール王国」は、世界史の教科書には出てきますか？

茂木：出てきません。7〜10世紀、黒海とカスピ海の間の大草原を支配したトルコ系遊牧民の国ですね。この時代のトルコ人は純粋なモンゴロイドで、我々とよく似た顔でした。

ところが南からイスラム帝国、西からキリスト教（東方正教）のビザンツ帝国に改宗を迫られたハザールの王は「第三の道」を取りました。なんとユダヤ教を国教にしたのです！

田中：今のイスラエルでさえユダヤ教を国教にしていませんからね。画期的なことです。

茂木：その後、流浪のユダヤ人たちを受け入れ、ハザール王国はヨーロッパとアジアの中継地として栄えました。しかし、最終的にはロシア（キエフ・ルーシ）に飲み込まれてしまいます。

田中：今でもロシアやウクライナにユダヤ人はけっこういるのですが、彼らはみな、このハザールをルーツにしているといえますか？

茂木：そういう人たちもいると思います。その一方で、十字軍に迫害された西欧系のアシュケナージが大量にポーランド王国に逃げ込んでいます。そのポーランド王国がウクライナまで勢力を広げた結果、アシュケナージがウクライナまで流れ込んでくるのです。

このウクライナをポーランドから奪ったのがロシア帝国で（18世紀後半）、最終的にはポーランド本体も飲み込んでしまいました。つまりこの段階でロシアは、

①キエフ公国以来のハザール系ユダヤ人
②ポーランド経由で西欧から流入したユダヤ人（アシュケナージ）

とを抱え込むことになったわけです。

田中：アシュケナージとハザール系とのつながりは、DNA鑑定で証明できそうです。

茂木：もしアシュケナージがトルコ系のDNAを色濃く受け継いでいることが分子生物学で証明できれば、ケストラーの「アシュケナージ＝ハザール（偽ユダヤ人）説」が証明できるわけです。今のところその証明はできていません。

いずれにせよ、ロシア帝国に飲み込まれたユダヤ人には、過酷な運命が待っていました。19世紀末に革命運動が激化し、農民たちの恨みはロシア貴族に向かったほか、彼らの手先となって徴税を行うユダヤ人にも向けられました。帝国政府は自分たちに矛先が向かないように、民衆にユダヤ人差別を焚き付けたのです。

1881年にロシア皇帝アレクサンドル2世の暗殺事件が起こり、犯人グループの中にユダヤ人がいたことから、ロシア全土でヒステリックなユダヤ人襲撃が起こりました。これが「ポグロム（破壊）」です。数十万人以上が殺され、数百万人がロシアから脱出し、欧州やアメリカへ亡命しました。その被害規模はナチス・ドイツのホロコーストと同様、またはそれ以上だったともいわれます。

田中：アメリカのユダヤ人には、祖先がロシアから逃げてきたという人が沢山います。ポグロ

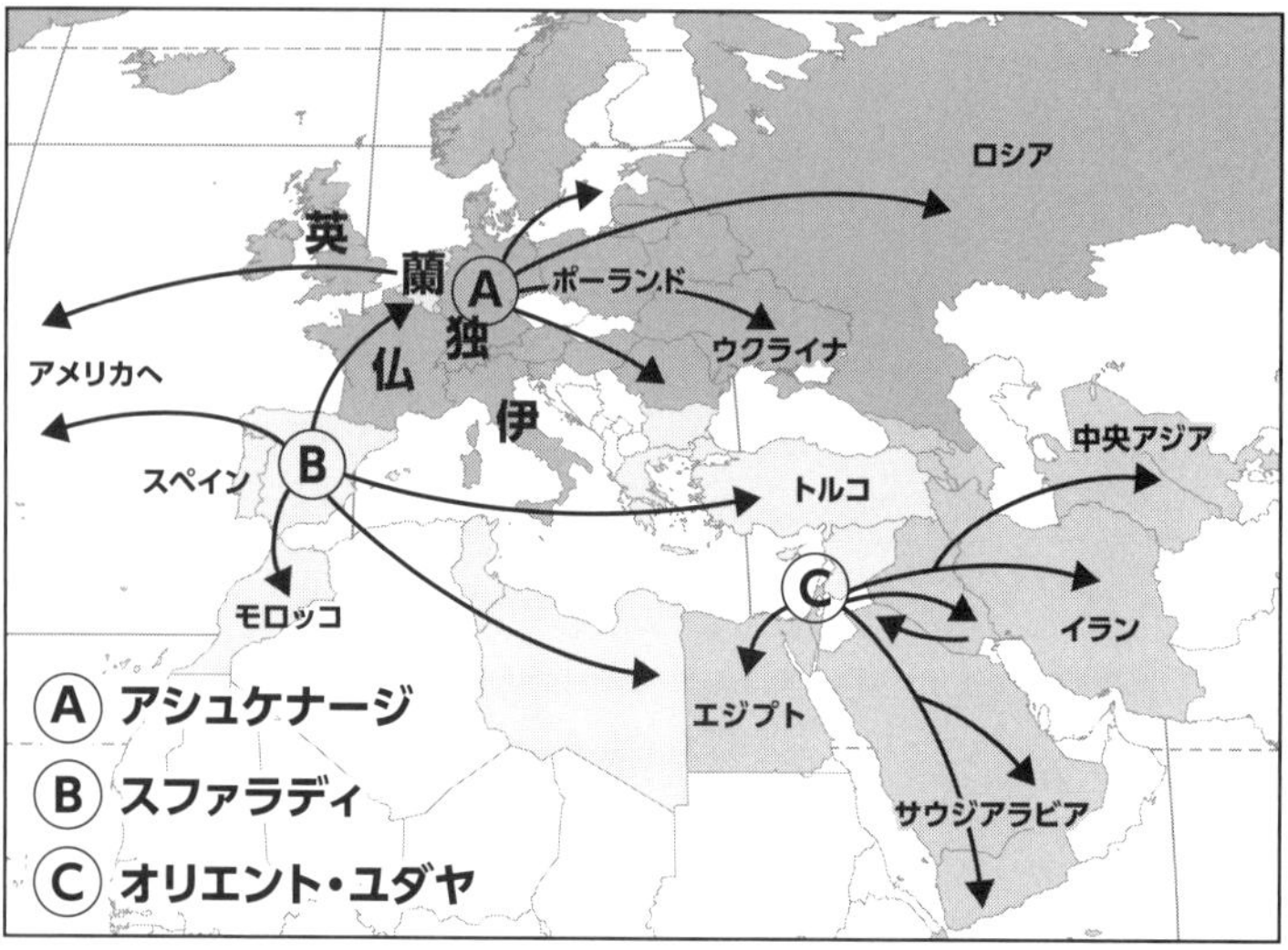

ムの生き残りですね。

茂木：バイデン政権のブリンケン国務長官、ヴィクトリア・ヌーランド国務次官は共にユダヤ人ですが、祖父がロシア領ウクライナから逃れてアメリカに移住したという経緯があり、ロシアにもの凄い怨念を持っていますね。このことが、バイデン政権のロシア敵視政策に影響を与えているのです。

田中：フランクフルト出身のロスチャイルド家もアシュケナージといえますか？

茂木：私もそう思っていたのですが、日本人ユダヤ教徒で情報通の吉岡孝浩さんによると「ロスチャイルド家の祖先はイラクにいた。実はスファラディではないか」とおっしゃっていて驚きました。サスーン家（後述）と近い感じかもしれませんね。

スファラディとオリエント・ユダヤ

スファラディ……イベリア半島から地中海沿岸へ広がったユダヤ人

中世のイベリア半島は長くイスラム教徒の支配下にあり、ユダヤ人には一定の自治が認められていました。彼らはスペイン語の方言であるラディーノ語を話していました。

ところが、キリスト教（カトリック）国のスペインとポルトガルがイスラム教徒を駆逐するミニ十字軍＝レコンキスタ（国土回復運動）を進めた結果、1492年にスペインのイサベル女王が半島を統一し、イスラム教徒とユダヤ教徒の追放令を出します。故郷を追われたスファラディは、地中海沿岸のイタリア諸都市や、ギリシアからアルジェリアまで支配していたオスマン帝国に保護を求めました。また、スペインから独立したオランダや、それを助けたイギリス、その植民地の北アメリカも、彼らの避難所となっていきます。

田中：スファラディのユダヤ人にも、優秀な人は沢山いると思いますよ。スペインからオランダ、オランダからアメリカへ移民した人も多くいたことでしょう。

茂木：オランダの哲学者スピノザ、イギリス首相ディズレーリ、フランスの哲学者デリダ、フランクリン・ルーズヴェルトの母方デラノ家もスファラディだという説があります。

残りは「オリエント・ユダヤ」と「ファラシャ」ですね。簡単に触れておきます。

オリエント・ユダヤ……エジプトやイラク、イラン、中央アジアのユダヤ人

中東諸国に住み続け、アラブ人との混血が進んだ結果、見た目はほとんどアラブ人の人たちです。イラクのバグダッドには大きなユダヤ・コミュニティがあり、のちに清国とのアヘン貿易で巨利を成したサスーン財閥もバグダッドの出身でした。ユダヤ教の宗教行政制度において、長くスファラディの管轄下にあったため、オリエント・ユダヤとスファラディが混同されてきましたが、本来は別系統です。

ファラシャ……東アフリカのエチオピアのユダヤ人

エチオピア帝国は、古代イスラエルのソロモン王とシバの女王の間の生まれたメネリク1世が開いたという建国神話を持つこともあり、多くのユダヤ教徒を抱えていました。人種的には黒人ではなく、肌は浅黒いのですが彫りの深い顔立ちで、アラブ人・ユダヤ人と同じセム系のコーカソイドです。

ローマ時代にエチオピアがキリスト教に改宗したあとも、ユダヤ教の信仰を守り続けた人々が、「ファラシャ（流浪者）」と呼ばれて迫害され、一時は独立国家を建てました。この人たちは、見た目は完全なエチオピア人で「黒いユダヤ人」とも呼ばれます。

イスラエルの建国後、「ユダヤ人」と認定されたファラシャは、その85％がイスラエルに移住しました。なお、「ファラシャ」という名はキリスト教徒からの侮蔑語であるという理由で、

彼ら自身は「ベタ・イスラエル（イスラエルの共同体）」と称しています。

　これで「ユダヤ人」といっても多種多様で、決して一つのまとまった民族ではないことを、読者の皆様にはご理解頂けたかと思います。

田中：私はいつも、ユダヤ人が世界に１５００万人しかいない、という事態を考えるたびに、多くが各国各地で殺されたのではなく、同化し、ユダヤ教から離れていったことに思いを馳せます。その中に、日本のユダヤ系の人たちがいたのです。このことを誰も気づく人はいませんでした。

ユダヤ人を保護した国が、経済的に栄えるという「法則」

茂木：ヨーロッパの歴史を見ていきますと、ユダヤ人を保護した国が、経済的に栄えるという「法則」があります。
　まず最初がポーランドです。中世のポーランド王国はモンゴルに侵略・破壊されつくされた結果、人口が激減し困っていました。そのため、西欧諸国から逃げてくるユダヤ人をどんどん受け入れた結果、ポーランドが中世ヨーロッパにおいては、例外的にユダヤ人迫害のない国となりました。

田中：ヤゲウォ朝（1386～1572年）の頃ですね。コペルニクスが活躍した時代。

茂木：そうです。この時代のポーランドは経済的に大発展し、北はバルト海から南は黒海の沿岸、ちょうど今のウクライナにいたる大帝国になりました。このヤゲウォ朝の隆盛を支えたのが、実はユダヤ人でした。この時代のポーランドが、モンゴル帝国から奪ったのがウクライナ（「辺境」の意味）で、この地を治めるためユダヤ人を送り込み、地方行政官の役割をさせました。これがウクライナ人から見れば面白くなく、ポーランドの手先となって政治と経済を握っているように映り、ユダヤ人に対して反発し始めます。このあたりが、深刻な「反ユダヤ主義」の根源になっていくのです。

そして、18世紀後半になると、ポーランドが隣国のロシア帝国に侵食され、最終的にロシア、プロイセン、オーストリアの三国に分割されました（ポーランド分割）。この時、ロシア領となったのがウクライナとベラルーシで、今度は、ロシア帝国にユダヤ人が従い、ウクライナ人を支配するという構図へと変わりました。ウクライナ人の帝政ロシアに対する不満が、またしてもユダヤ人に向けられた結果が、19世紀の後半に起きた大虐殺「ポグロム」につながります。

田中：スラブ系のウクライナ人とロシア人とが結託して、ユダヤ人を攻撃したわけですね。被害者は数十万人以上だったといわれます。こうした出来事がたった150年前にあったことはあまり語られません。現在のウクライナ戦争にも絡んでくる歴史的事実です。

茂木：1871年、一番最初にポグロムの虐殺が起こった場所が、昨今のウクライナ戦争でその名をよく聞くようになったオデッサです。ユダヤ人たちは命からがらウクライナから脱出し、西ヨーロッパやアメリカへ逃げました。

田中：その半世紀後に起きたロシア革命（1917年）は「ユダヤ革命」といわれています。多くのユダヤ人が革命側、共産党側についたからです。ロシア革命はポグロムの反動、復讐ともいえるのではないでしょうか。

コンベルソ（改宗ユダヤ人）の役割

茂木：時代が少し戻りますが、ニューヨーク（NY）をつくったのはスペイン系のユダヤ人、スファラディでした。この辺のお話をいたしましょう。

田中：スペインとポルトガルが対イスラム戦争（レコンキスタ）に勝利した結果、イスラム教徒、ユダヤ教徒がイベリア半島から駆逐されますね。

茂木：スペインのイサベル女王が「異教徒は全部追放する」と宣言したのが1492年。

その後、スペインに残りたいユダヤ人たちはカトリックに改宗し、教会で十字架を切るような人も沢山現れました。彼らを「コンベルソ」（改宗者）といいます。本当に改宗したのかと疑うスペイン人からは「隠れユダヤ教徒」だと指をさされ、拷問を伴う異端審問（宗教裁判）で、自白を強要された彼らは、次々に火あぶりにされました。もちろん、財産は没収です。

田中：ドストエフスキーが〝大審問官〟として克明に描いていますね。

茂木：はい。小説『カラマーゾフの兄弟』に出てきます。そのモデルが、スペインの異端審問官トルケマダです。8000人を焼き殺したといわれる悪魔的人物ですが、実は彼自身がコンベルソだったのです。「いじめられっ子」が身を守るため「いじめっ子」の側に立ったわけですね。ただし、コンベルソの中にも良心的な有力者、財界人も沢山いまして、スペイン王室の有力スポンサーとして活躍した人もいます。その一人がサンタンヘルという大商人でした。

コロンブスの支援者サンタンヘル

田中：コロンブスのスポンサーとなった人物ですね。

茂木：そうです。サンタンヘルは、イサベル女王の財務長官でした。彼はコンベルソですから、迫害されているユダヤ人たちを他国に逃がしてやろうということを考えたのでしょう。

コロンブスが西回り航海のプロジェクトを持ってきた時、イサベル女王は、「お前のいうことは信用できない」と相手にしなかったのです。コロンブスが諦めてスペインを去ろうとした時、コンベルソが「ちょっと待て。俺がスポンサーになるから心配するな」といい、コロンブスの支援者となりました。ところで、コロンブス自身もユダヤ人説があるようですね。

田中：あまり知られていませんが、『ユダヤ人名辞典』（東京堂出版）によると、イタリア・ジェノヴァ生まれの改宗ユダヤ人である織工の息子説と、スペイン・ポンテヴェドラ生まれの改宗ユダヤ人の息子説があり、学問的にも論争の種となっています。

茂木：その説が正しければ、スペインの迫害から逃れた典型的なスファラディですね。

この正体不明の航海者に富豪のコンベルソは投資したわけです。コロンブスは2週間かけて大西洋を西へ進み、カリブ海の小島に到達してここを「インディアス」――スペイン語で「インド」だといい張りました。その名残で今もこのあたりを「西インド諸島」、先住民を「インディオ」と呼ぶわけです。しかしインドにあるはずの香辛料をコロンブスは発見できず、「インド航路開拓」という当初の計画は失敗します。

田中：彼の〝アメリカ発見〟は、その動機が、マルコ・ポーロ以来の日本にある金銀財宝だったことを考えると、ユダヤ人的であることがよくわかります。彼は日本の秦氏を知っていたかもしれない。

茂木：その後、大西洋の向こうに新大陸がある、という情報はヨーロッパ諸国を駆け巡り、オランダやイギリスが探検隊を派遣することになりました。この両国は宗教改革を受け入れてカトリック教会と絶縁し、スペイン領だったオランダは独立戦争を開始します(1568年から始まる「八十年戦争」)。イギリスのエリザベス女王(1世)はオランダを支援し、スペインが派遣した「無敵艦隊」を撃破したことで、オランダは独立を達成しました。

これを見て喜んだのがユダヤ人でした。スペインを追われたユダヤ人は、「宿敵スペインの敵は味方」という理由でオランダ・イギリスに迎えられました。

1600年にイギリス、1602年にオランダが東インド会社を設立し、競争でアジア貿易に乗り出していきます。この結果、世界貿易の覇権争いが、スペイン・ポルトガル勢から、イギリス・オランダ勢に取って代わりました。「太陽の沈まぬ国」と呼ばれた強勢を誇っていたスペイン・ポルトガルは、「ユダヤ人追放令」で経済的基盤を失ったともいえるでしょう。これとは真逆に、ユダヤ人を保護したアムステルダムやロンドンの経済金融が活性化し、両国はユダヤ難民を新大陸へ送り込むのです。

田中：NYがイギリスに取られる前の名は、ニューアムステルダムでしたね。

茂木：はい。NYは元々オランダ植民地でした。毛皮貿易の拠点としてオランダがマンハッタン島南部を二束三文で先住民から買い取り、港と砦を建設し、スファラディたちが移住しました。

その後の、17世紀後半の英蘭戦争の時、オランダはマンハッタン島を横断する城壁を築きました。この戦争に勝利したイギリスは、ニューアムステルダムを「ニューヨーク」と改名します。城壁は撤去されて道路となり、名前だけ残って「壁」(ウォール)街となりました。ユダヤ人たちはそのままNYに残り、新しくできたウォール街沿いに、銀行や証券会社を立ち上げていきます。

隠れユダヤ人・コロンブスが見つけた新大陸アメリカに、ユダヤ難民を送り込んでつくった街がNY。だからNYははじめからユダヤ人の街なのです。

田中：そう考えると、スペインにいたユダヤ人は200年かけて、アメリカという自分たちの居場所をようやく見つけたともいえますね。アメリカ先住民はその犠牲になりました。先住民たちの一部は、日本の縄文人の子孫だと思われます。

イエズス会創設者は改宗ユダヤ人か？

茂木：この時代、スペインと世界を二分していたのがポルトガルという国です。ポルトガル人は戦国時代の日本にも沢山来ていて、ポルトガル語がそのまま日本語になっていますね。パン、ズボン、カステラ……。このポルトガル船が運んできたのが、鉄砲と宣教師でした。

当時のカトリック教会は、ルターの宗教改革（反カトリック運動）に対抗して、全世界のカトリック化を計画していました。その先兵となったのがイエズス会とフランシスコ会です。イエズス会はポルトガル勢力圏、フランシスコ会はスペイン勢力圏で布教しました。日本はポルトガル勢力圏とされ、やって来たのはイエズス会の方です。

田中：イエズス会というのは、キリスト教のグローバル化と共に、世界の経済的グローバリズムの先鞭《せんべん》をつけました。特に中南米、東南アジアでは、彼らの活動が完全に植民地支配にむすびついたわけです。

これがよくなかった。彼らが持ち込んだ疫病で、ほとんどの国の人口が減少しました。また同時に、地元の住民たちが完全にキリスト教化して、搾取され、奴隷のように扱われた。西洋

フランシスコ・ザビエル

イグナティウス・デ・ロヨラ

資本主義を成立させた要因です。

日本では秀吉や家康が彼らの策略に気づき、彼らを撃退したので、植民地になることはなかった。だからこそ、日本の文化、伝統、あるいは天皇を守ることができた。日本がある種の《反グローバリズムの拠点》という認識があるのは、こういったところにも現れています。

茂木：イエズス会の創設者イグナティウス・デ・ロヨラとフランシスコ・ザビエルは、スペイン・フランス国境のバスク地方の貴族の出ですが、改宗ユダヤ人説があるのですか？

田中：ロヨラの母方が新興財閥の貿易商で、周りの人間は、ほとんどがコンベルソ商人だったそうです。イエズス会のスポンサーにもなっていたのがコンベルソ、そのロヨラ本人もコンベルソ説があるようですが……しかし、これは本当にいろんな説があってね、そもそもユダヤ人かどうかっていうのを彼らは……。

茂木：隠しますからね。下手すれば火あぶりですから。

田中：そうです。彼らは完全にぼかしていて、いわないし、いわせないようにしているのです。そうしないとどこかでバレてしまう。自分たちのグループの団結にヒビが入るから、なかなかいわない。けれども、基本的にどこかで確認し合っているはずです。

一つのグループに長くいると、同質の人たちだとわかりますからね。だからザビエルたちもそうだし、コロンブスたちもそうでしょう。未知の土地へ行く勇気や覚悟というのは、当然ユダヤ人にしか持ちえないものです。故国がないから、帰る場所がないから、必ず結果を出して財産をつくらなくてはいけない。ユダヤ人とは常にそういう立場なのです。

茂木：田中先生流のユダヤ人の見分け方というのはありますか？

田中：彼らの行動パターンというか、やり方を見ているとだいたいわかります。文字や証拠がなくても、推定できると思っています。名前や顔つきからもわかることがありますね。

日本人だったら、外国でどんなに良い地位やお金を与えられても、日本に戻って来ようとしますが、彼らはそうではない。平気で見知らぬ土地で暮らすし、同化に躊躇しない。

それから〝ユダヤ金融資本が世界を支配している〟とかいいますね。ロスチャイルドがそうだということは皆さんご存知と思いますけど、他にも沢山いるのです。ロスチャイルドは典型的な例ですが、米国のロックフェラーなども生き方はやはりユダヤ人、少なくともユダヤ系といってよいでしょう。つまり彼らの生き方こそが、ユダヤ人の典型なのです。

茂木：トランプを支えたユダヤと、バイデンを支えているユダヤが違うように、ユダヤ人の中でも派閥のようなグループがいろいろありそうですね。決して一枚岩ではない。

田中：そう。個人主義であることは確かだけれども、利害関係によってグループや結社をつくり、協力し合う面もあるのです。

マカオを拠点としたコンベルソとイエズス会

茂木：ポルトガルがアジアにイエズス会を派遣しますが、拠点の場所となったマカオには、600のファミリーがおり、そのうちの半分がコンベルソだったという記録があります。

田中：それは宣教師だけではなく、武器商人も多くいたと思いますね。宣教師は一方で聖書を持ち、一方で銃を持っているわけです。特にイエズス会は軍隊的な規律正しい集団だったようですからね。

茂木：バルトロメウ・ランデリオという名のコンベルソ商人がマカオで活躍し、彼が日本の平戸との交易ルートを開いたのですが、この人も当然イエズス会のスポンサーでした。

田中：しかし日本では失敗した。東南アジア諸国のようにはいかなかった。

茂木：日本との交易は、初めはポルトガルが大手を振っていましたが、キリスト教の布教による仏教・神道との軋轢《あつれき》や天草四郎の島原の乱（1637年）などもあって、ポルトガルは日本から出禁になるのですね。代わって幕府に交易が許されたのがオランダです。

田中：結局、別のユダヤ人がまたやってくる（笑）。

茂木：当時の日本人にその認識はなかったと思いますが、交易のネットワークの要を握っていたのは、コンベルソを含めたユダヤ系の人々ということですね。

支倉使節団と宣教師ソテロ

田中：支倉常長《はせくらつねなが》の慶長遣欧《けいちょうけんおう》使節団ってあるでしょう。

茂木：仙台の伊達政宗がヨーロッパに送った支倉常長の使節団ですね。日本人で初めて太平洋を横断し、スペイン領メキシコを経て、スペイン王やローマ教皇に謁見《えっけん》しました。

田中：彼らを道案内したのはルイス・ソテロ（1574〜1624年）という宣教師ですが、今までの研究ではフランシスコ会の人だと思われていました。フランシスコ会はイタリア・カトリックにおける有力修道会グループです。そういうコネがあったため、ローマ教皇に会わせたり、スペイン国王に会うことができたと思っています。

ところがソテロがはっきりと「セビリア（スペイン）のユダヤ人だった」という研究が出てきたのです。これは意外と最近のことです。私は驚いてね、これはもうまさにコンベルソだっ

支倉常長とサン・ファン・バウティスタ号（画：Claude Deruet）

たという可能性が大きい。

スペイン国王、ローマ教皇、伊達政宗、あるいは徳川家康という一国のトップと折衝《せっしょう》ができるというのは、単なるいちフランシスコ会の宣教師ではできませんよ。こういう大胆なことはまさにユダヤ人にしかできない。彼は、サン・ファン・バウティスタ号という、日本で初めてのガレオン船をつくり、支倉の一行を乗せて太平洋と大西洋を航海しました。つまり当時最新鋭のスペインと同じレベルの船を日本人がつくったわけです。その技術を教えたのもソテロだろうとみています。そういう技術を伴ったある種の宣教師以上の存在は何人もいて、彼もその一人だった。

茂木：なるほど……つまりソテロは一種のスパイであり、諜報活動家だったともいえますね。

田中：その通りだろうと思います。彼がユダヤ人だとすることで、ずいぶんわかってきたこともあります。

というのも、「伊達政宗は、徳川に成り代わって日本を統治するという野心を抱き、スペインと直接交渉をした」という説があります。このことを発表したのは上智大学のイエズス会の研究者です。イエズス会もフランシスコ会も、最終的な目的は、日本を支配・占領するということです。ソテロは、伊達を一生懸命説得して船をつくらせました。ローマ教皇に出した手紙にも「伊達政宗は日本の次の皇帝だ」というようなことを示唆しています。しかし、結局そうならなかった。

それはなぜかというと、元々この使節は、徳川が計画した使節だったということです。伊達政宗にはそんな野心はなく、日本を我がものにしようという気持ちなどなかったのです。

茂木：日本に戻ってきたソテロは、徳川幕府がキリスト教禁止令を出したこともあり、結局火あぶりになってしまいます。ソテロの企みを見抜かれてしまった可能性もありますね。

田中：西洋人というのは、対立すれば必ず、「相手を倒して自分が天下を獲るのだ」という考え方があるものです。ユダヤ人たちは、いつもそれをうまく利用しようとする。しかし、伊達政宗は常に徳川と組んで日本のことを考えていましたから、そうはならなかったのです。

茂木：伊達に密かに天下統一の野望はあったとしても、徳川に謀反の疑いをかけられたらお家断絶の危機ともなりかねない。慎重に事を運び情勢を判断したのだと思います。

田中：ソテロも最後は伊達に助けてもらおうと日本まで戻って来るのですが、スペインやイタリアより、日本に住みたいという欲求があったとも取れるわけです。遠藤周作の小説『沈黙』でも描かれていますが、日本に宣教師が居着いてしまう現象もありました。そしてキリスト教を棄教して日本人になる……そういう人も多いのです。そこがまさに古代の秦氏と近いな……という感覚を私は持っています。

アメリカに拠点を移したユダヤ人

茂木：19世紀の半ばにはドイツ統一の混乱がありました。ドイツ人のナショナリズムが強まる中、ドイツ系ユダヤ人のアメリカ進出が加速しました。この時やってきたのが、

- ●ゴールドマン・サックス社の創業者マーカス・ゴールドマン
- ●リーマン・ブラザーズ社の創業者ヘンリー・リーマン
- ●クーン・ローブ商会の創業者ソロモン・ローブ

など錚々《そうそう》たる顔ぶれですが、彼らは生まれつきの富豪というわけではなく、才覚と努力で、地位を築いた新興財閥です。

その後、1880年代にロシアでポグロムがあり、迫害されたユダヤ人がたどり着いた先もNYでした。彼らはボロをまとった難民集団で、最下層の肉体労働から始めました。しかし同じNYの金融界を仕切っているのがユダヤ人と聞けば「俺もいつかは」と思うはずですし、その息子や孫たちは、稼げる金融業界で働くようになります。

田中：ユダヤ人のポテンシャルの高さはそこにありますね。逆境にめげない。

茂木：これは日本人が彼らから学ぶべき点だと私は思います。最近の日本では悲観論がもてはやされます。人口が減ってもう駄目だ、デフレが続いてもう駄目だ、と。これは自分が怠けるための言い訳でしかなく、「そんなこと言ってる暇があったら働け、勉強しろ」といいたいです。「日本人に元気を与えること」も、本書の一つのコンセプトにしたいですね。

田中：元気に頑張ることは賛成です。しかし、日本人はユダヤ人のようにならなくていいし、なる必要はないのです。日本人は日本人として生きる方法を知っているはずです。

茂木：現在、世界のユダヤ人の人口はおよそ1500万人いますが、国籍別にみると約半数がイスラエル、半数がアメリカにいます。これまでずっとアメリカが一番多かったのですが、近年はイスラエルの人口が増えてきており、イスラエルが700万人、米国が600万人となっています［※1］。いずれにせよ、アメリカの人口の2%にも満たないユダヤ人が、世界の金融を動かす力を持っているというのは、もの凄いことだと思います。

人数は少なくても、世界を動かす力を持つ……これと似たようなことが、古代日本であったと考えてもおかしくないですよね？

田中：その通りです。アメリカは最初から移民国家でしたから、当然そうなるでしょう。日本では縄文時代から共通の常識や道徳観といったものが、人々の間ですでに根付いていました。だからユダヤ系秦氏の場合は、イデオロギーの宣伝がうまくできなかった。その点アメリカは、

※1　ユダヤ人の人口：Jewish Agency for Israelより（2022年調べ）

真っさらなマネー第一の世界として、彼らが思う存分活躍できる地盤があった。アメリカでは完全に支配することができたが、日本ではそれができなかった。これは実に大事なことで、例えば、多胡羊太夫の和同開珎は成功しなかった。ユダヤ思想は近代で世界中に跋扈したけれども、日本ではそれほど浸透しなかったということです。

茂木：でも今の日本人には、ユダヤ的マネー主義がすっかり浸透していませんか？

田中：もちろん影響はされていますが、まだ守られているところが多々あります。このことは本当に大事なことなのですが……実は彼らの癪《しゃく》にさわるところでもあります。

茂木：日本人が癪にさわる……？

田中：ええ。そういう意味では、第2次世界大戦というのは、日本とドイツという、癪にさわる国を破壊しようと彼らが仕掛けた戦争ともいえるでしょう。しかし、結局は壊せなかった。もちろんダメージは大きかったですけどね。戦後の約80年間、今でも左翼の人たちが日本を壊そうと画策はしていますけど、それにも十分耐えていける力は、まだまだ残っている。

茂木：結局、ご皇室は残ったし、神社も残りました。大都会のビルの谷間やビルの屋上にある神社を見ると、ああ日本人だなぁ、と思います。

田中：日本人の力を侮《あなど》るなということです。まぁ、だからといって、私はユダヤ人に理解がないというわけではなく、第2次大戦中にユダヤ人たちを一番助けたのは日本です。日本はドイツについたから、日本も反ユダヤだと思っている人もいますが、樋口季一郎さんという陸軍中将（当時満洲のハルビン特務機関長）は、ドイツやロシアから逃げて来たユダヤ人を一生懸命に励まして、満洲に入れてアメリカに逃したわけですからね（樋口中将のエピソードは次の章でたっぷり触れます）。

茂木：ユダヤ人支援者は、杉原千畝《ちうね》［※2］だけが世間に知られています。

田中：日本人にとって、人道的な道徳観というのは、偉い人も貧しい人も、みんな等しく持っています。だから日本は、ユダヤ化はしない。ユダヤ化している輩《やから》もまぁいるのですが、しかし「化」であって、決して日本人の本性は縄文時代から変わらないのです。それこそが日本民族の証なのです。

アメリカのユダヤ人の政治志向

茂木：アメリカは移民を受け入れすぎた結果、中西部や南部のイギリス系（WASP）［※3］

※2　杉原千畝：1900〜1986年。外交官。第2次世界大戦中、リトアニアのカウナス領事館に赴任していた杉原は、ナチスドイツの迫害から逃れてきたユダヤ人難民にビザを発行し、〝東洋のシンドラー〟と呼ばれた。しかし最新の研究のひとつとして、杉原が救ったユダヤ人の多くは、ナチスドイツからではなく、ソ連共産党から逃れてきた人々ではないかと指摘されている。

※3　WASP（ワスプ）：白人（ホワイト：W）・英国系（アングロ・サクソン：AS）・新教徒（プロテスタント：P）の略。アメリカ合衆国を建国した「本来のアメリカ人」という意識を持つ。

の開拓農民の子孫と、19世紀にNYやカリフォルニアに住み着いたユダヤ系、イタリア系、アジア系など新しい移民の子孫とに国が分断されてしまいました。

共和党は基本的に開拓農民の政党ですから、これ以上の移民受け入れに反対です。ですからユダヤ人などの新移民は民主党を支持します。そうすると民主党政権の中で、ユダヤの血と記憶を持つ人たちが大勢出てきます。現在のユダヤ系アメリカ人の2代、3代前の祖先が、どれだけロシアやウクライナにひどい目に遭ったかということを知っているわけです。ですから基本的にロシアに対する超強硬姿勢をとってくるのが民主党で、ロシアを締め上げろという気運がベースにあります。

田中：ゼレンスキー大統領はユダヤ人ですから、米民主党左派とはまさに同志であり仲間です。ユダヤ人の左派の人たちにとってはポグロムの恨み……ロシア人、そして本当はウクライナ人も憎き敵……と見れば、ロシア・ウクライナ紛争もわかりやすくなるでしょう。

茂木：バイデン政権のブリンケン国務長官とヌーランド国務次官がウクライナからのユダヤ難民の子孫だというお話はいたしましたが、トランプ元大統領の娘婿もユダヤ人です。

田中：イヴァンカの夫のジャレッド・クシュナーですね。トランプ政権の財務長官だったムニューシン、商務長官だったウィルバー・ロスもユダヤ人金融家でした。トランプ政権の人たちは、ウクライナの紛争には反対しています。つまり今、我々が話しているようなことに、彼らユダヤ人たちは気がついているのです。これからは過去の怨念を捨て、イスラエル・ユダヤ（シオニスト・ユダヤ)でいかないとしようがない、新たな未来を築いていかなければいけないのだと。

今のアメリカは、イスラエルを建国したシオニスト・ユダヤをサポートするトランプ共和党と、グローバル金融ユダヤのバイデン民主党の戦いでもあるのです。

茂木：それはつまり……世界中に離散した恨み節満載の個人主義グローバルユダヤと、イスラエルで頑張ろうとする民族意識の高い愛国ユダヤがいて、トランプ共和党の方は、イスラエルで頑張るユダヤの方とくっついていると……。

田中：このトランプ側の支持が実に大きい。実は、グローバリストの資本家や実業家の中にも、「祖国イスラエルを支援したい」という隠れトランプ支持者たちも多いのです。また、トランプ支持というのは、一言でいえば「アメリカ第一主義」です。

茂木：大手メディアはアメリカでも日本でも、トランプは「利己主義の極右」だと喧伝《けんでん》しています。

田中：それは間違いであって、「世界のそれぞれの国が第一である」ということなのです。ユダヤ人はイスラエルを第一、日本人は日本を第一に考えよう、他国への干渉は自重しよう、ということです。「アメリカファースト」は、そういった良きナショナリズムを喚起する上で、非常に大事な考え方になります。

茂木：「自分たちの民族の利益を第一にして、文化を大切にする」……考えてみれば当然のことですよね。しかし、戦後の日本はそうだったでしょうか？　グローバル思想に染まり、自分たちをいつも2番目以下に置いていたように思います。日本人の謙虚さが完全に裏目に出てしまい、諸外国にいつも舐められていたようにも思います。

田中：グローバル・ユダヤは、メディアを使って巧みにグローバリズム思想を喧伝し、各国の独立性やナショナリズムを完全に否定しにかかっているわけです。

茂木：グローバリズムとは「国境をなくして、ワンワールドをつくることだ」ということに、多くの人が気づいていません。

田中：そうすると、文化が生まれてこない。社会主義やグローバリズムは一見、文化的な資金を投入しますが、実はグローバルな資本で世界中を〝均一に〟しようとします。スターバックスなどが典型的ですけれども、世界中に同じものをつくるということ、それがグローバリズムです。

茂木：マクドナルドもまさにこれですね。アメリカのハンバーガー屋さん兄弟が始めた小さな店を乗っ取って、巨大企業に育てたのはレイ・クロックというユダヤ人でした。

田中：高級ブティックなども同じ戦略です。銀座にもパリにもニューヨークにも、シャネルとかルイ・ヴィトンなどのブランドが一時期はもてはやされましたが……、

茂木：日本人も散々踊らされました。

田中：結局、それも売れなくなってきた。彼らは失敗したのです。

茂木：中国人が踊り終わった時、すべてが弾けそうですね。

田中：そのグローバリズムの中に、マルクス主義、社会主義が含まれているのです。社会主義とはつまり〝革命のグローバリズム〟ですが、中国のこれから到来するであろう失敗で、その実態が明らかとなるでしょう。

なぜなら社会主義というものは、経済を運営できないのです。経済というのは需要と供給で成り立ちますから、そこにはイデオロギーは必要ないのです。利益を得る人が決まってしまう構造がある計画経済というものは、必ず〝汚職〟を引き起こします。計画経済で、社会を平等にしようなんて絶対に無理なことなのです。

経済は人間の必要性と共にある。そして自然のあらゆる条件によって、そのバランスというものがおのずからできるわけです。その流れの中で倒産する人もいますが、また儲かる人もいるのです。マルクスもそうだけれども、グローバルユダヤ、左翼ユダヤは、そろそろ限界にきていると私はみています。

グローバリズム思想は徐々に死んでいく

茂木：イスラエルの話をすると、必ずこういう反論がきます。「そもそもイスラエルをつくったのは、グローバル主義のロスチャイルドではないか」と。確かに、シオニズム運動の資金源となったのは、イギリスのロスチャイルド家です。ただし、実際にイスラエルという国ができると、そこで頑張ろうという人々も出てくるわけで、そうすると世界のグローバル化、国境線をなくそうという考えとは、真逆になります。イスラエルの建国（1948年5月14日）で、ユダヤ人というのは完全に二つに分かれたと私は考えています。ユダヤ人は一つではない。

田中：「二人いると三つの党ができる」とはじめにいいましたが、彼らはすぐ分裂したり路線変更をするのですよ。それだけ〝理屈で動く人たち〟なのです。だけどもやはり国をつくった以上、それだけの実績ができてくれば、普通の国になっていくでしょう。あんなところに住みたくないという富豪も大勢いるわけですが、本来、そこに祖国をつくった以上は、そこに戻るべきです。我々も「イスラエルという国を一流の国にしましょう」ということをいっていくべきでしょう。

また、他の国に自分たちの主義を押し付けるような、一神教的な考え方ではなく、我々には我々の、日本らしいやり方があるのです。かつては、日本にやって来たユダヤ人を同化させたのですから、その自信と能力があるのは、日本人だけです。日本人は非常に受け身だからこそ、彼らを受け入れることができた。「受け入れる力」というのも貴重な価値観です。そういった我々の特性も、これからの国際社会でどう活かしていくかということも意識すべきです。

基本的に、私は楽観視しています。日本的な世界や価値観は、いま非常に評価されています。安倍さんはそのシンボルだったと思いますよ。だから彼らが猛烈に反発するのもわかるのです。

今は暗殺を乗り越えて、そういう世界をつくるようにしなくてはなりません。

茂木:癪にさわっている人がいるのですね……。

田中:今、いろんな意味で、歴史の変わり目に入っていると感じています。我々は何とか頑張り抜かないといけない。そういう意味で常に話し合える存在でありたい。彼らは敵かもしれない、だけど同時に味方でもある存在なのです。

茂木:敵でもあり、手を組むべき相手でもあると。

田中:グローバリズム思想は徐々に死んでいくでしょう。賢い者なら、まず不可能であるということに気づかなければいけない。それから、今回のコロナウイルスで多くの人が気づいたでしょう。ウイルスは世界中、同じように平等にばらまかれるものです。これは悪いグローバリズムの証拠で、それを避けるためには、やはり国単位で防いでいかなくてはならない。

そういった各国各人が自立する方向の感覚も出てきているのではないでしょうか。武漢が発生源といわれ、責任は中共にあるということは確かなのですから、そのことを明らかにすることによって、各国ごとの違う対応もできるでしょう。日本はしっかりと問題を終焉《しゅうえん》させなくてはいけない。日本のやり方を提示すべきです。

第7章

新しい時代のための「日本人とユダヤ人」論

（1900年～）

著者近影　田中英道（左）と茂木誠

ユダヤ陰謀論の正体

茂木：《ユダヤ陰謀論》という言葉があります。それはつまり一言でいえば「何でもかでもユダヤが悪い」という話ですが、そもそもどこから出てきたかと探っていくと、19世紀後半のロシアだとわかります。

田中：ポグロムが起こった時代ですね。

茂木：ウクライナは長くポーランド王国の支配下にあり、ユダヤ人はポーランド貴族の手先となってウクライナから徴税をしたため、ウクライナの民衆から怨嗟《えんさ》の的《まと》となったわけです。

田中：その流れで「反ユダヤ主義」という感情が、ウクライナで生まれたわけですね。

茂木：さらにその後、ロシア帝国がウクライナを併合するのですが、ウクライナ内での反ロシア感情の矛先をかわすため、ロシアが「反ユダヤ主義」を煽ったのです。この結果がポグロムという大虐殺となり、さらにその反動で一部のユダヤ人が過激な革命運動に走っていったのは、前章でお話しした通りです。

田中：ロシア革命を起こしたボリシェビキ（共産党）のメンバーには、多くのユダヤ人がいました。トロツキー、ジノビエフ、カーメネフ……彼らはロシア帝国に復讐したのです。

また、フランス革命をはじめ、当時欧州各地で起きた革命と呼ばれるものには、ユダヤ・マネーがふんだんに投入されていきます。

茂木：当時の一部のユダヤ人の考えは、「我々に行き場がないのは、国家という枠があるから」で、「国家を解体し、グローバル社会をつくることによって自分たちは生き残れる」ということです。そんなマルクス主義をはじめ、社会主義運動に、多くのユダヤ人が関わっていきました。また、逆から見ると、「ユダヤ人は全部〝アカ〟(共産主義)」みたいな陰謀論も広まっていき、そういう風潮を帝政ロシア政府が利用し、ポグロムが起こってしまった。

田中：鶏が先か、卵が先か、という見方もできるでしょう。いずれにせよ、19世紀、20世紀と、世界をそれに巻き込んでしまいました。

『シオン賢者の議定書』が生まれた背景

茂木：1864年、フランスのモーリス・ジョリという風刺作家が、当時のナポレオン3世を批判する小説を書きました。『マキャベリとモンテスキューの地獄での対話』という話です。これは、マキャベリが専制君主制を擁護し、モンテスキューがそれを非難する側で、その二人が地獄で遭うという面白い設定なのですが……。

まず、マキャベリが「ヨーロッパ人がいま民主主義なんていっているけれども、私は彼らを堕落させて、アジア人のように専制君主の下に服従させるのに20年もかからないだろう」というわけです。そうするとモンテスキューが「そんなことはない！　ヨーロッパ人の自由の精神は不屈である」という感じのことをいうのです。

その後、マキャベリが「どうやってヨーロッパ人を屈服させるか」ということを滔々《とうとう》と論じるんですけれども、つまりは「マスメディアを押さえろ」といいます。「マスメディアを完全にコントロールして、どうでもいい情報を大量に流すことによって、真実から国民の目を背けさせることができれば、権力者は勝てるんだ」ということを説くのです。

で、最後にはモンテスキューが反論できなくなり「神よ、あなたは何ということをお許しになったのですか！」と叫んで終わるという。

田中：面白いね(笑)。マスメディアが権力を握るという話は事実だった。今の日本と同じです。

茂木：この本は、当時のナポレオン3世への批判、「ナポレオン3世がマスメディアをコントロールしている」という告発でしたから、著者のジョリは捕まりまして、本も発禁処分になるんです。非常に鋭い論評でしたが、この話はユダヤ人とは関係がありません。

ところが少し遅れてドイツのヘルマン・ゲドシェという人が『ビアリッツ』という小説を発表しました(1868年)。設定はチェコのプラハです。「プラハの墓地で、世界のユダヤの長老が集まり、秘密会議を開いた」という設定になっています。「世界征服をたくらむユダヤの陰謀」を描いた、おそらく初めての小説です。

先ほどのモンテスキューとマキャベリの地獄対話の設定と、ゲドシェのユダヤ長老の秘密会議という話が、うまく合体しまして、ユダヤ陰謀論の定本である『シオン賢者の議定書』〔※

1」がつくられたのが、ポグロムのあとの1890年代です。つくったのはおそらく、ロシアのオフラーナ（秘密警察）のパリ支部であろうと推測されており、この議定書がロシアを中心に大々的にマスメディアに載り、各国語で翻訳が出て、世界中でベストセラーとなります。アメリカでは自動車王のヘンリー・フォードがのめり込んでしまい『国際ユダヤ人』（1920～1922年／全4巻）という本を出し、世界16カ国に翻訳されます。

また、ドイツでは出版編集者であるミュラー・フォン・ハウゼンがドイツ語に翻訳し12万部も売れて、ナチスもこれに感化されたといいます。

ドイツでは「第1次世界大戦で、なぜ負けたかわからない」という議論が白熱する中で、有名な「背中からの一突き」論、つまり「国内の社会主義者、ユダヤ人たちの妨害や裏切りが原因だ」という「匕首《あいくち》伝説」が広まっていたので、この議定書がすんなり受け入れられました。

さらには、ナチスの理論的指導者だったアルフレート・ローゼンベルクが『シオン賢者の議定書とユダヤ人の世界政策』という本を1923年に出し、もちろんヒトラーも読みました。ヒトラーは『わが闘争』（1925年）の中でこういっています。

「ゾクっとするほど、ユダヤ民族の本質と活動を暴露している。多くのユダヤ人が無意識にいっ

※1　『シオン賢者の議定書』：The Protocols of the Elders of Zion.「シオン議定書」「シオン長老の議定書」とも呼ばれる。「秘密権力の世界征服計画書」という触れ込みで流布された。ユダヤ人指導者たちの密会の記録という形式で書かれている。通称「プロトコル」。

ているとかもしれないことが、この書の中では明確に述べられている」

また、ナチスの宣伝相ヨーゼフ・ゲッベルスは日誌にこう書いています。

「『シオン賢者の議定書』は偽書だと思う……だが議定書の内容の真偽は別として、本質的な主張は信じられる」

内容の真偽はともかく、戦略的にこれを使えるということで、ここからナチスの反ユダヤ政策が決まっていったのでしょう。この議定書の流布により、反ユダヤ思想の勢いが増したことは事実だと思います。

客観的な視野でユダヤ民族を語ること

田中：そうですね。ただ、このことを戦後は完全に否定し、議論もできなくなってしまっている風潮があります。少しでも議題に取り上げようとすると有無をいわさず蓋をする。この議定書はもはや完全に偽書であると決まりきったように……誰もがそう思っています。

戦後は、フランクフルト学派が代表する左翼の力が非常に強くなったために、〝反ユダヤという思想〟が語られることもなくなってしまいましたが、それはある意味で少し歪んでいるのではないかと思います。

結局、真実は両方の立場を知るべきであって、少し反ユダヤの説をいっただけで、今のドイツでは犯罪になるようなこともあるのです。言論的に、それは「すべきじゃない」と思いますね。自由な歴史研究というのは、たとえ対象がユダヤ人であろうとそうではなかろうと、やるべきです。それを許す雰囲気というものも、近年は少し出てきているようにも思います。

一方で、9・11は誰がやったかとか、ケネディ暗殺は誰がやったとか、いつまでもはっきりしない。これはすでにおっしゃるように「メディアを握れば黙らせることができる」というやり方です。まさに、19世紀の中頃からこういう話が出てきたというのは本当のことなのです。

しかしここ10年は、インターネットの発達もあり、そうはいかなくなった。誰しもが参加することができるようになったためです。

私は、先ほどのマキャベリとモンテスキューの小説を書いたモーリス・ジョリという方がユダヤ人かどうかは知りませんが、フランス人作家のエミール・ゾラが『私は告発する』という一つの宣言をして、「反ユダヤ主義に反発」「ユダヤ人擁護」という方向で書いたこともありました。

茂木：ドレフュス事件〔※2〕ですね。

田中：一方でそういう論も、フランス人の側から出ているわけです。ですから戦後の風潮……あまりにも一方の宣伝が強すぎる傾向には問題がある。そろそろこういった民族の問題、特に

※2　ドレフュス事件（1894年）：ユダヤ系フランス人のアルフレッド・ドレフュス大尉が、ドイツのスパイを行った罪を着せられ、終身流刑となった冤罪《えんざい》事件。1898年1月、作家のエミール・ゾラが「私は告発する」と題する公開状を『オーロール』紙に掲載、軍の不正を糾弾しドレフュスを擁護した。1906年ドレフュスは無罪となる。

ユダヤ民族の問題は、客観的な視野でやらなくてはいけない時代にきていると思います。

それはなぜかというと、ユダヤ人自体がそういう立場になりつつあるからです。つまり、今はもう、左翼のユダヤ人だけではなくなり、イスラエル国というものができて、〝一つの国を持っている人たち〟という意味が出てきています。常に犠牲者であり、ディアスポラであり、難民である可哀想な民族……というような感じで接するのではなく、そこに帰る国があり歴史と誇りがある民族なのだ……といった態度で接するべきです。

戦後すぐの頃は、イスラエルは戦争ばかりして、確かに平和はなかったけれども、今もまだパレスチナ人との問題を抱えているとはいえ、一定の安定も出てきています。私はイスラエルに友人もいるのですが、「絶対的にユダヤ人が悪い」という考えもなく、「一方的に彼らは正しい」という考えもありません。このことは非常に大事なことで、客観的で冷静な態度が大事になってきます。

例えば、共産主義そのものの崩壊が目に見えていますね。つまり彼らがつくったマルクス主義そのものがこんなていたらくな姿になったということもあるでしょう。彼らの理論、彼らの考え方がいつも正しいなどということはないのです。特に表舞台でよく発言するジャック・アタリ［※3］などのユダヤ人にもそれが窺えると思うのです。彼は、左翼支持者であり、EUを支持しているグローバリストではありますが、それが失敗する兆候が非常に出てきています。特にウクライナ問題が起きて、みな考え始めているでしょう「EUは果たして必要なのかどう

ジャック・アタリ

か」と。そのこと一つ取っても、両方の立場を正当に考えるということ、反ユダヤ主義あるいはユダヤ擁護者ということ、そういう問題を二つに分けるべき時代ではないというのが、私の考えです。この本の目的もそうあるべきだと思っています。つまり、両方を見るということ。両方を見て、どっちが正しいかをフラットに考える……ということです。

私は、日本人が日本人の立場で、こういう問題をもっと論じるべきだと思っています。ウクライナ問題に関しても、ウクライナの専門家とか、あるいはロシアの情報や知識だけがある人が語るということではなく、日本の立場や日本人の道徳観から、世界の情勢を語る必要があると思うのです。

そこで、今おっしゃったような、ロシアのポグロムの状況というのが、根底的にどこから出てきてどうなったのか。最終的にナチスに向かったといいつつ、スターリンの社会主義あたり

※**3** ジャック・アタリ:(1943年〜) フランス人経済学者、思想家、作家、政治顧問。歴代フランス大統領のブレーンを務める。ユダヤ社会の重鎮でありグローバリズムの広告塔的存在。その著書には彼らのアジェンダが書かれているともいわれる。

からも反ユダヤ心理が出てきているのはなぜか……こういう錯綜したユダヤ問題というのは、世界人類にとって避けてはならない話です。そして、そのユダヤ人を日本という土地が同化してしまったという……そういう問題の重要性から、我々はもう一度、考え直すべきではないかと思っています。

ユダヤ問題と日本人との出会い、「フグ計画」

茂木：いや先生、本当におっしゃる通りだと思います。日本とユダヤ問題の最初の接点についても触れさせてください。

日本語版『シオン賢者の議定書』が出版されたのは１９１９年、シベリア出兵の時です。陸軍の安江《やすえ》仙弘《のりひろ》大佐［※４］が、ロシア人から議定書を入手すると、早速《さっそく》持ち帰り翻訳しました。これを『世界革命の裏面』というタイトルで出版したのが１９２４年です。

この安江大佐が面白いのは、「ユダヤにはもの凄い力があるらしい」からユダヤは敵だ、とはならずに、「ユダヤが欧米を支配しているということは、我が大日本帝国がユダヤと組めば世界戦争に勝てるのではないか」と考え、ユダヤ研究を始めたという点です。

田中：安江大佐や、欧州に精通していた四王天延孝《しおうでんのぶたか》陸軍中将［※５］らがユダヤという存在に気がついて、日本で初めてのユダヤ研究機関である「国際政経学会」［※６］の創設へとつなが

ります ね。

茂木：のちに安江大佐は、海軍の犬塚惟重《これしげ》大佐と共に、満洲におけるユダヤ人難民の受け入れ計画である「河豚《ふぐ》計画」を立案します。当時、ヒトラー政権がユダヤ人から公民権を奪った「ニュルンベルク法」（1935年）を施行し、ドイツからソ連経由で満洲に逃げて来たユダヤ人難民を受け入れるかどうか……という問題が起こっていました。

当時満洲でハルビン陸軍特務機関長だった樋口季一郎中将［※7］は「受け入れろ」「満洲通過を認めてやれ」と即断し、東條英機首相もそれを追認するということになったわけですが、ここの日本の対応は大変興味深いですね。

田中：ええ、樋口中将については語りたいことが沢山あります。

※**4**　安江仙弘：1888〜1950年。陸軍大佐。帝国陸軍におけるユダヤ問題の専門家。樋口季一郎、石原莞爾と同期。ユダヤ「ゴールデンブック」に名が記載される。

※**5**　四王天延孝：1879〜1962年。陸軍中将。衆議院議員。国際政経学会会長。日露戦争、シベリア出兵で活躍（ハルビン特務機関長）。A級戦犯容疑で逮捕されたが1947年に釈放。

※**6**　国際政経学会：日本初のユダヤ問題研究機関。昭和11（1935）年創設。中心メンバーは、四王天延孝（陸軍中将）、白鳥敏夫（外交官）、赤池濃（警視総監・貴族院議員）、愛宕北山（東北大学名誉教授）、増田正雄（実業家）など。機関誌『月刊猶太研究』、『国際秘密力の研究』を刊行。

※**7**　樋口季一郎：1888〜1970年。陸軍中将。満洲ハルビン特務機関長として多くのユダヤ難民を救う。キスカ島奇跡の撤退、占守島《しゅむしゅ》防衛・ソ連の北海道占領計画を阻止した。ユダヤ「ゴールデンブック」に名が記載される。

茂木：リトアニアの外交官でユダヤ人を逃した杉原千畝氏は有名ですが、彼は個人の判断で行いました。これに対して樋口中将は、満洲を事実上統治する関東軍としてユダヤ人を受け入れようと動いたのですから、さらに注目に値します。

樋口季一郎の功績と日本精神

田中：樋口中将はハルビンで開催された《第1回極東ユダヤ人大会》(1937年)で演説をしていまして、それが実に立派なのです。

樋口季一郎(1943年／札幌北部軍司令官時代)

「ユダヤ人追放の前に、彼らに土地を与えよ」と、ドイツへの批判とユダヤ人たちへの激励、初めて「世界がユダヤ人をどう見るか」ということを述べているといってもいい。

私は最近、樋口季一郎が書いた二つの書物に少し関わっていましたが[※8]、非常に彼は国際人というか、軍人という立場でありながらも、初めてユダヤを含めた世界というものを冷静に見ていて、公平な視野を持っていた人です。「いよいよ国際人が出てきたな」という感じを持ったものですから、樋口さんのお孫さん（樋口隆一氏）がご健在だから、ぜひ回想録を出すようにといいまして、２０２２年9月に出版されました。

茂木：そうでしたか。樋口中将は淡路島のご出身ですよね。伊弉諾《いざなぎ》神宮の境内に銅像が建ったとニュースで見ました。

田中：ええ。銅像が建った２０２２年10月11日に、私も招かれて行ってきましたが、栄誉が回復されたような印象を持ちました。神社の皆さんも非常に協賛してくださり、立派な銅像が建ちました。

茂木：樋口中将は北海道を守ったことでも、称賛されるべき人物ですよね。

田中：そうです。8月15日の終戦後にソ連軍が攻めて来て、なんと19日まで戦っているのです。しかも独断で。千島列島の一番北にある占守島《しゅむしゅ》での激戦です。孤軍奮闘、断固として日本を守った。

茂木：それがなければ、北海道の北半分までソ連に獲《と》られていたでしょう。

田中：彼の「ユダヤ人を救って、日本を守った」というこの二つの事象は、彼にとっては異なる問題ではないのです。この素晴らしい、ある種の普遍主義といいますか、「人間を守る」ということを、常にナショナリズム、あるいは民族共同体と結びつける考え方は、優れた外交の一つの精神として、大変重要であると思います。樋口季一郎の精神というのは、「戦争」とい

※8　『〈復刻新版〉陸軍中将 樋口季一郎回想録』（２０２２年／啓文社）
『陸軍中将 樋口季一郎の遺訓―ユダヤ難民と北海道を救った将軍』樋口隆一（２０２０年／勉誠出版）

う動乱時の中で判断する、軍人の考え方だと私は見ているわけです。この〝軍人の考え方〟というのは、〝本当の戦争の考え方〟につながると思っています。つまり、必ず外野の人は「戦争反対！」といい、自分が戦争に巻き込まれたら「守ってくれ」と頼み、自分だけ逃げられればそれでいいわけですから、そういう左翼的な個人主義の発想ではなく、「守る時は守る」あるいは「支援する時は支援する」という、軍人の責任ある態度のことです。この「責任ある態度」というものを、現代人は学ぶべきだと思います。

樋口季一郎は、まさにそういうことを自らの判断でやってのけ、それをきちんと東條英機も理解し、同盟を組んでいたドイツに何か文句をいわれたにもかかわらず、黙認したのです。黙認するということ自体が、ある意味、優れた日本人のあり方だなと、私は感心しているのです。

樋口季一郎「日本人とユダヤ人へのメッセージ」

茂木：樋口中将は元々ロシア語が専門の情報将校で、シベリア出兵の時にウラジオストクに渡った時、ユダヤ人の家庭に住み込みでお世話になっています。ロシア語も学んだそうです。それからポーランドに渡った時にもユダヤ人に助けられています。つまりアジア人差別がひどかった時代に、ユダヤ人は日本人差別をしなかったということで、非常に興味を持ったということが書かれています。

田中：やはり実際のユダヤ人と接してわかることもありますね。

茂木：さきほど先生がおっしゃった彼のスピーチの原文があります。1937年のハルビンで亡命ユダヤ人たちが開催した《第1回極東ユダヤ人大会》。そこで樋口さんが来賓として挨拶をしているのですね。ご紹介します。

歴史的にユダヤ民族に対して何ら恨みを持たない日本人の目には、ユダヤ民族の長所がより明確に見えるが、ヨーロッパ、特に中欧、東欧では重大なユダヤ問題が散見される。彼らが指摘するユダヤ民族の難点は、物質的であり、国際主義的ないし社会主義的であり、非同化的であるとする。仮にそれが事実であっても、それはユダヤ民族が数千年もの長きにわたって、国家を失い、各民族の間で苦しんできたことによる後天的現象であり、先天的な性質としては宗教的影響ないし、強い民族性による非同化性であると信ずる。我々日本民族も非同化性の理由で、在外移民として非難されてきた。この点は、日本・ユダヤ両民族とも反省すべきである。したがって、もしユダヤ民族の強い民族精神が、祖国復興によって満足させられるか、各民族間にあってユダヤ民族が、客分として主に経済的ないし科学的分野において、天分を発揮するように考慮すれば、世界において、いわゆるユダヤ問題は解決するだろう。

こうした見地から、われわれはユダヤ民族だからといってどう扱うか、というような偏見は持っていないばかりか、他民族と同様に十分に抱擁し、ともに手を携えて、世界平和と人類の幸福に貢献したいと願っている。日本こそは、ユダヤ民族の唯一の天国といってもよく、この事実は各位も日常に体験されておられるだろう。

（『樋口季一郎の遺訓』／勉誠出版より）

田中：この発言は、まさに……ですね。日本人全体がユダヤ人に対して抱いている感情です。

茂木：こちらは『樋口季一郎の遺訓』（勉誠出版）に全文が掲載されています。

田中：私も、ぜひ皆さんに知らせたいと思っていました。ここでご紹介できてよかったです。こういう精神をこれだけ堂々といえるというのは立派です。一方ではドイツがいるわけですからね。当時日本に、相当圧力をかけてきたという話ですよ。

茂木：ドイツのリッベントロップ外相から抗議がきたそうです。「ユダヤ人をなんで庇《かば》うんだ！」と、日本の軍部もかなり動揺したらしいですね。東條英機関東軍参謀長に呼び出された樋口さんは「ヒトラーのお先棒《さきぼう》を担いで弱い者いじめすることを正しいと思われますか？」といい返しました。東條さんは結局、樋口さんの考えを採用して、2万人のユダヤ人を救ったのです。ドイツからの抗議については、東條さんはこう語っています。「当然なる人道上の配慮によって行った」。

東條さんは敗戦後、「A級戦犯」、「極悪人」の烙印を押されました。確かに批判すべき点はありますが、ユダヤ難民を救ったという英断についてまったく語られないのは不公平です。

日独伊三国同盟の成立（1940年）により、河豚計画は残念ながら中止となりました。しかし日本軍のユダヤ人に対する態度は変わりませんでした。日本軍占領下の上海を訪れたナチス親衛隊のマイジンガー大佐は、「上海のユダヤ難民を廃船に詰め込んで沖へ流し撃沈しろ」と要求しますが、日本政府はこれを拒否し、上海のユダヤ人はゲットーに収容され、敗戦まで日本軍の保護下におかれました。

田中：樋口中将ほどの胆力がある人が日本にいたということが、まず勇気づけられますし、こういう態度を取れる日本人がいたのだ、ということをどうか知ってほしい。しかし、ある意味で、当たり前といえば当たり前のことなのですから、これから我々で実行していくべきことなんだと思います。

ユダヤ人についてオープンに語るべき時がきた

田中：結局「ユダヤ問題」というものは、〝是々《ぜぜ》非々《ひひ》〟でいくということ以外ないのです。「良いものは良い、悪いものは悪い」と、そういう明瞭な立場でいえばいいのです。そして、その是々非々ができるのは日本人なんだと思います。なぜかというと、日本人は、少し自分たちとは違うユダヤ人がやって来ても「あなたたちは非常に良い技術を持っているし、日本が好きだというならば、土地をあげますよ」という対応をしました。土地を得たその見返りに、彼らは日本人になったといっても過言ではないでしょう。それがユダヤ人の生き方だったのだと思います。

ユダヤ人というのは……やはり〝ディアスポラ〟の性《さが》を持っています。長年にわたり迫害を受け続けて、あんな難しい地域にイスラエルという国をつくって……。だから、彼らの優れた商人精神といいますか、違う文化と文化を引き合わせるという商人的な関係性の中で生きているのです。それに、そうしたユダヤ人がいないと、歴史は面白くないことになります。面白くないというと失礼かもしれませんがね（笑）。

彼らがいなかったら、前円後方墳（＝前方後円墳）のような巨大な建造物を、16万基近くもつくることもなかっただろうし、今だってある種のグローバリズムとして、日本人は積極的に西洋を受け入れ、それだけの物質的な豊かさを得たわけです。精神性の問題はまた別ですが、そういう彼らの良さ、面白さを引き出すということ、そして同化してもらうことによって、彼らは日本人の存在を世界全体に伝播させることに寄与するわけです。

例えば、イギリスのような島国が、世界帝国になるということは、ユダヤ人なしには考えられないでしょう。アメリカもまたそうです。昨今、アメリカは世界の中心みたいな顔をしていますが、ユダヤ人がつくった国といってもいい。だがそれは、人工的な浅い文化なのです。まぁ、そんなことをいうとまた反論がくることは知っていますが（笑）。

例えば私が「京都は秦氏がつくった」とわざわざいっているのは、外来の文化を拒むことが人間の通性かというとそうではないということなのです。外の文化に影響されることによって、その国や民族の文化がさらに引き出される、そういう相乗効果もあります。ユダヤ人の役割はそれなのです。文化と文化の間で自らの存在を最も発揮する。アメリカなどはまさに、文化のせめぎ合いで成り立っているところがありますからね。外の文化を持ち込む。違う文化が共通な場所で初めて出会う。そしてそこにある種の競争関係をつくるということによって、世界が和をもって保たれ、新しいものが生み出される。そういう世界こそが平和と結びついていくのではないだろうかと、私は思っているのです。ユダヤ人は、ディアスポラの覚悟を決めた唯一の民族ですから、そういう理想を持ち続けるべきです。ユダヤ人の役割をより高める方向に、世界が気づく必要があると思います。

それはグローバル文化とはまた違うものです。受け入れる主体が日本のように長い伝統で培われているところでこそ可能となるのです。

今のウクライナ問題も、同じです。確かにあの地にはユダヤ問題、あるいはポグロム、そういう反ユダヤ感情があるということはわかりますが、それをどういうふうに収めるかが重要でしょう。ただ単にロシアが悪いとかウクライナが悪いといっただけでは済まないのです。やはり、その後の展望というのは、主体が何かという問題として考える視野がないと、収まりがつかないと思います。

「ユダヤ問題」をタブーにするな

田中：今だって多くの言論人がユダヤ人のことを喋ろうとしない。少しでも喋るとメディアが全部押さえ込んでしまう。ユダヤ問題をタブーにしたのは誰なのか。

茂木：今回、我々は相当ユダヤ人について語り合いました。大丈夫でしょうか（笑）。

田中：少し前のことですが、ヒレア・ベロックの『ユダヤ人、なぜ、摩擦が生まれるのか』（2016年／祥伝社）という本が出た時のことです。この本に関して、メディアが一切広告を載せてくれないということが話題になりました。本書は渡部昇一先生が監修で、中山理《おさむ》先生が訳した名著なのですが、非常にあきれましたね。

「ユダヤ問題を語ってはならない」「出版してはいけない」と半ば焚書、禁書のような扱いです。しかし、今や、世界の歴史や文化をユダヤ問題なしにはもう語れません。それだけ影響力が大きい。ユダヤ問題に対する偏見や恐怖論、腫れ物を扱うかのような態度を我々はもう払拭すべきだと思います。

茂木：おっしゃる通りです。変に隠すから、無責任な陰謀論が広まるのです。

田中：〝ユダヤ人埴輪〟が出てきたことによって、日本人にとっても重要な問題であることがはっきりしてきました。彼らがなぜ「みずら」を捨てて、日本人の中に同化したかという問題が、非常に強く、我々の問題として突きつけられていると私は見ているわけです。

この、「語られるべきユダヤ問題」というのは、「マルクスをどう捉えるか」ということにも関わってきます。一部の優秀なユダヤ人が、他の民族、あるいは世界の人々に対し、ある種の差別というか社会差別……つまり、自分らに対する差別を理由に、この今ある社会を壊してしまおうという考え方。そういった悪い面が、マルクス的な社会・共産主義には現れているような気がするのです。ソ連で失敗し、中国も沈没寸前の船の如しです。旧社会主義国の東欧諸国の人々の間では、あんな生活には二度と戻りたくないという意識が強いと聞きます。

多くのユダヤ人を助けた、杉原千畝さんの話に付け加えたいことがあります。……あの時、ユダヤ人たちはドイツのナチスから逃げて来たと思われていますが、実はソ連共産党の暴力から逃げて来た人が大半だったのです。そういうことはユダヤ人たちも認識し、もっと語られるべきだと思います。共産主義をつくったのは、マルクスやレーニンなどであり、間違いなくユダヤ人なのですから……。自由と平等という、この矛盾する二つの価値観を、誤魔化さずに冷静に語られる時代がくるべきです。ユダヤ陰謀論も悪いが、ユダヤを絶対化するような考え方もよくない。そのことをユダヤ人自らがもっと自覚すべきだと思います。今はね、そういう議論ができる良い兆候があるのですよ。だから私は、そういう人たちに与《くみ》したいと思うのです。まぁ、そのあたりのことを、先ほど樋口中将が見事にいってくれましたので、この考え方をもっと広めていったらいいなと思います。

茂木：学校で教えないんですよ。樋口季一郎さんのことを。もう全然。もっと教えなきゃだめです。教科書に追加していただきたい。

戦後、お孫さんの樋口隆一さん［※9］がイスラエルを訪問されまして、樋口季一郎の名が「ゴールデンブック」［※10］に記録されたことを確認したそうです。

田中：樋口隆一さんは日本のバッハ研究の第一人者で、音楽の指揮者をされていますが、お爺さんの本を出すことに取り組まれました、私も嬉しかったですね。まさに彼の精神を、日本はユダヤ人問題で活かすべきだと思います。ユダヤ問題は国家を守ることでもあるということです。

そしてまた樋口中将のもう一つの功績は、繰り返しますが、日本を断固として守りきったことです。8月15日、天皇によって終戦の詔勅《しょうちょく》が読まれたあとでも、もし日本人が殺されそうになったら「絶対に戦うんだ」という揺るぎなき精神です。何より人命を大事にするということ、つまり、ユダヤ人の命も日本人の命も大事にするのだ、という精神なのです。天皇絶対主義とか、民族絶対主義ということではなく、軍人という縦の命令が絶対の場所であっても、人間を守ることを最大限に大事にすることが、逆に国家を守ることだと教えてくれています。彼の中では「人間が何より大事だ」という論理なのです。これが、樋口中将の素晴らしいところです。

茂木：ソ連は終戦後に、樺太や千島のみならず、朝鮮や満洲へも侵略し、挙げ句の果てには民間人も含めて60万人の日本人をシベリア抑留し、奴隷的な強制労働をさせ、5万人以上の死者が発生しました。日本人はソ連中を流浪させられて、飢餓・重労働・酷寒という過酷で劣悪な環境の中で働かされたのです。かつての弓月国があったシルクロードの国キルギスでも、多くの日本人捕虜がロシア兵の監視下で一生懸命働き、それを見たキルギスの人たちが語り伝え、親日国になったと聞いています。

田中:樋口中将は、単なるナショナリズムやユダヤ人に対する善行だけではなく、もう一つのヒューマニズムがあったと思います。それは〝日本人の精神〟でもあるのだということを、私たちは考えなくてはいけないでしょう。それらは一見複雑に見えますけど、日本人の優秀さ、優れた判断力というのが、樋口さんの言動によく出ていると思っています。

戦争が終わった後、小野田寛郎《ひろお》少尉[※11]がフィリピンのジャングルの奥地で一人戦っていました。あれも日本人の強い精神ですよ。小野田さんというのは偉いなと思います。

こうして日本人とユダヤ人の話をする中で、最後に日本人の敢闘精神という話が出てきたのも、私はよいことだと思っています。

※9 樋口隆一:1946年~。音楽学者、指揮者。明治学院大学名誉教授。国際音楽学会副会長・日本選出理事。祖父が樋口季一郎。

※10 ゴールデンブック:ユダヤ人とイスラエル国家に貢献した人物の名が載る名簿。ユダヤ民族基金(KKL)が管理する。

※11 小野田寛郎:1922~2014年。陸軍少尉。情報将校。大東亜戦争終結後も、フィリピン・ルバング島に潜み、戦後29年目に日本に生還した。映画『ONODA』は2021年フランス製作。アルチュール・アラリ監督。

以上に、小野田少尉の敢闘精神を賞賛していましたね。

一神教から多神教、そして「自然道」の世界へ

茂木：ある意味、世界の対極にある日本人とユダヤ人というのは、《自然》を神々として祀ってきた日本人と、《唯一神》という人工的な宗教をつくり上げたユダヤ人……といえると思います。そのユダヤ人が、あちこちの国々で追われ、最終的に流れ着いてきた日本列島において、結局は日本に同化してしまい、そして多神教的日本文化を受け入れていった……。これは世界史的に見ても、もの凄い皮肉でもあり、しかし何か2000年の歴史がぐるっと一周して「やっぱり多神教だよな、自然神だよな」という、人類の壮大な歴史の流れを感じます。

田中：日本では多神教＝自然信仰です。

茂木：そして、中世以降の多くの国際紛争というのは、一神教の国々や人々が起こしているわけで、これから21世紀、22世紀と再び多神教文明が復活すれば、かなりの部分の紛争はなくなっていくのではないか。つまり……自分とは違った考えを受け入れられるかどうか、これこそが人類が今後生き残っていく唯一の道ではないかと思います。

田中：賛成です。ただ、多神教という言葉を使うと、インドや中国も多神教といえるかもしれ

ません。日本の多神教とはちょっと違うのです。それは「自然道」なのですね。

茂木：それはイデオロギー＝教義ではなく……。

田中：「神／GOD」という概念がないのです。ですから、より経験的、感性的な空間、宇宙といってもいいくらいです。豊かな自然に現れているもの、ということで私は「自然道」といっているのです。

茂木：「自然道」という言葉は意外と新しい言葉ではないでしょうか。ネット検索しても使っている人はほとんどいません。

田中：人間は自然と共に生きているのですから、食料だってエネルギーだって元は自然です。たとえ自然が厳しい時であっても自然と共に生きる。その考えを少しは持つべきだと思うのですね。

茂木：なるほど、「多神教」とは意味合いが違ってきますね。

田中：多神教だと、神々がそこにいるわけでね。これはもちろんその神々が調和している場合もありますけど、やはり「神」という言葉を使うと、人間のエゴがそこに投影されてしまいます。今はエコロジーの時代などといって、環境を保護しているようなことをいっていますが、その思考形態は自然に対して戦いを挑むような、人が自然をコントロールするイメージも含んでいます。つまり地球の「温暖化」あるいは「寒冷化」などを、人間のせいだというい方をして、CO2を減らせと散々いっていますけど、それらのほぼ全部が嘘といっていいでしょう。

自然環境というのは、やはり自然の力でしか動かせないものです。人間がそれをどうこうすることはできない。せいぜいできるのは、都市の煤煙を除去するとかですが、日本ではそれはもうほぼ成功していますからね。

茂木：自然を人間がコントロールできると考えるのは傲慢であると。

田中：「自然の素晴らしい機能や、役割というものはいったいなんなのか？」これはもちろん自然科学者たちが一生懸命究明しているわけですけれども、それは部分的で、まだまだわかっていない。ですからこれからは、その究明をするということと同時に、自然というものが信仰にまでいっていいと思います。それはなぜかというと……その存在しかないからです。本居宣長が『直毘霊《なほびのみたま》』で述べた「カミ（迦微）」ですね。人間という存在、動物や植物、自然そのものを生んだ〝自然〟というのは奇跡です。

茂木：考えれば考えるほど、考えられないいくらい奇跡的ですね（笑）。

田中：ところが、そこに神を介在させ、神が人間をつくった、自然をつくったのだと、ユダヤ人が発明してしまったために、神の絶対性が出てきてしまった。ゆえに自然というものが人類にとってまだまだわからないままにある。

しかし、人間や動物やあらゆる生物をつくった自然のもの凄い力というのは「いったいなんなのか？」という尽きぬ探究心が、人間の知的な、探求心にもなると思うのです。

茂木：芸術というものは、自然なものでしょうか、人工なものでしょうか？

田中：私は美術を研究してきた者として、人間が芸術をつくったということは非常に素晴らしいことと思っています。それはもうほとんど自然にないものだからです。自然を超える何かをつくっているという感覚といっていいでしょう。ダ・ヴィンチもそうだし、北斎もそうだし、自然を超越するものが、優れた芸術には現れていると思います。

いずれにしても、自然というものを科学者が分析することは非常に大事なことです。だけどもそれで「征服したとは思うな」と強くいいたい。科学者の傲《おご》りというのは確かにあります。ノーベル賞の傲りといってもいい。だから、我々人文学者がもう少し頑張らないといけないな、という思いもあるのですね。そういった学問をマルクスが否定的に扱い、多くの学者たちがそれに倣《なら》ってしまった。我々学者がこれから克服していかなくてはいけない課題だと思っています。

「日ユ同化論」が世界史を変える

茂木：田中先生との長い対談もしめくくりに入りました。まずは田中先生、私のような若輩者との対談を引き受けてくださり、ありがとうございました。

読者の皆さんもそうだと思いますが、はじめは「古代日本にユダヤ人が来ていたのか？」という好奇心からこの対談に臨みました。多くの発見があり、また疑問点も浮かびました。これから自分の足と目で、確かめていこうと思います。

そして対談が進むにつれ、何かもっと大きなテーマ、「世界史の中の日本文明のあり方」とか、「日本人が世界に貢献できること」というお話に広がっていき、「ユダヤ人」がその触媒になりうるということに気づかされました。

田中：本書のテーマを一言でいってしまえば、【ユダヤ人と日本人の古代における文化交流】でしょうか。これは、もう本当に一大ドラマだと思っています。今まで日本の文化は、中国や朝鮮からきたともいわれていましたが、そういった狭い考え方の完全な否定でありますし、サミュエル・ハンチントンがいうように、日本文明は世界八大文明の一つ［※12］だということです。つまり中国や朝鮮と異なる、確固たるオリジナルの日本文化があるということに日本人は気づくべきです。ハンチントンの言説は、キリスト教文化に対しては甘いのですが、日本が一文明であるという認識は的を射ています。そして、この問題と呼応しているような気がするのです。それはなぜかというと、西欧から見て、日本の位置が太陽の昇るところにあるということにより、旅人はその間にある国々を超えて日本にやって来ているということの証になるからです。「大陸の長い距離を平気で渡ってくる人々が、古代に多くいた」という概念が、これから日本人の常識になると、これまでの「東アジアぐらいの範囲でしか文化の影響を受けてこなかった」という概念は、たちまち変わることでしょう。

茂木：世界史の見方も圧倒的に変わります。

田中：私はね、「ユダヤ」の良い面というのを評価しているのです。その役割を強調したいと思っています。「ユダヤ」を否定的に、悪い面だけを強調する考え方もありますが、彼らが日本に来て、日本に協力したという意味を考えてみたい。つまり、ディアスポラのユダヤ人たちが世界に対して何をやるべきかということは、平和な場所の文化に貢献するということだろうと思うのです。伝統と文化を保つことに貢献するということも大事です。

日本という地で、そういう「ユダヤ」がいたということは、これからの世界を考える上で非常に重要な思考の礎《いしずえ》になると思います。

天皇が126代、2600年もの間続いてこられたのも、ある意味で彼ら、ユダヤ系秦氏の力があったからともいえます。そこにテロリズムはなかった。ネストリウス派の蘇我氏は例外的にテロリズムをやったわけですが、それ以後はぴったり止んだというのは、彼らが日本文化を遵守したということです。もちろん逆に考えれば、ユダヤ教徒にとってはユダヤの神を捨てたということにはなってしまうけれども、その国や土地に「同化」するということは、ユダヤ人にとっても良いことだと私はみているわけです。

そういう意味でも、この【日ユ同化論】という考え方が受け入れられれば、ある意味で世界史を変えるだろうし、また日本史も変えることになると思いますので、ますますこの研究に取

※12　世界八大文明：米国の国際政治学者、サミュエル・ハンチントンが『文明の衝突』で提唱。冷戦終結後の世界は、西欧、ヒンドゥ、儒教、日本、ラテン・アメリカ、東方正教会、イスラム、アフリカの8つの文明に分かれ、その境界線で衝突を繰り返していくと予測した。

り組んでいきたいと思っています。

茂木：この話は……資料的には確定することができない部分もあると思いますので、世の中の既存の歴史学者の多くは、都合の悪いものには蓋をするように見て見ぬ振りをするとも思うのですが……田中先生から頂いた様々な重要なご指摘は、これからの若い学者たちにとっては、〝今まで見えなかったものが見えてくる〟ものですので、研究テーマとして進展があることを願い、期待しています。

田中：今まで半ば常識としてあった〝中国・朝鮮の文化圏としての日本史観〟は、もはや捨てざるをえないでしょう。「ユダヤ人埴輪」は、多くのことを物語っています。学問的にも正しいという確信があります。これを無視したり、あるいは否定したりすることは逆に難しいのではないでしょうか。黙るということは認めるのと同じことです。学者としての良心があれば、自らの考えや常識を変えることに躊躇せず、研究を突き詰めて頂きたいですね。

茂木：特に若い歴史家、考古学者の皆さんに気づき、行動し、挑戦して頂きたいです。

田中：新たな発見や、新たなものの見方によって、歴史が変わっていくことがあるということです。マルクス主義による、あまりにも一方的で画一的な考え方とはまったく違うことが歴史にはまだまだあるのだ、ということを研究し直してくれると、本当にありがたいと思います。日本のためになります。

茂木：そして、日本全国の読者の方々が、地元の博物館とかに行ってみて、もう一回じっくり足元から身近な歴史を見て頂くと……いろいろなことが見つかると思います。まずは、自分の目で見てみましょう。田中先生、ありがとうございました。

田中： こちらこそ、ありがとうございました。

対談を終えて思うこと●田中英道

大学の歴史学界では、戦後、恐ろしい奇妙なことが起きています。それは何か、といえば、学者の誰も歴史全体を語ることをしようとしない、またできなくなったということです。特に日本では、学問が細分化されると同時に、イデオロギー化され、マルクス主義的観点（階級史観的、ジェンダーフリー的、LGBT的など）からしか、歴史を見ることをしようとしなくなりました。そして先生がそうなら若い学生もそれに従わざるをえない、ということになったのです。

歴史家が、歴史の細部を語ることは必然のことです。一つひとつの事実を学問的に知ってこそ、歴史がわかる。若い時はそれだけでいいかもしれませんが、その細部が積み重ねられると、当然、全体の動きを理解し、そこから歴史全体を語らねばならなくなるのです。しかしほとんどの学者は、それができないのです。

私は50年近く大学で教えたり、学会で発表してきて、文学博士号を日本とフランスで取り、私の専門の国際学会では副会長に選ばれましたが、こうしたイデオロギーが強くなったここ2、30年、その傾向が強くなってから、私は排除されるようになりました。

幸い、定年で私は大学を辞め、自由な立場から学会（日本国史学会）を立ち上げましたので、これまでのイデオロギー的な見方から自由です。また左翼的な戦後ジャーナリズム界からも自由ですから、何の不便も感じません。大学という公共機関に依拠する学者たちが、自らを縛り上げて、左翼思想に凝り固まっていることに哀れみを感じるだけです。

私は最近、日本とユダヤ人との関係を研究し始め、2018年にはテルアビブ大学の日本学の国際学会で、ユダヤ人埴輪の研究を発表し、大きな反響をよびました。そのことを一時間以上語った私のYouTube動画は、20数万のアクセスがあり、関連動画の合計でも50万のアクセスを超えています。その動画の中で引用した本は、学問的である本としては珍しくベストセラーにもなりました（『発見！ユダヤ人埴輪の謎を解く』勉誠出版）。

しかし日本の歴史学者たちは戸惑うばかりで、今のところ沈黙するばかりです。頭に美豆良《みずら》をつけ、帽子を被ったユダヤ人埴輪が人物埴輪としてこれだけ多く発見されても、無視したり、沈黙しています。

こうした中で、敢然とこの説を取り上げ、対談形式で、議論をしようとした俊秀が、茂木誠氏です。その柔軟な思考方法は、私が大学教授の期間中でも出会ったことがないタイプでした。予備校講師でありながら、学問に通暁《つうぎょう》し、わかりやすい口調で、持論を展開しようとしています。多くの学者と違って茂木氏は歴史全体を考えようとする姿勢を持っています。大学の妙な左翼的な縛りを感じないだけ、自由な立場を取られております。

また余暇を見つけては、日本各地に赴いて、『記紀』の神話がここで起きたとされる足跡を探しているようです。この態度も好感が持てます。彼のYouTubeを見ていると、例えば、四国の各神社の訪問をされ、各地で、東国や大和地方で起こったと考えられる神話が残されていることを見聞されています。

私は日本全体の神話は、やはり関東・東北の「日高見国＝高天原」系と、出雲・大和の「大《おお》ヤマト」系に分かれていると考えています。それは日本を「日出る国」としてやって来た縄文時代の人々と、弥生時代以降、日本に自然資源が豊かであることを知って出雲を中心にやって来た帰化人たち（大和国以来、即ち「天孫降臨」以後）、特にユダヤ人系の人々であると思われます。

各地の神社に残された神話は、「ご当地・神話」として置き換えられた、ミニ・神話だと私は説明しています。これは実をいうと、四国の阿波だけでなく、九州にも中部地方の各地にも残されていて、各地で祭祀を行う神官が身近な場所で神話を語るためにつくったものだと思われます。地元の神官が、改めて現地の地形を考えながら、神話を再現しているのです。これをつくり出しているのは、各地のユダヤ系の人々だと思われます。自分たちの知らなかった遠い東国の高天原系神話を人々に身近に感じさせるため、だと考えられます。

このことは、この本で語られなかったので、この「あとがき」で触れておきます。

最後にこの本を企画された高谷賢治氏、ワニブックス川本悟史氏に深く感謝します。

付録「ユダヤの著名なる人々」

【宗教・思想界】

モーセ（古代イスラエル民族の指導者）
イエス・キリスト（キリスト教創設者）
スピノザ（オランダの哲学者）
ハイネ（ドイツの詩人）
マルクス（マルクス主義の創始者）
ラッサール（ドイツの社会主義者）
ハンナ・アーレント（ドイツ・思想家）
ベルグソン（フランスの哲学者）
ダヌンチオ（イタリアの詩人）
スティーヴン・ワイズ（米国のラスプーチンといわれるユダヤ教法師）
ザメンホフ（人工言語エスペラントの発案者）

【新聞・メディア界】

ポール・ジュリアス・ロイター（ロイター通信社創設者）
アドルフ・オックス（NYタイムズ社主）
ジョゼフ・ピューリッツァー（ハンガリー出身の米新聞発行者）
デイヴィッド・サーノフ（RCA社長、ラジオとテレビの普及に貢献）
ノースクリフ子爵（英デイリーメール創設者）
ロバート・マクスウェル（英国メディア王）
ルパート・マードック（オーストリア出身の世界的メディア王）
キャサリン・グラハム（ワシントン・ポスト発行者。父はユージン・メイヤー）
サイモン・ヴィーゼンタール（サイモン・ヴィーゼンタール・センター創設者）
マイケル・ブルームバーグ（ブルームバーグ創業者、元NY市長）

【芸術・芸能界】

メンデルスゾーン（ドイツ・作曲家、哲学者）
シャガール（ロシア・画家）
モディリアーニ（イタリア・画家）
パスキン（ブルガリア・画家）
マックス・リーバーマン（ドイツ・画家）
アンディ・ウォーホール（米・画家、版画家）
レナード・バーンスタイン（米・作曲家、指揮者）
ダニエル・バレンボイム（アルゼンチン出身・ピアニスト）
ジョージ・ガーシュウィン（米・作曲家）
バート・バカラック（米・音楽家）
ボブ・ディラン（米・音楽家）
ビリー・ジョエル（米・音楽家）
サイモン&ガーファンクル（米・音楽家）
キャロル・キング（米・音楽家）
スティーヴン・スピルバーグ（米・映画監督）
ビリー・ワイルダー（米・映画監督）
セルゲイ・エイゼンシュタイン（ロシア・映画監督）
ウディ・アレン（米・俳優、映画監督）
ダスティン・ホフマン（米・俳優）
サラ・ベルナール（仏・女優）
ナタリー・ポートマン（米・女優）
リー・ストラスバーグ（米・演出家）

ニール・サイモン（米・劇作家）
ハロルド・ピンター（英・劇作家）
J・D・サリンジャー（米・作家『ライ麦畑でつかまえて』）
フランツ・カフカ（チェコ・作家『変身』）
ボリス・パステルナーク（ロシアの作家『ドクトル・ジバゴ』）
アレン・ギンズバーグ（米・詩人）
ロバート・キャパ（米・写真家）
カルバン・クライン（米・デザイナー）
ラルフ・ローレン（米・デザイナー）

【探検家】
コロンブス（米大陸発見者）
トゥデラのベンヤミン（12世紀の中近東研究者）
オーレル・スタイン（支那、トルキスタンの探険家）
マックス・フォン・オッペンハイム（シリア北東部・テル・ハラフ遺跡を発見）
フリチョフ・ナンセン（北極探険家）

【学界】
ジークムント・フロイト（オーストリア／精神分析学の創始者）
アルベルト・アインシュタイン（ドイツ・物理学者）
ロバート・オッペンハイマー（米・物理学者／原爆開発者）
ジョン・フォン・ノイマン（ハンガリー・数学者）
フリッツ・ハーバー（ドイツ・化学兵器の父）
ヘルマン・ミンコフスキー（ロシア・数学者）
ニールス・ボーア（デンマーク・物理学者）
グスタフ・ヘルツ（ドイツ・物理学者）
ジャック・スタインバーガー（ドイツ・物理学者）
ジェローム・フリードマン（米&露・物理学者）
ジョセフ・ゴールドスタイン（米・遺伝学者）
レヴィ・ストロース（フランス・人類学者）
ジョセフ・スティグリッツ（米・経済学者）
ミルトン・フリードマン（米・経済学者）
ポール・サミュエルソン（米・経済学者）
ハーバート・サイモン（米・経済学者）

【政界】
ベンジャミン・ディズレーリ（英・首相）
フランクリン・ルーズベルト（米・大統領／先祖がユダヤ系オランダ人移民）
レフ・トロツキー（ロシア革命の指導者）
ラーザリ・カガノヴィッチ（ソ連・スターリンの側近）
ハリー・ホワイト（米・財務長官）
ヘンリー・スティムソン（米・陸軍長官／国務長官）
バーナード・バルーク（米・戦時産業局長官／武器商人）
ウィリアム・ドノバン（OSS／CIA創設者）
チャールズ・ケーディス（GHQ民生局長）
ヘンリー・キッシンジャー（米・国務長官／政治学者）
ズビグニュー・ブレジンスキー（ポーランド&米・政治学者）
趙一族（中国のユダヤ人一族／開封出身で政界や医療会で活躍）
ルイス・ブランダイス（米・最高裁判事）
ウォロディミル・ゼレンスキー（ウクライナ・大統領）

【財界】
ロスチャイルド家（独、英、仏に本拠を置く世界屈指の金融・企業グループ）
ジェイコブ・シフ（独・クーン・ローブ商会頭取）
デイヴィッド・サスーン（バグダードのセム系ユダヤ一族／サスーン商会）
バジル・ザハロフ（トルコ出身のユダヤ人武器商人）
ラザード三兄弟（仏・ラザード創業者）
マーカス・ゴールドマン（独・ゴールドマン・サックス創業者）
ヘンリー・リーマン（独・リーマン・ブラザーズ社の創業者）
ソロモン・ローブ（独・クーン・ローブ商会の創業者）
エリー・カドゥーリ（上海・香港の不動産富豪／セム系）
ユージン・メイヤー（FRB議長、世界銀行初代総裁、ワシントン・ポスト会長）
ロマン・アブラモヴィッチ（ロシアの石油王／オリガルヒの一人）
ミハイル・フリードマン（ロシアの企業家／オリガルヒの一人）

【起業家】（いずれも創業者）
マーク・ザッカーバーグ（フェイスブック）
ラリー・ペイジ（グーグル）
セルゲイ・ブリン（グーグル）
ラリー・エルソン（オラクル）
ワーナー4兄弟（ワーナー・ブラザーズ）
サミュエル・ゴールドウィン（MGM）
レイ・クロック（マクドナルド）
ハワード・シュルツ（スターバックス）
ドナルド・フィッシャー（GAP）
リーバイ・ストラウス（リーバイス）
ミハエル・コーガン（タイトー／日本企業）
デビッド・ローゼン（セガ／日本企業）
アンドレ・シトロエン（シトロエン）
ジョゼフ・シーゲル（QVC）

《参照》
『ユダヤ人名辞典』ジョアン・コメイ／ラヴィナ・コーン・シェルボク 著（東京堂出版）
『覆面のわが敵 ユダの挑戦』神田計造 著（昭和14年／六合書院）
「ウィキペディア」ほか

日本《に》本《ほん》とユダヤの古《こ》代《だい》史《し》&世《せ》界《かい》史《し》

縄《じょう》文《もん》・神《しん》話《わ》から続《つづ》く日《に》本《ほん》建《けん》国《こく》の真《しん》実《じつ》

2023年７月10日　初版発行
2024年８月１日　７版発行

茂木誠（もぎまこと）

東京都出身。駿台予備学校、ネット配信のN予備校で大学入試世界史を担当。東大・一橋大など国公立系の講座を主に担当。世界史の受験参考書のほかに、一般向けの著書として、『世界史とつなげて学べ　超日本史』（KADOKAWA）、『経済は世界史から学べ!』（ダイヤモンド社）、『「戦争と平和」の世界史』（TAC出版）、『テレビが伝えない国際ニュースの真相』（SB新書）、『バトルマンガで歴史が超わかる本』（飛鳥新社）、『ジオ・ヒストリア』（笠間書院）、ほか多数。YouTube「もぎせかチャンネル」でも発信中。

田中英道（たなかひでみち）

1942年東京生まれ。東京大学文学部仏文科、美術史学科卒。ストラスブール大学に留学しドクトラ（博士号）取得。文学博士。東北大学名誉教授。フランス、イタリア美術史研究の第一人者として活躍する一方、日本美術の世界的価値に着目し、精力的な研究を展開している。また日本独自の文化・歴史の重要性を提唱し、日本国史学会の代表を務める。著書に『日本美術全史』（講談社）、『日本国史 上・下』（扶桑社）、『日本神話と同化ユダヤ人』（勉誠出版）『京都はユダヤ人秦氏がつくった』『日本と中国 外交史の真実』（以上、育鵬社）、などがある。

企画・編集　高谷賢治（和の国チャンネル／ＴＡＫ企画）
編集協力　尾崎克之
校　正　大熊真一
編　集　川本悟史（ワニブックス）

発行者　横内正昭
編集人　岩尾雅彦
発行所　株式会社 ワニブックス
〒150-8482
東京都渋谷区恵比寿4-4-9 えびす大黒ビル

お問い合わせはメールで受け付けております。
HPより「お問い合わせ」へお進みください。
※内容によりましてはお答えできない場合がございます。

印刷所　株式会社 光邦
ＤＴＰ　アクアスピリット
製本所　ナショナル製本

定価はカバーに表示してあります。

ISBN978-4-8470-7313-7

《人間》への過激な問いかけ